总体国家安全观系列丛书

法治与国家安全

Rule of Law and National Security

总体国家安全观研究中心
中国现代国际关系研究院 著

时事出版社
北京

总体国家安全观
系列丛书

《法治与国家安全》
分册

总　序

总序

2024 年是习近平总书记创造性地提出总体国家安全观十周年，2025 年是全民国家安全教育日设立的第十个年头，也是《中华人民共和国国家安全法》颁布施行十周年。总体国家安全观研究中心用两年时间在前两辑基础上推出了“总体国家安全观系列丛书”的第三辑。

“春华秋实，十年有成。”总体国家安全观的创立，使我们党和国家首次有了自己的国家安全指导思想，为新时代国家安全工作提供了强大思想武器。在总体国家安全观指导下，我国十年来不断健全国家安全体系，增强维护国家安全能力，提高公共安全治理水平，完善社会治理体系，战胜了一系列国家安全风险和挑战，巩固夯实了国家安全基础，实现了高质量发展和高水平安全的良性互动，有力护航了中国式现代化建设进程。国家安全事业开创了新局面，取得了历史性伟大成就，走出了一条有中国特色的国家安全道路。

但是，也要清醒地看到，今天的世界越来越不太平了。俄乌冲突硝烟难去，巴以冲突制造了人类新悲剧，大国关系失衡失稳的风险明显加剧，世界局势因此更乱而非更稳了。世界之变、时代之变、历史之变以前所未有的方式加速展开，人类又一次站在何去何从的十字路口。对我国而言，这意味着外部环境的复杂性、严峻性、不确定性明显上升，维护国家安全的任务更重了。维护国家安全，除党政部门要承担主责主业外，更需要全民全社会的理解、支持和参与，所以普及国家安全知识就成为一项常做常新的重要工作。

“二年长枝叶，三年桃有花，四年果盈枝。”总体国家安全观研究中心成立迄今已四年。这四年来，在领导的关怀和相关部门支持下，中心始终坚持总体国家安全观的“理论高地”“宣传阵地”“人才基地”定位，统筹推进国家安全理论研究、战略研究和思想宣传。尤其依托中心秘书处所在的中国现代国际关系研究院，发挥“国家安全学”一级学科和《国家安全研究》双月刊作用，持续推进国家安全研究工作，努力引领中国国家安全理论和战略研究，不断加大国家安全理论和知识的普及工作力度。

为能让“国家安全”这一在过去主要由政治家和战略家操心的“堂前燕”尽快飞入“寻常百姓家”，我们在2021年推出了丛书的第一辑:《地理与国家安全》《历史与国家安全》《文化与国家安全》《生物与国家安全》《大国兴衰与国家安全》《百年变局与国家安全》，通过宏大的视野、厚重的内容、鲜活的语言，成功地把“国家安全”送到了普通读者的面前，并收获了满满的好评。

2022年，在对国家安全领域拓展研究的基础上，我们再接再厉推出了同样热销的第二辑丛书:《人口与国家安全》《气候变化与国家安全》《网络与国家安全》《金融与国家安全》《资源能源与国家安全》《新疆域与国家安全》。这辑丛书主打“尽精微”，从上述六大问题入手，既深入浅出介绍了与日常生活密切相关的国家安全问题，同时还涉及新兴领域问题，使读者对国家安全的认识进一步扩大和深化。

2023年，作为总体国家安全观最新最全的研究成果，我们推出了重磅著作《总体国家安全观透视》，从历史的维度、全球的高度、哲学的深度、实践的力度四大视角，对总体国家安全观进行了全方位深入阐述，同时辅以非常鲜活的历史和现实案例。该书甫一出版就成为很多领导干部的案头书，也是很多普通读者的喜读之书，收获了各界非常良好的反响。

“风雨将春去，清和四月天”，转眼就经历2024年和2025年这样有重大意义的特殊年份。为纪念总体国家安全观创立十周年和第十个全民国家安全教育日，接续推出这套同样是基于最新研究成果、同样是六册、同样是涵盖国内外实践，但聚焦不同领域问题的第三辑“总体国家安全观系列丛书”。

其中，《法治与国家安全》一书，秉持“法者，国仰以安”理念，以“法律是治国之重器”为主线，较全面介绍了法治在古今中外对国家治理、国际博弈和维护国家安全的实践和重大意义。这对我们深刻理解“坚持全面依法治国”和法治与国家安全的关系有重要帮助。

《教育与国家安全》一书，以“教育强则国家强”为主线，既分析了教育与国家富强和国家安全之间的联系，又介绍了当今几个主要国家基于各自实际情况，用教育服务国家建设和国家安全的案例，为我们取长补短提供借鉴。

《军事与国家安全》一书，从包括孙子的“兵者，国之大事”在内的军事战略文化开始，到影响军事手段效能的技术手段和战术思想变革、军事安全的社会属性和时代特征，最后落脚到我国如何通过强军去强国，深入浅出地介绍了军事安全这一国家安全的重要组成部分。

《海外利益与国家安全》一书，针对的是我国已深度融入世界，海外利益遍布全球，“海外中国”快速崛起并成为我国家安全重要组成部分的实际情况，梳理介绍了在不同时代的不同国家，如何看待、拓展和保护海外利益的情况。这对我们认识和维护海外利益具有一定参考价值。

《数据与国家安全》一书，围绕在信息化时代已全方位涉及日常生活、工作和学习，以及几乎所有国家的政治、经济、军事等各领域的“数据”这一关键要素，全景式介绍了与数据相关的国家安全和国际博弈问题，以及当下主要国家和地区就构建数据安全、主导权甚至霸权展开的战略布局和具体做法。

《舆论与国家安全》一书，针对的是在当今国际政治中“假消息”横行、“认知战”泛滥的现实，从解构“何为舆论”入手，从国家安全的视角，基于历史和现实解剖了舆论对国家兴衰、社会治理、国际斗争、大国争霸等的重要作用和影响，强调了维护舆论安全对国家安全的重要性。

时光荏苒，岁月如梭。我们对中国国家安全理论的研究永远在路上，对国家安全理念的推广永远在路上。我们期待这辑丛书能像以往那样，继续获得大家的青睐，同时帮助读者加深对国家安全的认识和理解，继而转化为维护国家安全的自觉行动。最后，让我们携手，共同致力于维护国家安全，共同致力于实现中国式现代化这一奋斗蓝图。国安，天下安！

是为序。

总体国家安全观研究中心
中国现代国际关系研究院

前　言

党的二十大报告首次对“坚持全面依法治国”“推进国家安全体系和能力现代化”进行专章论述、专门部署，这充分体现了以习近平同志为核心的党中央对法治建设和国家安全的高度重视，凸显了法治建设和国家安全事关根本的战略地位。报告指出，全面依法治国是国家治理的一场深刻革命，关系党执政兴国，关系人民幸福安康，关系党和国家长治久安；要坚持走中国特色社会主义法治道路，建设中国特色社会主义法治体系、建设社会主义法治国家。报告强调，国家安全是民族复兴的根基，社会稳定是国家强盛的前提；必须坚定不移贯彻总体国家安全观，把维护国家安全贯穿党和国家工作各方面全过程，确保国家安全和社会稳定。

“法者，国仰以安也。”《法治与国家安全》一书以深入学习领会党的二十大重要精神为基础，立足于在法治轨道上推进国家安全体系和能力现代化的目标要求，深入分析法治对于国家治理的重大意义，梳理世界各国依靠法治手段维护国家安全的诸多实践，以期为推进法治中国建设、为维护国家安全与社会稳定提供一些参考。

全书以法治（包括立法、变法、用法、约法四个方面）对于维护国家安全的作用为逻辑主线，分为八章予以深入论述。第一章“法律是治国之重器”作为全书导论，主要介绍法治的概念、演进、特征和作用。第二章“法治护航长治久安”从理论和通例的角度，对立法、变法、用法、约法对国家安全的作用机理做总括性介绍。第三章“立法与治国”沿着古代文明、现代实践、当前大国博弈的时间线，阐释“立法”对于国家治理固根本、明方向的基础性作用。第四章“变法与强国”通过回顾古今中外重要历史事件，阐明“变法”（改革）对于国家强盛的重要意义。第五章“用法与护国”着重介绍主要国家通过法治手段实现各自战略目标、维护国家安全的经验和做法。第六章“国际法与安国”深入分析国际法对于国际环境和国家间关系的影响，阐述国际法对于促进国家安全的积极作用。第七章“国际法与国家博弈”侧重国际法的制定及与之相关的国家间博弈，这也是分析法治何以影响国家安全的一个重要视角。第八章“运用法治思维维护国家安全”回顾了自党的十八大以来我国通过法治维护国家安全的成功实践，并着眼于国际形势演变，阐明运用法治思维和法治方式完善国家安全体系、增强国家安全能力的关键意义。

“备豫不虞，为国常道。”当前，世界百年未有之大变局加速演进，我国发展进入战略机遇和风险挑战并存、不确定难预料因素增多的时期，必须随时准备经受风高浪急甚至惊涛骇浪的重大考验。本书对运用法治思维和法治方式维护国家安全进行了一些初步思考，衷心希望能够为广大读者提供一些思考助益。

《法治与国家安全》课题组

目　录

1

第一章

法律是治国之重器

“法者，国仰以安也。”法治是治国理政的基本方式，国家安全是民族复兴的根基。法治和国家安全建设统一于国家治理体系和能力现代化，国家安全法治是中国特色社会主义法治体系的重要组成部分。本章依次介绍法治的概念、演进、特征和作用，作为全书导论。

何谓“法治”

我国学界权威观点认为，法治是国家和社会治理的原则和方式，它以民主为前提，以严格依法办事为核心，以确保权力正当运行为重点，以保障人权和维护正义为根本价值。由于各国意识形态、社会制度和发展阶段不同，对法治的定义五光十色，但其中也有基本共识。通过辨析一字之易的七组概念，可为法治“画像”。以总体国家安全观观察，法治事关人心向背、社会发展和稳定，与国家安全息息相关。

“人治”还是“法治”。这是人类政治文明史上的一个基本问题。人治维护统治者超越法律的权力，把法律作为随意、专断的统治工具。而法治强调“法高于权”，否定并防范决策的随意性、专断性，追求固根本、稳预期、利长远。邓小平同志在改革开放初期强调，必须使民主制度化、法律化，使这种制度和法律不因领导人的改变而改变，不因领导人看法和注意力的改变而改变。近现代以来，凡是顺利实现现代化的国家，无一不是较好解决了法治和人治问题的；相反，一些国家虽曾有过快速发展，但由于法治不彰而未能顺利迈进现代化门槛，反而堕入这样或那样的发展"陷阱"。

"法制"还是"法治"。法治涵盖法制（法律制度）。法治社会必然有完备的法律制度，"有法可依"是法治的基础和前提，在此基础上还要"有法必依"，不折不扣地贯彻落实法律的要求，才能称之为法治。法制可用于"以法治国"，把法律视为统治工具，人治社会也有法制；而法治则表示"依法治国"，坚持宪法和法律至上。法制追求秩序，只要有法律制度，不论是好的还是坏的、进步的还是反动的都可以称作法制，即"恶法亦法"。法治包括公平正义的价值导向，认为"恶法非法"。习近平总书记指出："公平正义是我们党追求的一个非常崇高的价值，全心全意为人民服务的宗旨决定了我们必须追求公平正义，保护人民权益、伸张正义。"[1]推进全面依法治国，必须紧紧围绕保障和促进社会公平正义来进行。从这两组概念可见，法治事关人心向背，事关政治安全。

"权大"还是"法大"。两者的根本区别在于是"法律支配权力"还是"权力支配法律"，根本分歧是要不要"把权力关进制度的笼子"。法国思想家孟德斯鸠指出，有权力的人们使用权力一直到遇有界限的地方才会休止。我们党深刻认识到，权力是一

1 中共中央党史和文献研究院、中央学习贯彻习近平新时代中国特色社会主义思想主题教育领导小组办公室编：《习近平新时代中国特色社会主义思想专题摘编》，中央文献出版社、党建读物出版社2023年版，第290页。

把“双刃剑”，依法依规行使可以造福人民，违法违规行使必然祸害国家和人民。法治是规则之治，坚持“权在法下”，权力需要依法设定、依法行使和依法接受监督。法律是高悬于掌权者头顶的“达摩克利斯之剑”，这把剑千钧系于一发，如有越权、滥权之举，就会瞬间落下。我国不实行西式“三权分立”，但同样不允许任何人拥有超越宪法和法律的特权，绝不允许任何人以任何借口任何形式以言代法、以权压法、徇私枉法。党在实践中找到了跳出历史周期律的“两个答案”——发展人民民主和推进自我革命。建设中国特色社会主义法治体系，要以规范和约束公权力为重点，构建党统一指挥、全面覆盖、权威高效的监督体系。权为民所用，事关政权安全。

“权力”还是“权利”。权力从属于权利。权力来源于人民的授予，为了保障和提升人民的权利而存在，而不是相反。权力和权利遵从不同的行使原则。对于权利来说，“法无禁止即自由”，只要法律没有禁止的都是允许的，鼓励人民有所作为。对于权力来说，“法无授权则无行政”，只要法律没有授权的都是禁止的，反对政府为所欲为。为了维护国家的根本利益，权力也可以限制权利，但必须以法律授权为前提，这就是“合法性原则”；还应符合“合理性原则”（或比例原则），即手段和目标应合乎比例，不能“用高射炮打蚊子”。权利还要受到法律的保障才能得到落实，“救济走在权利前面，有救济才有权利”。重要原则包括“法无明文规定不为罪”“法无明文规定不处罚”“法不溯及既往”“罪刑法定”“无罪推定”等。

“实体”还是“程序”。法治既重视事物本身的是非曲直（实体正义），又重视权力行使的规范性、执法或司法过程的正当性（程序正义），是实体正义和程序正义的有机统一，也是实质和形式的有机统一，两者相辅相成、缺一不可。不按照法定的步骤、方式去实现正义，可能失之毫厘，谬以千里；只讲程序正义不讲实体正义相当于只要形式不要实质，也可能冤枉好人。在刑事诉讼中，不符合程序的结论被视为“毒树之果”，不能被采信，学者称之为“非法证据排除原则”。我国近年广受关注的“佘祥林案”“聂树斌案”“呼格吉勒图案”等错案，也充分说明了程序正义的重要性。从这两组概念可见，法治尊重和保障人权，事关人民安全。

“硬法”还是“软法”。法律的实施以国家暴力作为保障，有强制约束力，可以被形象地称为硬法。“徒法不足以自行。”在法治社会中，已制定的法律还需要得到社会普遍的自觉遵守，特别是法治的思维方式、思维逻辑得以在官员和百姓中“入心入脑”，使法律体系、法律程序、法治思维形成支撑法律实践的合力，这就是软法。法国思想家卢梭指出，一切法律之中最重要的法律，既不是刻在大理石上，也不是刻在铜表上，而是铭刻在公民的心里。这种法律可称作“舆论法”，表现为风尚和习俗，在人们心目中的地位一定程度上堪比宪法。我国古代的国家治理中，既有“刑”的刚性约束，又有“礼”的软性塑造。我国当代全面推进依法治国战略，把“推动各级领导干部更重视运用法治思维、法治手段依法履职，推动全民守法”作为重要内容和长期的基础性工作。可见，法治事关经济、社会和文化安全。

“国内”与“国际”的关系。一般而言，法治从概念和实践都集中在一国范围之内。国与国之间有国际法，但由于没有统一的主权，国内法优于国际法，国内治理意义上的法治难以在国际关系中实现。德国哲学家康德（1724—1804 年）最早提出“法治世界”理念，主张各国签署和平联盟条约、废除常备军。美国法学家汉斯·凯尔森（1881—1973 年）主张把国内法变成国际法的组成部分。这些主张理想主义色彩浓厚，可能成为霸权主义、强权政治和扩张政策的借口。随着全球化的深入推进，国内和国际问题的紧密结合程度前所未有，各国法治建设都无法独善其身。习近平法治思想坚持推进统筹国内法治和涉外法治，以法治的形式巩固对外开放的基本国策，依法保护外资企业合法权益，维护良好的国际营商环境；对外推动构建更加公正合理的国际秩序。可见，法治事关国际共同安全。

综而论之，法治强调“法高于权”，承载着公平正义的价值追求，事关国家安全的维护和塑造。法治既强调依法保障公民权利，又强调依法授予并监督政府权力；既追求实体正义，又追求程序正义；既要有好的硬法，又要有得到普遍遵守的软法；既要建设好国内法治，又要建设好涉外法治。

法治的演进

在法治发展史上，观念与实践相互促进。“思想是行动的先导”，法律制度是在一定法律思想的指导下制定和实施的。实践中，法治的建立和完善，经历了漫长的探索历程。

一、法治思想的发展

法治观念的演进主要经历三次飞跃：3000 年前古希腊时期是法治观念的萌芽期，这个概念被提出并得到了初步讨论；300 年前资产阶级革命时期是法治思想的成型期，转化为国家治理制度，诞生了西方法治模式；100 年来的现当代时期是法治思想的成熟期，人们对法治的理解更加全面而立体。总体上，人们对法治的认识经历了从形式到实质、从“寄希望于人”到“寄希望于制度”、从强调限制政府权力（控权）到适度肯定政府权力的过程。从本质上说，西方法治理论坚持自由主义的价值体系。

（一）法治观念的萌芽期：古希腊

古希腊是西方民主的摇篮，最早提出了法治概念，并主要从国家治理模式的角度对法治进行了讨论。其中最有代表性的哲学家是具有师承关系的苏格拉底、柏拉图和亚里士多德。

苏格拉底（前 469—前 399 年）以自己的生命为代价捍卫法律的威严。70 岁时被雅典公民陪审团以 280 票赞成对 221 票反对判处死刑的他，本有机会逃走，却自愿选择了服判赴死。可见，苏格拉底的法治观强调形式要件——只要审判符合法定程序，哪怕判决站不住脚也要无条件服从。

苏格拉底的学生柏拉图（前 427—前 345 年）长期主张人治（“哲学王之治”），因鼓吹巩固王权而受到叙拉古三任国王的礼遇，却又因得罪国王而三次被卖为奴隶。经历切肤之痛的柏拉图

< 苏格拉底之死

晚年转而主张法治，认为法治虽然不是最好的制度，但至少是不那么坏的选择。

柏拉图的学生亚里士多德（前384—前322年）是西方法治思想的首创者，第一次对法治作了系统全面的论述："法治应包含两重含义——已成立的法律获得普遍的服从，而大家所服从的法律又应该本身是制定得良好的法律（良法）。"好法律应该有助于维护公民的自由。法治优于人治的理由是，法律没有感情，比感情用事的人更为优良；个人的才智和考虑可能比成文法周详，却未必比不成文的法律规范还要广博。

（二）法治思想的成型期：资产阶级革命时期

资产阶级革命推动了法治思想的制度化，奠定了现代西方法治基础。代表人物包括洛克、孟德斯鸠、杰斐逊、汉密尔顿等，核心主张都是分权制衡，区别在于如何划分政府权力和实现制约。分权制衡顺应了自由资本主义发展时期限制政府权力、保护私产、打破对商业活动约束禁锢的时代呼声，产生了积极影响。

英国哲学家洛克（1632—1704年）是分权制衡思想的开创者，主张国家权力应划分成立法权、由同一机关行使的执行权和对外权，实际上是"两权分立"。其中，执行权包括行政权和司法权。洛克认为立法权是最高权力，作为监督和制约的重点。"法律一经制定，任何人也不能凭他自己的权威逃避法律的制裁。"在权力之间的相互制衡方面，立法权受执行权牵制，立法机关不能常设，其召集、解散和选举时间都由执行权决定；在立法没有预见的地方，执行权可以自由裁量。

法国思想家孟德斯鸠（1689—1755 年）继承和发展了洛克的分权制衡思想，第一次完整阐述了近代西方“三权分立”学说。孟德斯鸠把洛克的“两权分立”扩大为“三权分立”，把对外权归入行政权，从执行权中拆分出司法权。立法权由人民享有，代表国家意志。行政权应掌握在国王手中，“由一个人管理比由几个人管理好”。司法权从执行权中拆分出来，交给法官和陪审团行使，以避免“专断或压迫”。分权制衡延伸到每种权力之内，例如立法权分为人民掌握的创制权和贵族掌握的否决权，这成为两院制的理论基础。1787 年制定的美国宪法，就是孟德斯鸠分权理论的实践。

美国“建国之父”杰斐逊（1743—1826 年）、汉密尔顿（1755—1804 年）等人进一步发展了分权制衡思想。杰斐逊把分权制衡理念拓展到中央和地方，主张联邦制；中央只负责国防、外交和协调各州关系，剩余权力归各州，便于人民监督并减少政府开支。汉密尔顿则主张中央集权、反对地方分权；三权以合为主、以分为辅，行政权集中于总统一人。这些主张深刻影响了美国的政治体制。可见分权制衡没有一定之规，为了实现良政善治，不是只有“分”一个方向，还有如何做好“合”的问题。

（三）西方法治思想的成熟期：现当代

法治理念从主要针对国王或总统扩展到整个政府，从约束行政权扩大到约束立法权和司法权，从主要强调控权发展到适度保障政府权力，从关注实体正义扩展到重视程序正义，从规范权力运行扩展到推动全社会遵守法律。法治更强调控权和授权的平衡，承认政府的“有形之手”有权规管市场的“无形之手”，顺应了更强调公平的时代发展要求。

1885 年，英国宪法学家戴雪（1835—1922 年）提出“法治三原则”，对西方以至广大非西方国家的法治理论和实践都产生了深刻影响。其主要内容包括：一是在没有经过法院依法审判之前，不得剥夺任何人的生命、自由和财产，需要强调的是，法院所依据的法律应是通过惯常方式确立的。二是坚持“法律面前人人平等”，任何公民和官员都要服从国家一般法律、服从一般法院的审判管辖。三是公民的自由权利可以由政府基于合法的理由加以限制。

1959 年，国际法学家大会《德里宣言》给出了新的“法治三原则”，第一原则是立法机关创设和维护使每个人保持“人类尊严”的各种条件；第二原则是既要制止政府滥用权力，又要使政府能有效维护法律秩序，保证人们具有充分的社会和经济生活条件；第三原则是实行司法独立和律师自由。

2004 年，联合国秘书长安南把法治定义为：“法律应公开发布、平等实施和由司法机关独立裁断，并与国际人权规范保持一致；所有个人、机构和实体包括国家本身，都要对这样的法律负责。法治遵守以下原则：法律至高无上、法律面前人人平等、人人对法律负责、公正适用法律、三权分立、参与性决策、保持法律的稳定性并避免任意性、保持程序和法律的透明度。”

2016年，斯坦福大学哲学百科全书网站对法治的定义是，社会治理方式需要符合程序原则，符合“尊重私有产权”等存在争议的价值理念。对于政府来说，权力应在法律框架内运作，不能基于官员的喜好或意识形态而开展未经依法授权的行动；对于公民来说，必须尊重和遵守法律，哪怕是对于自己并不同意的法律，也不能例外。

（四）马克思主义法治理论及其中国化

中国特色社会主义法治体系以马克思主义国家学说和法治理论作为思想基础，维护社会主义核心价值体系，与基于自由主义政治理论和价值体系的西方法治思想有根本区别。

马克思主义法治观有鲜明的立场、观点和方法。一是坚定的人民立场，认为只有反映人类的自由、真正保障人类自由权利的法律才是真正的法律。马克思反对漠视穷人权利的“林木盗窃法”，指出：“如果法律把那种未必能叫做违反森林条例的行为称为盗窃林木，那么法律就是撒谎，而穷人就会成为法定谎言的牺牲品了。”二是坚持唯物史观，认为法律根源于物质的生活关系。在阶级社会里，法是上升为国家意志的统治阶级意志的体现，是巩固阶级统治的工具。这揭示了剥削阶级的法与社会主义的法的本质区别。三是鲜明的实践观点，指出社会不是以法律为基础，而是法律应该以社会为基础。立法者只有深刻认识和把握实践规律，才能够使法律最大限度地接近社会现实。马克思指出："立法者不是在制造法律，而仅仅是在表述法律。"

新中国成立 70 多年来，探索出一条符合国情、适应时代的中国特色社会主义法治道路。新中国法治建设历程可用两个"十六字方针"来概括，第一个"十六字方针"是 1978 年党的十一届三中全会提出的"有法可依、有法必依、执法必严、违法必究"；第二个"十六字方针"是 2012 年党的十八大报告提出的"科学立法、严格执法、公正司法、全民守法"。这体现了对法治认识的深化：首先，把法治从强调立法和执法全面贯彻到国家治理的各个方面，包括立法、执法、司法和守法，并冠以"科学""严格""公正"和"全民"等状语，体现覆盖全流程全领域的高质量标准。其次，对立法突出科学性的更高要求，凸显良法标准，使之内嵌于依法治国、依法执政、依法行政共同推进的要求。再次，写入"司法"并突出"公正"，体现了法治的正义价值和司法的程序意义，体现了实体和程序相统一。最后，写入全民守法，体现了法治国家、法治政府、法治社会一体建设的思路。应当指出，我国法治意识形态具有鲜明的中国特色和理论自信，坚决摒弃西方法治观中夹带的"宪政""三权分立""司法独立"等主张。

改革开放40多年来，我国法治理论立足于实践取得了长足的丰富和发展，形成了习近平法治思想。1982年通过的《中华人民共和国宪法》第五条规定“任何组织或者个人都不得有超越宪法和法律的特权”。1997年召开的党的十五大提出“依法治国，建设社会主义法治国家”，1999年宪法修正案将之载入宪法。党的十五大提出，到2010年形成有中国特色社会主义法律体系，2011年全国人大常委会宣告这个体系已经形成。2012年，党的十八大把“法治”列入二十四字社会主义核心价值观。2018年宪法修正案将序言中的“健全社会主义法制”修改为“健全社会主义法治”。2020年11月，中央全面依法治国工作会议正式确立了习近平法治思想，并将之明确为全面依法治国的指导思想。习近平法治思想深刻总结了新民主主义革命时期、社会主义建设时期、改革开放新时期、新时代以来法治建设的经验，传承了红色基因，深刻总结了对社会主义法治建设规律特点的理论认识，系统总结了新时代法治实践的鲜活经验，开辟了马克思主义法治理论中国化时代化的新境界。

二、各国法治实践

法治是人类文明的重要成果，其精髓和要旨对于国家和社会的治理具有普遍意义，值得各国借鉴学习。与此同时，必须坚定“四个自信”，坚持“以我为主、为我所用”原则，认真鉴别并合理吸收各国法治成果。

古希腊现实版的“达摩克利斯之剑”。公元前7—前5世纪，雅典民主制度即发展出完善的监督机制，包括官员任职前的“资格审查制”、任职期间接受公民大会投票的“信任投票制”、任满后对官员活动和账目开展的“卸任检察制”、公民有权针对违反民主制度的立法向陪审法庭申诉的“不法申诉制”（类似于当代“违宪审查”）等。

英国《自由大宪章》首次确立了“权在法下”的法治原则。13世纪初，英王为了维持针对法国的长期征战，持续向贵族加税征兵。1215年春天，当英王铩羽而归并企图再行摊派时，触发了贵族叛乱。同年6月15日，英王被迫和贵族签订“城下之盟”，就是对英国乃至整个西方政治史产生巨大影响的《自由大宪章》。其中规定“公民在法庭面前人人平等”，“未经法律规定和陪审团合法判决，任何自由人都不能被拘捕、囚禁、驱逐、流放，或受到任何其他形式的伤害”，“贵族有权以武力强迫国王遵守承诺”。

美国《独立宣言》着重回答了权力与权利的关系，即“权力来源于权利、权力为保障权利而存在”。马克思称之为“第一个人权宣言”。1776年7月4日，北美大陆会议发表《独立宣言》，宣告脱离英国殖民统治，成立美利坚合众国。宣言以启蒙主义“天赋人权”思想和“社会契约论”为理论基础，提出“统治正当性”问题。即，统治的正当性来自被统治者的同意，如果政府不再被人民所信任，人民就有权利和义务推翻旧政府、建立新政府。为此，北美殖民地有权摆脱英国而独立。

美国宪法体现了分权制衡的思想。为了防止权力遭滥用，1787年《美利坚合众国宪法》明确了联邦政府实行立法、行政、司法“三权分立”和相互制衡。主要体现为司法机关对立法机构制定的法律是否违反宪法进行“违宪审查”。反映美国立国思想的《联邦党人文集》指出，如果国会通过的法律与宪法存在抵触，宪法应该优先于法律，人民的意图应该优先于其代理人（指国会议员）的意图。为此，联邦法院被设计成人民和立法机构之间的一个中间机构，如果立法机构在立法中宣布的意志与宪法中宣布的人民意志相对立，法官应该服从宪法，否定违宪法律的效力。

法国《人权宣言》主要回答人权保障的问题，把法治原则从宪法落实到刑法。1789 年 8 月 26 日，《人权宣言》于法国大革命高潮中公布，是具有宪法性质的革命纲领，以启蒙思想家“天赋人权”“主权在民”“三权分立”等法治思想为基础，也借鉴了美国《独立宣言》的内容。耐人寻味的是，当年 7 月 14 日巴黎人民攻陷巴士底狱是法国大革命爆发的标志，同日起草的《人权宣言》也包含了多项影响深远的刑事法治原则，包括“一切公民在法律面前一律平等”“法无禁止即自由”“法无明文不为罪”“法无明文规定不处罚”“法不溯及既往”“罪刑法定”“无罪推定”等。

我国充分吸收世界上法治文明优秀成果，坚持把马克思主义基本原理同中国具体实际相结合、同中华优秀传统文化相结合，开辟了中国特色社会主义法治道路，法治实践不断取得突破。1982年《中华人民共和国宪法》序言首次规定“不断完善社会主义的各项制度，发展社会主义民主，健全社会主义法制”。1999年，全国人民代表大会通过的宪法修正案中增加了一条：“中华人民共和国实行依法治国，建设社会主义法治国家。”正式将依法治国确立为治国的基本方略。2011年，全国人大常委会宣告建成中国特色社会主义法律体系。2014年，党的十八届四中全会通过《中共中央关于全面推进依法治国若干重大问题的决定》，对全面推进依法治国作出重大部署，强调把法治作为治国理政的基本方式。2017年，党的十九大报告明确提出，全面依法治国是中国特色社会主义的本质要求和重要保障，坚定不移走中国特色社会主义法治道路。

法治在各层次法律规范中得到充分体现。《中华人民共和国宪法》第一条明确“中国共产党领导是中国特色社会主义最本质的特征”。第五条明确我国“实行依法治国，建设社会主义法治国家”。《中华人民共和国刑法》总则明确了“法无明文不为罪”“法律适用人人平等”“罪刑法定”“法不溯及既往”等原则。《中华人民共和国刑事诉讼法》强调了“法律适用一律平等”“无罪推定”等原则。《中华人民共和国国家安全法》明确了维护国家安全应坚持社会主义法治原则，尊重和保障人权，依法保护公民的权利和自由，并规定应追究滥用职权、玩忽职守、徇私舞弊等职务犯罪。

2021年党的十九届六中全会通过的《中共中央关于党的百年奋斗重大成就和历史经验的决议》，总结了我国法治建设的成就：“党的十八大以来，中国特色社会主义法治体系不断健全，法治中国建设迈出坚实步伐，法治固根本、稳预期、利长远的保障作用进一步发挥，党运用法治方式领导和治理国家的能力显著增强。”

法治的特征

一、政治性

习近平总书记指出：“法治当中有政治，没有脱离政治的法治。每一种法治形态背后都有一套政治理论，每一种法治模式当中都有一种政治逻辑，每一条法治道路底下都有一种政治立场。”[1]政治决定法治，为法治指明方向；法治服务政治，为政治提供保障。

---

1 中共中央宣传部、中央全面依法治国委员会办公室：《习近平法治思想学习纲要》，人民出版社、学习出版社2021年版，第38页。

（一）西方法治模式的政治性及其局限

在“西方中心主义”之下，法治似乎有一套以西方为模板，“放之四海而皆准”的公式。西方法治模式标榜“超阶级”“超政党”“超国家”，具有实行“宪政”“三权分立”“司法独立”等标准化的制度配置。然而，现实中不可能存在超然物外的法治模式。

当代西方法治形态背后的政治理论，是自由主义政治理论，其保守性日趋突出，难以满足西方社会对公平正义的强烈渴求。近年来，自由主义在西方内部遭到保守主义、民粹主义、孤立主义等更为负面的思潮冲击，朝向激进化、民粹化蜕变。受此影响，美国国内出现特朗普支持者不承认 2020 年美国大选结果，冲击并纵火焚烧国会大厦等极端现象；在国际关系中，出现了英国“脱欧”、美国“退群”、美西方国际经贸往来和科技合作以意识形态划线等极端现象。

西方法治模式的政治逻辑是，本质上以资本为中心、与对外扩张掠夺等要求相适应。资本主义制度建立初期，通过“圈地运动”的强制掠夺，把农民变成无产者，成为机器生产时代的廉价劳动力。美国“西进运动”时期规定，霸占而来的土地经过法定期限就取得所有权，美其名曰“逆占有”。西方资本主义国家强盛之后，通过殖民扩张和全球贸易侵略别国、掠夺资源，积累起自身发展的条件，并以此获得了在国际政治经济秩序中的支配地位和竞争优势。西方法治模式随着殖民扩张被移植到世界上大部分地区；殖民主义体系终结之后，又通过对已取得独立的发展中国家和地区合作援助、文化交流甚至策动“颜色革命”、武装干涉等手段，诱逼这些国家采用西方发展模式和法治模式，维护西方的政经利益。在西方内部，在战后国际关系的处理上，西方法治模式还是巩固战胜国确立国际秩序的工具。二战后，西方盟国迅速对德日法律体系进行根本性改造，移植西方法治秩序，实际上是将其纳入西方阵营并充任美国的附庸。

西方法治道路的政治立场，就是维护资产阶级的利益。恩格斯指出，对资产者来说，法律当然是神圣的，因为法律是资产者本身的创造物，是经过他的同意并且是为了保护他和他的利益而颁布的；对广大民众来说，法律是资产者给他准备的鞭子。美国 2011 年掀起的“占领华尔街”运动，就是老百姓反对 1% 的富豪垄断了社会中 99% 的财富。资本主义制度用了 300 多年时间，仅仅使十分之一的国家（20 多个国家）和十分之一的世界总人口（约 9 亿人）过上发达国家的生活，剩下九成多的人仍生活在发展中社会。

当代，西方法治模式呈现日益明显的局限性。西方法治本质上是维护其统治集团和利益集团利益，维护其政治制度和社会制度的工具。“宪政”建立在两党或多党制、两院制、分权制衡等制度基础上，是资产阶级政党斗争和博弈的工具。选举政治以分化选民为前提，选举的周期性和政绩观的功利性导致国家发展难以“一张蓝图绘到底”。“三权分立”虽在一定程度上起到制约权力的正面作用，但容易出现相互掣肘、内耗严重的弊病，甚至出现“凡是你赞成的，我都反对”的否决政治，导致政党恶斗、种族冲突、社会撕裂。权力过度分立造成国家撕裂、施政效率低下等现实问题。“司法独立”和“法官不党”尤其具有虚伪性。西方法官从选用到履职都充满了政治倾向甚至党派倾向，美国联邦最高法院的法官由总统任命，民主党任命“自由派”，共和党任命“保守派”，在社会分歧明显的案件判决上，哪派的法官人多，判决就采用哪派的观点。2022 年，有关“堕胎权”的判决引起美国社会的轩然大波。上述局限性在一些“移植”西方法治模式的后发国家也有明显表现。

（二）中国特色社会主义法治的政治性

西方法治模式是西方中心论在法学领域的表现。然而，世界上的法治模式并不会只接受一种评判标准。中国共产党领导人民成功探索出中国特色社会主义法治道路，取得了经济长期高速发展和社会长期保持稳定的“两大奇迹”。

中国特色社会主义法治的政治理论，是马克思主义中国化时代化的最新成果——习近平新时代中国特色社会主义思想。这是中国共产党人把马克思列宁主义的普遍原理和中国的具体实践相结合，和中华优秀法律文化相结合，不断丰富发展中国特色社会主义法治理论所形成的最新理论成果。习近平法治思想以马克思主义国家学说和法治理论作为思想基础，维护社会主义核心价值体系。

中国特色社会主义法治模式的政治逻辑，是坚持党对全面依法治国的领导，始终坚持中国特色社会主义这个根本定性。马克思主义认为，一切革命的根本问题是国家政权问题。列宁指出，国家意志应该表现为政权机关制定的法律，否则“意志”只是毫无意义的定义。习近平总书记指出，“党的领导是中国特色社会主义法治之魂，是我们的法治同西方资本主义国家的法治的最大的区别”；“党的领导和社会主义法治是一致的，社会主义法治必须坚持党的领导，党的领导必须依靠社会主义法治”。[1]《中华人民共和国宪法》总纲载明中国共产党领导是中国特色社会主义最本质的特征。《中华人民共和国刑法》总则开宗明义地把保卫国家安全作为最重要的任务，分则把危害国家安全罪列为第一章。党的领导是社会主义法治的根本要求，是党和国家的根本所在、命脉所在，是全国各族人民的利益所系、幸福所系。中国特色社会主义法治模式的政治逻辑决定了：我们必须坚决抵制“西方宪政”“三权分立”“司法独立”“多党政治”等法治西化思潮，毫不动摇地坚持建设社会主义法治的正确政治方向。

---

1 中共中央宣传部、中央全面依法治国委员会办公室：《习近平法治思想学习纲要》，人民出版社、学习出版社 2021 年版，第 13—14 页。

在我国探索法治建设的过程中，曾有“党大还是法大”的讨论。习近平总书记旗帜鲜明地指出，“‘党大还是法大’是一个政治陷阱，是一个伪命题。对这个问题，我们不能含糊其辞、语焉不详，要明确予以回答。党和法、党的领导和依法治国不是对立的，而是高度统一的。我国法律充分体现了党和人民意志，我们党依法办事，这个关系是相互统一的关系。党领导人民制定、实施宪法和法律，党自身也必须在宪法和法律的范围内活动”；“具体到每个党政组织、每个领导干部，就必须服从和遵守宪法法律，就不能以党自居，就不能把党的领导作为个人以言代法、以权压法、徇私枉法的挡箭牌”。[1]

中国特色社会主义法治道路的政治立场，是坚持以人民为中心。这是马克思主义最鲜明的品格，习近平总书记强调“江山就是人民，人民就是江山，打江山、守江山，守的是人民的心”。[2] 中国共产党从建立革命根据地时起，就注重立法维护并巩固人民政权。1928 年 12 月，中国共产党颁布第一部土地法规《井冈山土地法》，规定了没收土地、分配土地和山林、征收土地税的办

---

1 中共中央宣传部、中央全面依法治国委员会办公室：《习近平法治思想学习纲要》，人民出版社、学习出版社 2021 年版，第 15—16 页。

2 中共中央党史和文献研究院、中央学习贯彻习近平新时代中国特色社会主义思想主题教育领导小组办公室编：《习近平新时代中国特色社会主义思想专题摘编》，中央文献出版社、党建读物出版社 2023 年版，第 107 页。

法，以巩固土地革命战争成果。新中国成立之际，中国共产党公开颁布抗战胜利后第一个关于土地制度改革的纲领性文件《中国土地法大纲》，确立了生产资料属于人民所有的根本经济制度。社会主义民主法治建设坚持“三个至上”——党的事业至上、人民利益至上、宪法法律至上。人民利益是党的事业的根本，宪法、法律是党的主张和人民意志的体现。三者是高度统一、不可分割的整体。《中华人民共和国宪法》规定，“中华人民共和国的一切权力属于人民”。坚持以人民为中心主要体现为三条基本原则：一是以人民权利为本位，以保护和保障人权和公民权利为目的；二是以公平正义作为法治的生命线，把公平正义作为融贯法治实践的核心价值；三是积极回应人民群众的新要求新期待，把促进民生改善作为法治工作着力点。

二、时代性

时代是思想之母，实践是理论之源。韩非子指出，“法与时转则治，治与世宜则有功”。法治具有时代性，是回应“时代之问”的产物；伟大时代呼吁伟大理论和实践，随着经济社会发展、生产生活方式变化、社会利益关系调整而不断完善发展。一味停留在旧的体制机制框架内，用老办法应对新情况新问题；在急剧变革的时代，零敲碎打、修修补补，都解决不了大问题。后发国家必须与时俱进，创造性地探索适合自身发展阶段需要的法治模式。我国在实践中形成习近平法治思想，在波澜壮阔的治国理政实践中开启了法治中国新篇章。

（一）法律必须因时而变

马克思主义坚持用发展的观点观察和分析法律现象。世界上没有“永恒的正义标准”和“超时空法律制度”，法与时移。实践决定认识，经济基础决定上层建筑，法律只能是一定历史条件下的产物，来源于当时的实践，体现统治阶级的意志，也无法避免在特定环境下的局限性。在改革时代，必须克服因循守旧的思维和教条主义思想。

改革自古就与法制实践相伴共生。在古希腊，雅典民主法制开创、建立、发展和完善的四个发展阶段，先后经历德拉古、梭伦、克里斯提尼、伯里克利四次立法改革，不断削弱氏族贵族的权力，加强公民大会和陪审法庭地位和作用，持续增加民主成分。公元前 6 世纪中叶，古罗马土利乌斯改革户籍法和税法，废除了建立在血缘关系基础上的氏族部落，在罗马城内按居住地区划分部落、设定户籍；根据财产将居民分为五个等级，根据户籍和财产确定权利和义务。古往今来，中国大地上发生了无数变法变革图强运动，比较著名的有商鞅变法、王安石变法、张居正变法等，留下了“治世不一道，便国不法古”（治国并不是只有一条道路，只要有利于国家，就不一定非要拘泥于古法旧制）等豪迈宣言。只要能够推动国家强盛，改革者们就敢于打破成见，虚心学习。战国时期，赵武灵王就力排众议，放下中原民族心理上的所谓“优越性”，向少数民族学习“胡服骑射”，实现了富国强兵的夙愿。

一方面，改革必须适应生产力发展的要求。5—9 世纪统治西欧的日耳曼人，其生产力发展阶段、经济、文化、法制水平不如被统治的罗马人。被西方史学家称为“蛮族国家”的日耳曼王国开创了欧洲版的“一国两制”——日耳曼人适用日耳曼法（民族习惯）、罗马人适用罗马法，两法并存、分别适用；当两族产生纠纷时，仍以日耳曼法为准。这种差异化的制度安排，适应了不同地区、不同民族生产力发展水平的差距，尊重原有制度习惯，既维持了“蛮族国家”的制度安全，又保障了民族和谐。超越发展阶段的法律改革难以成功。9 世纪上半叶，查理曼帝国企图强行统一原有的“部落法律”。但由于各地区社会发展仍不均衡，加上已发展扩大的封建制固化了这种不均衡，致使改革失败。另一方面，只有与时俱进，才能不被时代所抛弃。19 世纪，罗马天主教会面对近代工业化、科技发展、全球传教的新形势，不得不推动教会法改革。这次改革吸收了世俗法的法典化趋势，撰写简明法条并系统地排列，以消除传统法律汇编混乱、前后不一致和不便查阅引用等问题，增强了教会法的传播力。

改革的驱动力在于既有法治实践的局限性。1776 年，由于南方奴隶主的反对，以批判性和创造性著称的美国《独立宣言》

删除了初稿中谴责奴隶制的条款。将近 100 年后，1861 年美国爆发了决定奴隶制存废的南北战争。战后通过的宪法第十四修正案，要求政府对全体公民予以平等保护，实现了法律层面的“废奴”。然而，种族歧视在美国社会仍是顽瘴痼疾。又过了 100 年，20 世纪五六十年代美国爆发黑人民权运动，迫使美国从法律上结束了对黑人选举权的限制和公众设施中的种族隔离制度。这为日后美国选出首位黑人总统奥巴马奠定了基础。然而，由于社会中对黑人的歧视仍普遍存在，2020 年，以黑人青年弗洛伊德被白人警察“跪杀”事件为导火线，美国掀起“黑命贵”（又译“黑人的命也是命”）运动，参与者数以千万计，其对法治的长远影响将陆续释放。

（二）对“百年未有之大变局”的法治回应

习近平总书记立足中国特色社会主义进入新时代的历史方位，立时代之潮头，发思想之先声，科学回答了新时代我国法治建设向哪里走、走什么路、实现什么目标等根本性问题，形成习近平法治思想，在波澜壮阔的治国理政实践中开启了法治中国新篇章。

当今世界处于百年未有之大变局，不稳定不确定不安定因素日益增多。百年之“变”体现为国际格局之变。2008 年国际金融危机加速了国际力量格局的“东升西降”，美国自 2010 年以来战略重心向亚太地区转移，先后提出“亚太再平衡”和“印太战略”等概念，大国博弈升温，为和平与发展的时代主题带来新的挑战。百年之“变”还体现为安全格局之变。2001年“9·11”事件和美国主导的“反恐战争”爆发以来，安全问题成为世界政治中普遍存在的因素，以各种方式深刻影响着国家内部生活与国际关系，进一步打破了内部安全与外部安全之间、战争与犯罪之间、警察与士兵之间的区别和界限。2019年底暴发的新冠疫情横扫全球，造成的伤亡和损失堪比世界大战，对经济和安全等传统安全的牵引力量进一步加强，进一步凸显非传统安全影响力。随着全球化的深入推进，国内问题和国际问题的紧密结合程度前所未有，各国法治建设都无法独善其身。

党的十八大以来，以习近平同志为核心的党中央从坚持和发展中国特色社会主义的全局和战略高度定位、布局、推进法治建设，围绕为什么要全面依法治国、怎样全面依法治国这个重大时代课题，从理论和实践上进行全面探索、开拓、创新、总结，形成习近平法治思想，推动我国法治建设取得历史性成就。

习近平法治思想包括十一个方面：坚持党对全面依法治国的领导；坚持以人民为中心；坚持中国特色社会主义法治道路；坚持依宪治国、依宪执政；坚持在法治轨道上推进国家治理体系和治理能力现代化；坚持建设中国特色社会主义法治体系；坚持依法治国、依法执政、依法行政共同推进，法治国家、法治政府、法治社会一体建设；坚持全面推进科学立法、严格执法、公正司法、全民守法；坚持统筹推进国内法治和涉外法治；坚持建设德才兼备的高素质法治工作队伍；坚持抓住领导干部这个“关键少数”。

习近平法治思想的时代性体现为四个方面。一是“强起来”时代的问题导向。立足于中国特色社会主义进入新时代的历史方位，直面“船到中流浪更急、人到半山路更陡”的复杂形势——内有社会主要矛盾已发生历史性转换，外有百年未有之大变局，充分认识到仍需要应对许多前所未有的挑战，经过具有许多新的历史特点的伟大斗争。习近平总书记应时代之变迁、立时代之潮头、发时代之先声，提出一系列新理念新思想新战略，领导形成了原创性的习近平法治思想。二是正确处理“破”和“立”的关系。坚持“凡属重大改革都要于法有据”，积极发挥法治引导、推动、规范、保障改革的作用，依法坚决破除一切妨碍现代化发展的思想观念和体制机制弊端；积极构建和完善中国特色社会主义国家制度和法律制度，为推进中国式现代化提供系统完备、科学规范、运行有效的制度体系。三是统筹发展和安全两件大事。把国家安全贯穿到党和国家工作各方面全过程，同经济社会发展一起谋划、一起部署，做到协调一致、齐头并进。既通过发展提升国家安全实力，又深入推进国家安全思路、体制、手段创新，营造有利于经济社会发展的安全环境。以法治有效应对重大挑战、抵御重大风险、克服重大阻力、解决重大矛盾。四是统筹推进国内法治和涉外法治。立足国内和国际两个大局，为人类法治文明和全球安全治理贡献中国方案。原创性地提出“坚持统筹推进国内法治和涉外法治”“协调推进国内治理和国际治理”，创造性提出共商共建共享的全球治理观和共同、综合、合作、可持续的全球安全观。

三、民族性

立法需要遵循民族的特点。战国时期的改革家商鞅指出：“为国也，观俗立法则治，察国事本则宜。不观时俗，不察国本，则其法立而民乱，事剧而功寡。”根据人民的习俗制定法律，可以实现良好的治理，否则可能立了法也得不到人们的拥护和遵守，事倍功半。美国大法官霍姆斯（1841—1935年）指出：“法律蕴含着一个国家几个世纪发展的故事，我们不能像对待仅仅包含定理和推论的数学教科书一样对待它。”

（一）法治民族性的体现

一是法治模式的多样性。“物之不齐，物之情也。”世界上没有放之四海而皆准的现代化模式、现代化标准，不同文化圈之间、不同国家之间、相当部分国家内部不同地区之间，也有不同的现代化模式和标准，法治领域同样如此。西方法治传统的渊源除了世俗法律之外，还包括罗马天主教的教会法。在中世纪的西欧，教权和王权相互重叠冲突，形成“二权分立”结构，这是西方近代宪法分权制衡制度最重要的历史来源之一；基督教法的“良心原则”，为西方诉讼程序赋予法官“自由心证”的权力提供了文化渊源。中国特色社会主义法治模式以马克思列宁主义为理论根基，本质上以人民为中心、对外坚持和平发展。

二是法治现代化路径的多样性。主要体现在政府对法治推动作用是否显著。美英法等先发现代化国家呈现“自下而上”的法治化模式，主要在市场经济和现代化发展的内生动力驱动下，经过数以百年计的内生演进，逐步实现法治化。政府是被社会推动的一方，更多是顺势而为。新加坡、韩国、日本等后发现代化国家则呈现政府“自上而下”的法治化模式，在几十年时间内快速实现法治化，政府发挥了很大的推动作用。中国的法治化起步于 1978 年，至 21 世纪中叶全面建成社会主义现代化国家，也只有 70 多年的时间；从党的十八大算起则只有不到 40 年的时间。在这么短的时间里，要在一个拥有 14 亿多人口和复杂国情的大国实现法治化，必须采取自上而下、自下而上双向互动的推进模式。

三是法治制度体系的多样性。尽管西方法治精神同源相通，但就法治的具体形式形成了以英美为代表的普通法系（又称“英美法系”）和以法德为代表的大陆法系。普通法系是判例法，多为单行法，法律类型分为普通法和衡平法，不单独设立行政法院；大陆法系实行成文法，更重视法典，法律类型分为公法和私法，单独设立行政法院。普通法系内部也有诸多区别。美国法脱胎于英国法，却又在根据国情改革的基础上形成自身特点。从国家结构上看，美国法并未沿用英式单一制立法，而是实行联邦法和州法并存的“双轨制”。在法律形式上，美国没有照搬英国的不成文宪法，而是制定成文宪法并建立独具特色的宪法修正案制度。在注重律师和法官通过判例变相“立法”的同时，美国法还突出法学家“重述”的立法功能。从诉讼程序上看，美国法简化诉讼程序；在整体继承普通法“先例原则”的基础上，法官被赋予更广泛的司法解释权。

四是法治文化的多样性。德国宪法有关人的尊严的条款，是维护民主制度的有力武器，有其深厚的民族文化基础。德国哲学家康德认为，人是目的本身而不是手段。就政治而言，不论是国家还是君主，都不能把国民当作是一种手段。由此派生出“主权在民”和基本权利保障的宪法原理。新中国成立前，中国共产党人在山沟沟里的巡回审判中创立了“马锡五审判方式”，体现“情、理、法兼顾，以人为本”的法律文化。

（二）中国法治的民族性

中华法系形成于秦朝、成熟于隋唐（以《唐律疏议》为代表）、衰微于清末，在世界法制史上独树一帜，形成了厚重成熟的法律文化。与大陆法系、英美法系、伊斯兰法系等不同，中华法系是在我国特定历史条件下形成的，显示了中华民族的伟大创造力和中华法制文明的深厚底蕴，凝聚了中华民族的精神和智慧，有很多优秀的思想和理念值得传承。[1]

政令和法令的统一。中国自古以来就是地域辽阔、民族多元、人口众多、国情复杂的大国。古代中国，人们团结凝聚形成了以大禹为核心的治水力量，以令行禁止、众志成城的磅礴伟力驯服了看似不可战胜的大河水患，奠定了千百年来中华民族政令一统、海晏河清的基本治理模式。在实现中国式现代化的历史新征程上，要保证国家统一、法制统一、政令统一、市场统一，实现中国式现代化蓝图，必须厉行法治，以法治为轨道推进现代化建设，统筹社会力量、平衡社会利益、调节社会关系、规范社会行为，形成建设社会主义强国的磅礴伟力。

强调人民是国家治理最根本依靠力量，揭示民心向背对长治久安的决定性作用，形成“民为邦本、本固邦宁”的民本理念。强调忧患意识的警句“安而不忘危，存而不忘亡，治而不忘乱”；重视刚柔并济的“方而又刚，柔而又圆，求安难矣”；推崇张弛有度，“文武之道，一张一弛”等。

对于社会治理，重视“礼”的行为规范和秩序引导作用，把“礼”的软性塑造和“刑”的刚性约束有机结合起来，形成“出礼入刑、隆礼重法”的治国策略。对于民事纠纷解决，在以审判

---

1 中共中央宣传部、中央全面依法治国委员会办公室：《习近平法治思想学习纲要》，人民出版社、学习出版社 2021 年版，第 45 页。

作为最后救济手段的“托底”基础上，强调调解对于定分止争、息诉劝和的作用，形成“天下无讼、以和为贵”的价值追求。

对于执法司法，强调严格以法律作为处断依据，反对“出入人罪”“刑不上大夫”等各种形式的司法特权，形成“援法断罪、罚当其罪”的公正观念。在司法过程中关怀弱势群体，充分考虑老弱病残犯法的客观因素，形成“矜老恤幼、宽宥妇残”的恤刑原则。

重视道德的教育引导和思想改造作用，把道德教化和刑罚制裁有机结合起来，形成“德主刑辅、明德慎罚”的慎刑思想。在当代，这主要表现为依法治国和以德治国相结合，以道德滋养为法治文化注入源头活水，为法律实施奠定坚实社会基础。

从严治吏。我国在战国时期已建立官僚制度，每年年终根据户口增长、农商经济发展、土地开垦情况等对官员进行绩效考核和赏罚。经过长期演进形成监察制度，通过巡按地方、改善司法、惩贪选贤等制度机制，有效发挥了整肃纲纪、制衡权力、确保施政质量等重要作用。

在对外关系上主张“世界大同”“无偏无党，王道荡荡”。在各国法治领域的文明交流互鉴中构建中国自己的法治话语体系，争取法治话语权，以更好地参与全球治理。力求内外兼顾的“内事文而和，外事武而义”；倡导国与国之间和平共处的“和衷共济、和合共生”；主张讲信修睦的“亲仁善邻，国之宝也”。

近代以来，不少人试图在中国照搬西方法制模式，都终归失败。习近平总书记强调："我们有我们的历史文化，有我们的体制机制，有我们的国情，我们的国家治理有其他国家不可比拟的特殊性和复杂性，也有我们自己长期积累的经验和优势，不能妄自菲薄，也不能数典忘祖。"[1] 只有平衡好探索和借鉴、移植和传承两对重要关系，从我国革命、建设、改革实践中探索出来的适合自己的法治道路，才能为实现中华民族伟大复兴夯实法治基础。这条道路就是中国特色社会主义法治道路。

立国之本

"治强生于法，弱乱生于阿。"法治是国家治理体系和治理能力的重要依托。习近平总书记指出，新中国成立 70 多年来，我国之所以创造出举世瞩目的发展成就，同我们党不断推进社会主义法治建设有着十分紧密的关系。[2] 法治具有固根本、稳预期、利长远的保障作用，必须在法治轨道上全面建设社会主义现代化

---

1 中共中央宣传部、中央全面依法治国委员会办公室：《习近平法治思想学习纲要》，人民出版社、学习出版社 2021 年版，第 44—45 页。

2 中共中央宣传部、中央全面依法治国委员会办公室：《习近平法治思想学习纲要》，人民出版社、学习出版社 2021 年版，第 61 页。

国家，推进国家安全体系和能力现代化。

一、法治对于国家制度和治理体系的“固根本”作用

法治兴则国家兴，法治衰则国家乱。法治保证了国家根本制度和治理体系的稳定，有助于巩固中国共产党的执政地位、改善执政方式、提高执政能力，推动全面依法治国本立道生、本固枝荣。1980 年，邓小平同志在总结正反两方面历史经验时深刻指出:“领导制度、组织制度问题更带有根本性、全局性、稳定性和长期性。这种制度问题，关系到党和国家是否改变颜色，必须引起全党的高度重视。”我国宪法明确了社会主义制度这一国家根本制度、党的领导制度这一根本领导制度、人民代表大会制度这一根本政治制度,确立马克思主义作为国家指导思想制度,确立了社会主义基本政治制度和基本经济制度、党对人民军队的绝对领导制度等。这些制度是党领导中国人民在长期奋斗和实践探索中形成的，是人类制度文明史上的伟大创造，具有显著优越性和强大生命力，必须长期坚持、全面贯彻、不断完善。在新的历史条件下，我国发展战略机遇和风险挑战并存、不确定难预料因素增多，改革发展稳定面临不少深层次和多发性问题，法治为国家安全提供最基本最稳定最可靠的保障。只有全面依法治国，才能有效保障国家治理的系统性、规范性、协调性，才能最大限度凝聚社会共识，团结全国各族人民有效应对重大挑战、抵御重大

风险、克服重大阻力、解决重大矛盾，为改革和发展提供长治久安的理想环境。

二、法治对于经济运转和社会生活的“稳预期”作用

法治对国家和社会各种关系予以确认、保护、规范和调整，又对经济社会发展和各项事业发展发挥引导、定向、推动和促进作用。通过章法有度、自成方圆的法制建设，维护和保障公民的根本利益，为实现自由平等、公平正义提供了制度保证。市场经济的本质是法治经济。在发展社会主义市场经济的过程中，完备的法治规范和保障，有利于公民、法人和其他组织等行为主体根据稳定的、合理的预期对各种关系和行为进行判断并做出选择。

法治可以维护改革发展稳定大局，保证改革方向正确、路径不偏，起到定向、把关的作用。改革开放以来，我们党始终高度重视正确处理改革、发展、稳定的关系，持续推进社会主义法治体系建设。习近平总书记指出，改革、发展和稳定是我国社会主义现代化建设的三个支点。改革是经济社会发展的强大动力，发展是解决一切经济社会问题的关键，稳定是改革发展的前提。只有社会稳定，改革发展才能不断推进；而改革发展不断推进，又能反过来持续夯实社会稳定的坚实基础。离开社会稳定，不仅改革发展不可能顺利推进，已取得的成果也会丧失。当代的一些国家由于法治不彰，改革失当，丧失稳定进而痛失发展机遇，为人

民带来深重灾难，可谓前车之鉴。

改革必须沿着法治轨道推进，有序地处理好“破”与“立”的辩证关系，才能保持稳定、实现发展。2010 年，适应改革开放和社会主义现代化建设需要的中国特色社会主义法律体系已经形成；2020 年，《中华人民共和国民法典》的颁布标志着我国已进入法典化的立法阶段，“无法可依”的局面已经结束。我国的全面深化改革，是在法律体系已经完成的基础上持续向前推进的，更需要强调法治对改革的保障作用。习近平总书记强调，对于凡是改革方案能通过立法来操作的，就通过制定法律法规来实施。通过改革决策与立法决策的同步和协调进行，避免立法滞后导致改革违法进行。“凡属于重大改革要于法有据，需要修改法律的可以先修改法律，先立后破，有序进行，有的重要改革举措，需要得到法律授权的，要按法律程序进行。”未来，仍需善用法律手段应对挑战、抵御风险、克服阻力、解决矛盾，依法健全调控体系和政策协调机制，有效实施宏观调控和市场规制，全面提高宏观经济治理能力。

三、法治对于国家和社会未来发展的“利长远”作用

法治明确了国家长远发展目标和战略谋划，回答了事关国家长治久安的根本性问题，总结了全社会在改革和发展中形成的经验、揭示的规律、凝聚的共识，保障了国家和社会的可持续发展

和长远进步。法治是国家核心竞争力，奉法者强则国强。春秋战国时期，偏居西北的秦国采纳法家学说“以法而治”，迅速跻身强国行列，取得逐鹿中原的资格并最终统一六国，开创了中国大一统的历史纪元。唐太宗以奉法为治国之重，制定颁布《贞观律》成就了贞观之治，使唐朝走向鼎盛进而创造了中国古代最辉煌的政治文明。放眼世界历史，尊崇法律和国家强盛互为表里。罗马帝国先后凭借武力、宗教和法律三次“征服”世界，只有法律的“征服”影响最为深远。罗马帝国开创的法治传统推动了西方商业和市场经济的发展，罗马法律精神至今为人类法治文明的发展提供着养分。当代发达国家，无一不是法治国家。习近平总书记指出，一个现代化国家必然是法治国家。[1]可见，由法治保障的强盛是最为持久的强盛，法治是“利长远”的立国之本。

四、在法治轨道上推进国家安全体系和能力现代化

习近平中国特色社会主义思想系统性强、体系缜密，作为重要组成部分的总体国家安全观和习近平法治思想方向一致、体系兼容、方法相通，有条件紧密结合起来。《中华人民共和国国家安全法》第七十条明确：“国家健全国家安全法律制度体系，推

1　中共中央宣传部、中央全面依法治国委员会办公室：《习近平法治思想学习纲要》，人民出版社、学习出版社 2021 年版，第 98 页。

动国家安全法治建设。”在法治轨道上推进国家安全体系和能力现代化，是着眼长远的强基固本之举，可从四个方面展开。

持续完善国家安全法律和制度体系。积极推进国家安全、科技创新、公共卫生、生物安全、生态文明、防范风险、涉外法制等重要领域立法。完善风险防控、风险研判、决策风险评估、风险防控协同、风险防控责任五大机制。加强对执行环节的监督，防止各自为政、标准不一、宽严失度，充分发挥制度指引方向、规范行为、提高效率、维护稳定、防范化解风险的重要作用。

强化国家安全法治思维。坚持“法治是国家核心竞争力”的科学论断，更加重视并厉行法治，强化法治思维、运用法治方式，坚持依法应对重大挑战、克服重大阻力、解决重大矛盾。例如，运用法治方法和思维对特别行政区行使中央政府全面管治权，维护宪法和基本法确定的特别行政区宪制秩序，落实“爱国者治港”“爱国者治澳”原则。

坚持统筹推进国内法治和涉外法治。加快构建涉外法治工作战略布局，推动形成系统完备的涉外法律法规体系，综合利用立法、执法、司法等手段开展斗争，特别是提升涉外执法、司法效能，坚决维护国家主权、尊严和核心利益。塑造更加公正合理的国际秩序，巩固遵守和维护世界贸易规则和纠纷解决机制、方法的国际营商环境，重塑长期被域外大国主导、对中国实施战略防范和战略挤压的亚太安全格局，推动形成共同安全、共谋发展的人类命运共同体。

全面提升国家安全法治意识和能力。依法加强法律人才培养，全面提升法治意识、法治思维和法律政策运用能力。落实《中华人民共和国国家安全法》要求，办好每年4月15日“全民国家安全教育日”活动，把国家安全教育纳入国民教育、公务员教育培训体系和精神文明建设体系，动员全党全社会共同努力加强公益宣传，积极引导社会舆论，夯实国家安全的社会基础。

参 考 文 献

1 中共中央宣传部、中央全面依法治国委员会办公室:《习近平法治思想学习纲要》，人民出版社、学习出版社2021年版。

2 中共中央宣传部、中央国家安全委员会办公室:《总体国家安全观学习纲要》，学习出版社、人民出版社2022年版。

3 中共中央宣传部:《习近平新时代中国特色社会主义思想三十讲》，学习出版社2018年版。

4 《习近平法治思想概论》编写组:《习近平法治思想概论》，高等教育出版社2021年版。

5 《法理学》编写组:《法理学》(第二版)，人民出版社、高等教育出版社2020年版。

6 中国现代国际关系研究院:《大国兴衰与国家安全》，时事出版社2021年版。

7 易赛键:《建设法治中国》，中国青年出版社2022年版。

8 何勤华主编:《外国法制史》(第四版)，法律出版社2006年版。

9 严存生主编:《西方法律思想史》(第三版)，法律出版社2015年版。

10 中央全面依法治国委员会办公室:《习近平法治思想开辟马克思主义法治理论中国化时代化新境界》，《求是》2022年第24期。

11 陈一新:《习近平法治思想是马克思主义中国化最新成果》，《人民日报》2020年12月30日第10版。

12 陈一新:《学习贯彻习近平法治思想需要把握好十大关系》，《人民日报》2021年12月7日第10版。

13 沈春耀:《有效发挥法治固根本、稳预期、利长远的保障作用》，《中国人大》2020年第22期。

14 董经纬:《深入学习领会习近平法治

思想原创性贡献·奋力谱写新时代国家安全依法之治新篇章》,《民主与法制周刊》2022年第27期。

15 周叶中:《在法治轨道上全面建设社会主义现代化国家》,《光明日报》2022年11月18日第11版。

16 丁余:《马克思恩格斯的法治观》,《中国纪检监察报》2020年12月8日。

2

第二章

法治护航
长治久安

坚持在法治轨道上推进国家安全体系和能力现代化，重视法治、厉行法治、强化法治思维、运用法治方式，是国家走向强盛的必由之路。习近平法治思想强调统筹推进国内法治和涉外法治。国内法治主要体现为立法和变法。立法，就是构建国家法律规范体系，明确国家发展方向；变法，就是法治体系作为上层建筑的一部分，根据经济基础的发展变化适时完善，不断解放和促进生产力发展。立法和变法，分别对应法治体系的构建和完善，分别对应法律规范体系的强基固本和与时俱进，是一个完整的动态过程。就国家安全法治而言，立法，就是构建国家安全法律规范体系，使国家安全工作有法可依；变法，就是顺应时代发展完善国家安全法律规范体系，强化法治手段，以新安全格局保障新发展格局。对外法治主要体现为用法和约法。用法，是指以国际法和国际关系基本准则作为武器开展大国博弈，反制裁、反干涉、反“长臂管辖”，通过有理、有利、有节的斗争维护国家主权、安全和发展利益；约法，是指基于“塑造是更高层次更具前瞻性的维护”的实践自觉和历史主动，在全球治理体系变革的关键期，以胸怀天下的大国担当维护以国际法为基础的国际秩序，并推动全球治理更加公正合理。立法、变法、用法和约法，由内而外构成一个完整的法治体系，共同维护国家的长治久安。本书正是以这四个方面作为框架渐次展开的，本章从理论和通例的角度简要梳理，随后章节从实践和个案的角度展开论述，以便构建一个相对立体和严密的知识体系。

立法：构筑法治根基

法制是法治的基础和前提条件。只有构建国家安全法律体系，才能明确国家安全法治的道路、理论、制度和文化。国家安全法律体系由宪法、法律、行政法规、地方性法规、自治条例和单行条例、规章等多层次法律规范组成，位阶从高到低、效力从大到小、领域从一般到特别、对象从普遍到具体。

一、宪法为国家安全提供根本保障

制定宪法并确立其根本法的定位，作为国家政治结构和国家治理的根本方案，是近代以来各国政治文明的伟大成就。马克思指出，宪法是“法律的准绳”“法律的法律”。为维护宪法权威，西方国家在长期实践中形成了违宪审查制度，由立法机关或司法机关对可能不符合宪法规定的法律或政策进行审查，一旦认定其违反宪法则予以撤销。我们党强调，依法治国首先是依宪治国。为了保证宪法得到有效贯彻，保持法律法规的价值取向一致，全国人大常委会加强了法律、行政法规、地方性法规的合宪性审查，以消除法律体系内部的冲突和不协调。

国家安全事关国家生死存亡、兴衰荣辱。宪法是一国最高法律规范，是国内所有法律的母法，也是国家的根本大法，具有凌驾性的法律位阶和最高效力。宪法明确国家根本力量，规范人民权利和国家权力的行使，明确国家机构在中央和地方的设置，规范“国之大者”，奠定法治根基。在国家安全领域，主要是确保国家政权由爱国者掌握，维护国家根本性政治制度，明确公民维护国家安全的宪法责任。

（一）确保政权安全，把国家政权掌握在忠诚爱国者手中

这是古往今来宪制性法律最重要的立法任务，主要通过规定对叛国者实施最严厉的制裁来实现。雅典的国家制度规定，掌握政权的“十将军委员会”必须对最高权力机关公民大会负责。十位将军在离任之前必须接受审查，如有叛国行为或战争败绩将受到制裁，公民大会有权决定对其没收财产、实施放逐直至处死。在伊斯兰法中，叛教罪是《古兰经》规定的犯罪，属于“经定刑”，实行原始而残酷的刑罚。英国最后废除死刑的罪名，是有关骚乱的犯罪，直至 1998 年 9 月为满足《欧洲人权公约》的要求才被动地加以落实。在美国，叛国罪是在宪法中规定的刑事罪名，是美国宪法中唯一规定的罪行，属于“宪定刑”。其宪法第三条明确，对美利坚合众国发动战争，或效忠敌人、为敌人提供协助或方便者，构成叛国罪。该罪打破“不得仅靠证词定罪”和“不得要求自证其罪”的一般性法治原则，美国宪法明确规定

“根据两个证人的作证”或“本人在公开法庭上的供认”，就可以被定为叛国罪。其第四条还规定了各州对叛国罪触犯者的“逃犯移交办法”，打破各州有权决定是否移交逃犯的一般性规定，明确不得拒绝移交。美国刑法由联邦法和州法两部分组成，对叛国罪的宣告和惩处属于联邦事权，立法权由联邦行使，各州无权置喙。《中华人民共和国宪法》第二十八条规定：国家维护社会秩序，镇压叛国和其他危害国家安全的犯罪活动，制裁危害社会治安、破坏社会主义经济和其他犯罪的活动，惩办和改造犯罪分子。

（二）确保制度安全，维护根本政治制度，保证“江山不变色”

美国宪法第一条规定“各州不得缔结任何条约、结盟或组织邦联”，明确了反分裂的立宪原意，维护联邦制度、捍卫国家统一。德国设立“防卫性民主”维护反对纳粹主义的根本政治制度。相当于德国宪法的《德意志联邦共和国基本法》规定，任何企图破坏和取消现有的民主和自由基本秩序，或者破坏和平、准备侵略战争的行为，均违反宪法，依法应予取缔。如有政党或其党员“意图破坏或推翻自由民主宪政秩序”或“意图危害德意志联邦共和国存续”即属“违宪政党”，应由德国联邦宪法法院裁判解散。1952 年，联邦德国政府据此取缔了新纳粹主义政党。通过禁止修改民主宪法、限制结社自由的方式，从根本上杜绝了“以民主的形式反对民主”，体现着“民主并不意味着包容毁弃民主意见”的国家理性。《德意志联邦共和国刑法典》规定，“变更基于联邦宪法（基本法）而存在之宪法秩序者”处无期徒刑或者 10 年以上有期徒刑；对“危害和平罪”也规定了较重的刑罚。《中华人民共和国宪法》第一条明确：“社会主义制度是中华人民共和国的根本制度。中国共产党领导是中国特色社会主义最本质的特征。禁止任何组织或者个人破坏社会主义制度。”

（三）明确人民维护国家安全的义务和责任

美国宪法明确了公民服兵役的义务。《中华人民共和国宪法》第五十一条至第五十五条规定，中国公民在行使自由和权利的时候不得损害国家的利益，应履行维护国家统一和全国各民族团结的义务，必须保守国家秘密；有维护祖国的安全、荣誉和利益的义务，不得有危害祖国的安全、荣誉和利益的行为；保卫祖国、抵抗侵略是每一名中国公民的神圣职责。据此，《中华人民共和国国家安全法》第十一条明确：“中华人民共和国公民、一切国家机关和武装力量、各政党和各人民团体、企业事业组织和其他社会组织，都有维护国家安全的责任和义务。”

二、各国构建国家安全法律体系的实践

完善的法治必然要求完备的法律制度体系，授权立法、行政、司法机关履行相应权力，保障公民安全、自由和发展的权利，实现权力和权利的平衡。世界各国都注重构建国家安全法律体系，确立维护国家安全的基本制度、职责任务和保障体系，制

定涵盖从中央到地方的不同位阶，组织法、实体法和程序法等不同性质，传统安全和非传统安全等不同领域，从政治经济到文化等不同部门的法律制度，既树立四梁八柱，又织牢织密法网，推动国家安全工作法治化。

美国国家安全法律体系最为完整。美国于 1947 年在各国之中率先制定《国家安全法》，主要确立了美国国家安全机构的组织体制、各机构职权范围。由于该法及其修正案性质上属于基本法律，位阶仅次于宪法而高于其他单行立法，为美国制定专门立法奠定了法律基础。美国根据《国家安全法》制定的相关法律种类繁多，仅成文法就达 20 多部，针对具体安全领域制定了系列专门性法律，包括《反情报和安全促进法》《情报改革与预防恐怖主义法》《综合贸易与竞争法》《外国投资与国家安全法》等。这些法律由美国中央情报局、美国国土安全部、美国国家安全局和美国联邦调查局等不同机构执行。

英国重视国家安全行政立法。相较于通过刑事立法打击危害国家安全犯罪的传统模式，英国有关国家安全工作的行政立法发达，着眼于构建和防范的特点更为鲜明。经过法律的重新平衡、校正，政府权力和公民权利的界限朝向扩大政府反恐执法权的方向移动。英国针对国民防务、国家紧急状态、反恐、国家安全机构的设置等方面都进行了立法，部门法、专门性法律突出。《和平时期国民防务法案》（1986 年）进一步明确了中央与地方政府在应急安全管理方面的责任范围;《国家安全机构法》(1989年)首次将情报机构活动纳入法治轨道，明确了各相关机构的职责权限和管辖归属;《反恐怖主义法》(2000年)除扩展了恐怖主义的定义外，还赋予警察部门广泛的执法权打击国内和国际恐怖主义;《国民紧急应变法》(2004年)界定了紧急事态，授予政府紧急事态权力;《恐怖主义预防和侦察措施法》(2011年)、《反恐与安全法案》(2015年)对限制嫌疑人旅行、出入境，政府展开相关调查、预防恐怖犯罪等问题都作出详尽规定。[1]这体现了老牌法治国家的立法技艺。

俄罗斯国家安全法律体系的构建最体现效率。20世纪90年代初，俄罗斯刚从苏联独立就高度重视国家安全立法工作，在数年时间内颁布《国家安全法》等法律法规，界定了国家安全事务、机构、任务和职权等范畴，推动了承袭自苏联时期的国家安全工作有序转轨，有效应对了独立初期国内动荡、分离势力抬头等严峻挑战，有效克服了“二次解体”的现实威胁。俄罗斯独立30年来，根据国家安全形势制定了《集会示威游行法》《外国代理人法》《禁止官员拥有海外账户及财产》等[2]，较快完成了国家

1 肖金泉:《世界各国国家安全立法均属中央事权》,《光明日报》2020年6月26日第3版。

2 《俄罗斯寻找“颜色革命”解毒药》，新华网，2015年7月14日，http://www.xinhuanet.com//world/2015-07/14/c_128017832.htm。

安全法律体系的构建，有效防范、挫败了美西方对其实施“颜色革命”的图谋，巩固了国家的安全稳定。

三、中国历史性构建国家安全法治体系

当前，世界百年未有之大变局加速演进，世界之变、时代之变、历史之变正以前所未有的方式展开。[1] 中国国家安全法治体系是在主动“识变”和“应变”的基础上健全完善的，问题导向突出；是在新理念新思想新战略引领下进行的，引领性特点突出；是统筹解决错综复杂治国难题而形成的，系统性特征鲜明。

（一）背景：我国法律体系日益完善

改革开放和社会主义现代化建设新时期，实现从“无法可依”到“有法可依”的历史性跨越，形成了中国特色社会主义法律体系。中国特色社会主义进入新时代，实现从“法律体系”到“法治体系”的历史性飞跃，向建设中国特色社会主义法治体系、建设社会主义法治国家的总目标勇毅前行。截至 2021 年 12 月，我国现行有效法律 291 件，行政法规和监察法规 611 件，地方性

1 陈一新:《深入学习贯彻总体国家安全观 坚定不移地维护国家安全》,《学习时报》2024 年 4 月 29 日第 1 版。

法规 1.2 万余件。[1] 用 30 多年时间走完西方 300 年甚至更长时间才走完的立法道路，写下了人类法制史上的恢宏篇章。党的十八大以来的十年，全国人大及其常委会新制定法律 68 件、修改法律 234 件、通过有关法律问题和重大问题的决定 99 件，作出立法解释 9 件。与上一个十年比较，新制定的法律数量增加了三分

1 陈一新：《深学笃行习近平法治思想 更好推进中国特色社会主义法治体系建设》，《求是》，2022 年第 4 期，http://www.qstheory.cn/dukan/qs/2022-02/16/c_1128368106.htm。

之一，修改的法律数量增加近两倍，通过的决定增加 1.5 倍。[1]

我国法律体系日益完善。民法典作为新中国第一部以法典命名的法律，开创了我国法典编纂立法的先河。国家安全、卫生健康、公共文化等重要领域的基础性、综合性、统领性法律相继制定出台，生态环境、教育科技等重要领域的法律进行了系统全面的修订，网络信息、生物安全等新兴领域的立法取得突破，加强涉外领域立法，中国特色社会主义法律体系完善取得显著进展，系统性、整体性、协同性进一步增强。

（二）中国国家安全立法的特点

问题导向突出。新中国成立后很长一段时期，影响国家安全的主要是政治、军事等传统领域的安全问题。改革开放以来，国家安全领域的主要法律是以反间谍工作为主要内容的 1993 年《中华人民共和国国家安全法》。进入 21 世纪以来，随着以“东升西降”为特征的国际格局深刻调整和我国持续走近世界舞台中心，我国面临的国家安全环境和形势日趋复杂，经济、海洋、生态、资源等非传统领域安全问题凸显，传统和非传统安全威胁交织，维护国家主权、安全和发展利益的任务十分艰巨。要解决系统性的问题，只有形成体系性的法律和制度。

1　朱宁宁：《中国特色社会主义法律体系完善取得显著进展》，《法治日报》2022 年 4 月 26 日第 2 版。

“引领性”立法特征鲜明。近十年来，我国的国家安全立法是在“全面建设社会主义法治国家”的战略布局之中，以“总体国家安全观”作为观念先导引领立法实践高速推进。为统筹解决各种类型的安全风险和问题，有效防范应对难以预见甚至无法预见的风险，2014年4月15日，习近平总书记首次提出“总体国家安全观”。2014年10月，中共十八届四中全会首次明确提出“构建国家安全法律制度体系”，要求“贯彻落实总体国家安全观，加快国家安全法治建设，抓紧出台反恐怖等一批急需法律，推进公共安全法治化，构建国家安全法律制度体系”。

系统性特征鲜明。2015年，新的《中华人民共和国国家安全法》出台，中国特色国家安全法治有了“基本法”，经过数年发展，相关法律和制度形成4层次体系性结构：宪法中有关国家安全的条款、国家安全法、具体领域专门性国家安全立法和特别行政区维护国家安全法、散见于各部门法或单行法中的国家安全规定。国家安全法律制度的“四梁八柱”立了起来，层次完备、全域延伸、种类丰富的国家安全法律制度体系基本形成。

（三）中国国家安全法律制度体系的构成

修订《中华人民共和国国家安全法》，一纲举而万目张。该法原制定于1993年，实质上是一部主要明确国家安全机关反间谍职权和工作的专门性法律。2014年11月1日，十二届全国人大常委会第11次会议审议通过《中华人民共和国反间谍法》，相应废止了原《中华人民共和国国家安全法》。2014 年 10 月，党的十八届四中全会通过《中共中央关于全面推进依法治国若干重大问题的决定》，明确要求加快国家安全法治建设，“构建国家安全法律制度体系”。2015 年 7 月 1 日，十二届全国人大常委会第 15 次会议表决通过并颁布实施新的《中华人民共和国国家安全法》，首次确立了总体国家安全观的指导地位，构建了坚持党的领导，集中统一、高效权威的国家安全领导体制。

十年来，我国以总体国家安全观为指引，构建了以《中华人民共和国宪法》为依据，以《中华人民共和国国家安全法》为基本法，逐渐形成由二十多部特别单行法、一百一十多部行政法规、部门规章、党内法规所组成的国家安全法律制度体系。一是维护政治安全方面，制定颁布了《中华人民共和国反间谍法》《中华人民共和国国家情报法》《中华人民共和国密码法》《中华人民共和国香港特别行政区维护国家安全法》等；二是维护经济安全方面，制定了《中华人民共和国出口管制法》，修订了《中华人民共和国标准化法》《中华人民共和国种子法》等；三是维护军事安全方面，修订了《中华人民共和国国防法》《中华人民共和国人民武装警察法》，制定了《中华人民共和国国防交通法》《中华人民共和国海警法》等；四是维护社会安全方面，修订了《中华人民共和国反恐怖主义法》《中华人民共和国枪支管理法》《中华人民共和国境外非政府组织境内活动管理法》等；五是维护生物安全方面，制定了《中华人民共和国生物安全法》《中华人民共和国疫苗管理法》等；六是维护网络和信息安全方面，制定了《中华人民共和国网络安全法》《中华人民共和国数据安全法》《中华人民共和国个人信息保护法》等；七是维护核安全方面，制定了《中华人民共和国核安全法》；八是制定了反制个别国家对我国遏制打压的《中华人民共和国反外国制裁法》等。此外，我国还相继制定或修订了一百一十多部含有国家安全条款的法律法规，如，国务院颁布施行的行政法规《中华人民共和国反间谍法实施细则》；国家安全部出台的部门规章《反间谍安全防范工作规定》《公民举报危害国家安全行为奖励办法》等。

中国“十年磨一剑”，形成了同我国综合国力和国际地位相匹配的国家安全法治体系，贯彻了总体国家安全观的五大要素、五个统筹等核心要义，涵盖了20个主要国家安全领域，集中体现了坚持党对国家安全工作的绝对领导这一制度优势。同时，也要认识到，在法律体系的继续完善、法律实施和全民法治观念的养成等方面，中国国家安全法治建设仍然任重道远。

变法：引领革故鼎新

“法者，天下之公器也；变者，天下之公理也。”改革就是变法。全面依法治国是国家治理的一场深刻革命。当前，我国面临的改革、发展和稳定任务前所未有，矛盾风险之多前所未有，依法治国地位更加突出、作用更加重大。国际关系正处于百年未有之大变局之中，与时俱进推动国家安全法治实践，才能有效护航社会变革，正确处理改革、稳定和发展的关系，为不确定的世界注入确定性。

一、法治和改革的关系

“观时而制法，因事而制礼。”推行全面依法治国，也要有“法与时移”的勇气，敢于打破条条框框，并向一切先进的法治制度和实践学习。

法治保障改革环境稳定。改革就是学习借鉴外国先进制度，必须牢牢掌握改革主导权。只有确保自身安全、立足自身发展需要，有充分自主权地选择性借鉴吸收，才能确保改革的方向和效果。否则，就可能丧失改革主导权，搞错方向、误入歧途，招致外部势力干预和颠覆，最终沦为外国的附庸。美国南北战争结束后，通过宪法第十四修正案，对公民权利进行了定义，并要求政府对全体公民给予平等保护，彻底解决引发美国内战的废奴争议，奠定了黑人公民权利的宪法基础，为美国资本主义的高速发展扫除了障碍。日本明治维新之后，出台系列法令有力推动国家改革，包括立法打击“报纸诽谤罪”强化天皇权威，出台《征兵诏书》

建立近代陆海军，发布《军人敕谕》加强军队效忠，制定宪法形成近代天皇制的国家根本法和意识形态支柱。这为日本改革旧制建立资本主义制度奠定了稳定的基础。在20世纪90年代初选择了西式政治制度的非洲国家中，只有少数实现了平稳过渡，大多数因为急功近利、不讲章法的选举而陷入政局动荡，甚至陷入冲突和内乱。席卷中东的所谓“茉莉花革命”把伊拉克、叙利亚、利比亚等国家拉进战乱，短短几年内已给当事国造成6000多亿美元的经济损失；长期动荡为极端主义和恐怖主义的崛起提供了“真空”。2014年崛起的“伊斯兰国”至今为祸世界，叙利亚、利比亚等国输出的难民潮成为困扰欧洲各国的巨大难题。

法治增强改革信心。“徙木立信”发挥法律稳定预期的作用。《史记》载，商鞅负责推动秦国变法图强政策，看到老百姓对改革政策缺乏信任和信心，就在都南城门立起一根木头，承诺如果有人将木头搬到北城门，就赏给他黄金，以表明新政的推行讲诚信。起初，人们对“搬木头有重赏”将信将疑，无人去搬。于是，商鞅又下令增加赏金。此时有人将信将疑地把木头搬到北城门，商鞅马上派人兑现赏金。此事轰动秦国，老百姓纷纷叹服，转而相信并拥护商鞅的变法政策，使改革得以顺利实施。近现代西方法治实践一再证明，法治手段有利于增强社会对改革政策保持稳定的信心，从而推动生产的发展和改革成果的巩固。英国《自由大宪章》、法国《人权宣言》使变革确立的社会新秩序以白纸黑字的形式明确下来，极大增强了人们的信心，推动了英法两国迅速崛起。19 世纪八九十年代，美国市场日益为托拉斯企业所垄断，窒碍了自由竞争、削弱了市场活力。对此，美国出台“谢尔曼反托拉斯法”，维持了市场对于公平贸易秩序的信心，解放并推动市场力量持续发展，使走向强盛的美国维持了国力增长。

以法治手段妥善处理改革、发展和稳定。当前，我国的“全面深化改革”和“全面依法治国”统一于“四个全面”战略布局，犹如鸟之两翼、车之两轮。执政党坚持改革和立法决策相统一、相衔接，立法主动适应改革需要，积极发挥引导、推动、规范、保障改革的作用，做到重大改革于法有据，改革和法治同步推进，增强改革的穿透力。中国有世界上最大的执政党，国土幅员和人口数量居于世界前列，推动着世界上规模最大的国家现代化建设，国际国内环境复杂，改革开放任务繁重，必须善用法治思维和法治方式巩固党的执政地位、改善执政方式、提高执政能力，保证党和国家长治久安。推行中国特色社会主义法治，决不是要削弱党的领导，而是要加强和改善党的领导，不断提高党领导依法治国的能力和水平，巩固党的执政地位。

二、西方改革法治保障国家安全的实践

西方法治对于国家安全和公民权利的平衡从来不是僵化的，而是动态改革的。

收紧舆论应对“明显而即刻的危险”。1917 年美国卷入一战，造成深刻的社会分歧，反战声浪强烈。美国国会制订《惩治间谍法》开启“战时言论管制”，压制反战声音、防范内乱和投敌。该法规定，“发布虚假报道或陈述，企图引起不服从、不忠、叛变、拒绝执行任务，或故意阻挠征兵事务，意图干涉美军行动、在战时促成敌方成功的行为”，即属犯罪。时任美国社会党总书记查尔斯·申克等向 1.5 万名应征入伍者邮寄反战传单，鼓动人们依据美国宪法第十三修正案赋予的权利反对征兵，并状告国会制定《惩治间谍法》“违宪”。1919 年，美国联邦大法官霍姆斯判决指出，言论自由的程度必须取决于具体时间和空间，如果某些言论在特定时空环境中可能导致“明显而即刻的危险”，政府就有权加以限制。“明显而即刻的危险”原则强调特殊情况下国家安全高于言论自由。政府对言论的干预和限制不仅存在于战时，在和平时期也有运用。20 世纪 60 年代，英国上诉法院法官丹宁处理伦敦钢铁工人罢工诉请时指出，钢铁行业是国家支柱行业，钢铁是国民经济刚需，罢工就会导致钢铁减产而要靠进口代替，难免损害国家战略利益，因此否决罢工诉请。

改革反恐法律度过“危机时刻”。2001 年“9·11”事件中，恐怖分子劫持民航客机，越过层层防线撞击纽约“双子塔”大楼和美国国防部所在的五角大楼，对世界投下了“震撼弹”。人们猛然认识到，恐怖分子可以运用与国家“不对称”的力量，对国际安全秩序带来颠覆性冲击。因此，“9·11”事件被看作是足以构建新的法治规则的“危机时刻”，有必要采取受限制程度有所减轻的、快速的、单方面的执法行动，以维护国际和国内的安全秩序。西方国家迅速启动国家安全法治改革，主要体现为三点。一是以保护民主、反对恐怖主义的名义扩充行政部门和安全机构的权力。在“追捕和打击敌人”的旗号下，警察和情报部门被授予新的权力、更多的预算和更大的自由裁量权，可以采取比此前更严厉的行政行动。一批代表性的立法应运而生：2001 年美国《爱国者法案》授权扩大行政部门进行监视和数据搜集的权力，实际上对公民权利进行了限缩和克减。21 世纪以来颁布的加拿大《反恐怖主义法》（2001 年），英国《反恐怖、犯罪及安全法》（2001 年）、《国民紧急应变法》（2004 年）、《预防恐怖主义法》（2005 年）、《恐怖主义预防和侦察措施法》（2011 年）也对原有法律授权做出类似变革，即界定了紧急事态，授予政府紧急事态权力，以反恐名义扩大政府执法权力。二是成立新部门，并授予较大改革和执法权力。美国成立“9·11”事件调查委员会（正式名称为美国国家恐怖袭击事件委员会），其许多建议被采纳于 2004 年《情报改革与预防恐怖主义法》。美国新设立国家情报总监一职，新成立国土安全部，都授予了较大权力。三是突破传统程序正义限制，扩大政府处置恐怖犯罪嫌疑人的权力。反恐领域国家安全立法从应变反制向事前预防转变。美国允许未经法院审批即可对恐怖嫌疑分子予以拘留或军事裁决，相当于“暂停”了2000万非公民居留者所享有的人身保护权和正当程序权利。英国也出台类似措施并将之命名为“预防性拘留”，被认为违背了《欧洲人权公约》所明确的责任。在澳大利亚，反恐法律甚至赋予安全部门强制审问14岁未成年人的权力，还可以迫使外国数据平台和服务提供商交出澳大利亚公民的个人数据或澳大利亚企业的商业数据。

三、成立中央国家安全委员会：中国国家安全法治的重大变革

我国成立中央国家安全委员会并建立相应机制，就是打破常规、勇于改革的实践。当代各主要国家都设置国家安全委员会（或称“国家安全会议”），加强对国家安全事务的领导和统筹。各国的国家安全委员会都由政府高层官员组成，美国国家安全委员会成员包括总统、副总统、国务卿等。其作用是统筹跨部门协作维护国家安全，整合政府力量应对外部威胁。

2014年1月，中央国家安全委员会根据党的十八届三中全会决定成立，习近平总书记担任主席。该委员会作为中共中央关于国家安全工作的决策和议事协调机构，向中央政治局、中央政治局常务委员会负责，主要职责是制定和实施国家安全战略，推进国家安全法治建设，制定国家安全工作方针政策，研究解决国家安全工作中的重大问题，统筹协调涉及国家安全的重大事项和重要工作。随后，各省级党委国家安全委员会及其办公室相继成立。

成立国家安全委员会，是我国党史和国史上的重大改革，富有时代特色。在党委设立国家安全委员会，加强党对国家安全工作的集中统一领导，富有国情特色。中央国家安全委员会成立以来，初步构建了国家安全体系主体框架，形成了国家安全理论体系，完善了国家安全战略体系，建立了国家安全工作协调机制，相关工作得到全面加强。

用法：护航大国博弈

国际竞争越来越体现为制度、规则、法律之争。在国际“法律战”的风浪中，中国沉着应对，经过有理、有利、有节的涉外法律斗争，有力维护了国家主权、安全和发展利益。今后，我们还将强化法治思维、运用法治方式，有效应对外部挑战、防范外来风险，综合利用立法、执法、司法等手段开展斗争。正如习近平总书记所指出的，“拿起法律武器，占领法治制高点，敢于向破坏者、搅局者说不”。

一、大国法律博弈与中国应对

运用法律手段维护国家利益，是大国的“标准性配置”。在大国博弈的攻防中，法律既是“矛”又是“盾”，扮演何种角色皆以国家利益的最大化为依归。

作为大国博弈之“矛”的法律，主要表现为最大程度地把国内法的效力延伸到国境之外（增强国内法的域外效力），最大限度地挖掘国际法对本国的有利因素，以争取本国利益。美西方国家尤其擅长这种手段的运用。例如，为了打压发展势头迅猛的竞争对手，美国大搞“泛国家安全化”，把本应保障国际营商秩序的法律“武器化”，甚至以国内法名义对别国公民、法人实施所谓“长臂管辖”。美国通过“长臂管辖”对华为、中兴的打压，与其对日本东芝、法国阿尔斯通的打压具有高度相似性：从关键企业入手，打击与美国竞争国家的核心产业发展能力。尼加拉瓜资深外交官卡洛斯·加西亚指出，美国对待国际法有着鲜明的双重标准：对符合自身及其盟友利益的情况，便怂恿盟友不顾和平大局将双边矛盾闹上国际法庭；对不符合美国及其盟友利益的情况，就马上换一副嘴脸，并对国际法庭的审判结果熟视无睹。

作为大国博弈之“盾”的法律，主要表现为各国或国家集团，为了消除外国立法的域外效力，维护自身企业和公民合法权益而进行的反干预、反渗透、反制裁立法。在反制裁方面，1996 年，欧盟针对美国颁布《免受第三国立法及由此产生行动之域外适用影响的保护法案》；2018 年，俄罗斯制定《关于影响（反制）美国和其他国家不友好行为的措施的法律》；澳大利亚、加拿大、法国、瑞士和英国等也制定了类似法律。反干预、反渗透方面，美国1938年即通过《外国代理人登记法》，2016年通过《反外国宣传与造谣法》；澳大利亚2018年先后通过《反间谍与外国干预法》和《外国影响力透明法》；近年来，加拿大、新西兰相继在较短时间内修改选举法律，禁止外国资金支持或反对特定政党、特定候选人。

当前，我国发展进入战略机遇和风险挑战并存、不确定难预料因素增多的时期，来自外部的打压遏制随时可能升级。为了维护好全面开放的新格局，习近平总书记创造性地提出“法治是国家核心竞争力”论断，提出并系统论述统筹推进国内法治和涉外法治、加快涉外法治工作战略布局等重要思想，充分运用法治思维和法治方式维护国家主权、安全和发展利益。一是提出“法治是国家核心竞争力”，深刻阐明国际竞争越来越体现为制度、规则、法律之争，深刻论述法治在国际制度性权力和秩序主导权竞争中的重要地位和作用。二是提出加快涉外法治工作战略布局，深刻分析当前涉外法治工作中存在的短板和问题，明确要求工作应对机制要跟上、法治措施储备要跟上、企业合规管理要跟上、专业人才培养要跟上，深刻阐明如何综合利用立法、执法、司法等手段开展对外斗争。三是提出加快推进我国法域外适用法律体系建设，多次强调加强涉外领域立法，把涉外法治作为重要立法领域，按照“急用先行”原则，推动加快形成系统完备的涉外法律法规体系。完善外商投资准入前国民待遇加负面清单管理制度，依法保护外资企业合法权益；坚决依法惩处侵犯外商合法权益特别是侵犯知识产权行为，提高知识产权审查质量和审查效率。四是提出我国要积极参与国际规则制定。

在习近平法治思想指引下，党完善涉外法治工作战略布局，综合利用立法、执法、司法等手段开展斗争形成“组合拳”，提升涉外执法司法效能，健全反制裁、反干涉、反“长臂管辖”法律法规，加强涉外法治斗争，参与共同打击暴力恐怖势力、民族分裂势力和贩毒走私、跨国有组织犯罪，加强反腐败国际合作，完善国际商事纠纷解决机制，加快发展涉外法律服务业，发展壮大涉外法律服务队伍，坚定维护以国际法为基础的国际秩序，推动形成更加公正合理透明的国际规则体系，坚决维护国家主权、尊严和核心利益。

完善国内对外贸易法律制度，加强对外商的法律保护，提升外商投资质量，拓展外商投资的数量和领域。建设多个国家级自由贸易区和海南自由贸易港，将其打造成为引领国家对外开放的重要门户，借鉴迪拜、新加坡等国际自由贸易港建设需要的监管模式和管理体制，探索构建贸易自由、投资自由、跨境资金流动自由、人员进出自由、运输来往自由等全方位系列法律制度，实现治理的规范化和法治化。

积极主动开展涉外斗争，坚定维护国家主权、安全、发展利益。针对美西方议会涉华消极议案，多次以全国人大外事委员会声明、外事委员会发言人谈话等方式对外表态，强烈谴责美西方议会借涉台、涉疆、涉港、人权等问题粗暴干涉我内政的恶劣行径，坚决驳斥其对我发展道路和内外政策的诬蔑抹黑。

二、反“长臂管辖”的斗争：引渡之争与孟晚舟事件

引渡是国家之间共同打击犯罪的刑事司法协助活动，是指一国请求另一国移交刑事逃犯，以便提起刑事诉讼或执行刑罚的活动。最早的引渡条约是公元前1259年埃及法老和邻国签订的《卡迭石条约》。在国际实践中，引渡法的实际操作由国际地位、国际关系决定，实质上政治因素超越法律因素，更成为大国博弈的法律工具。一是出于保护自己国民司法权益的考虑，很多国家禁止引渡本国公民。二是为了维护国家主权、安全和公共利益，行政部门可以对司法部门的引渡决定予以“一票否决”。美国国务卿、英国外交国务大臣（级别低于英国外相）、加拿大司法部长、日本法务大臣有权基于对国家安全的判断，否决司法机关对外引渡的决定。三是如果被请求国认为请求国的惩治不可接受（例如已废除死刑的国家被请求向保留死刑的国家引渡），也可拒绝引渡。英方曾以当事人有自杀倾向为由，援引《欧洲人权公约》拒绝美国的引渡请求。四是引渡条约本身也可能不平等。例如，2003年《英美引渡条约》规定，为因应美国打击恐怖活动需要，英国单方面降低美方申请引渡的举证责任标准。同时，美方还可

申请引渡未曾入境的嫌犯，成为针对与美企产生商业纠纷者的工具。五是“使馆庇护”之类的特殊情况。维基解密创办人阿桑奇躲进伦敦的厄瓜多尔大使馆避难长达 7 年，成为卷入英国、美国、厄瓜多尔、瑞典、澳大利亚等多方政治博弈的事件。期间，英方无法逮捕近在咫尺的阿桑奇。后来由于厄瓜多尔总统换人，阿桑奇才被交出。但由于引渡问题至今未决，阿桑奇仍在英国服刑。

近年来，中国强化涉外法律服务，维护我国公民、法人在海外及外国公民、法人在我国的正当利益，依法维护海外侨胞权益。其中的典型案例是“孟晚舟事件”。

这是一起针对中国公民、旨在打压中国高技术企业的政治迫害事件。2018 年 12 月 1 日，在美国一手策划下，华为公司首席财务官孟晚舟在加拿大转机时，在没有违反任何加拿大法律的情况下被加方无理拘押。美方对孟晚舟所谓欺诈的指控纯属捏造，不是法律问题而是政治迫害，目的是对华进行讹诈。同年 12 月 11 日，美国总统特朗普公开表示，介入孟晚舟案有助于达成“中美贸易协定”，且有利于美国国家安全利益。2019 年 1 月 23 日，加拿大驻华大使麦家廉因说出“孟晚舟有充分理由反对被引渡到美国”的公道话，被加总理特鲁多要求辞职。对此，中国政府采取一切必要措施，坚定不移维护本国公民和企业正当合法权益。在获悉孟晚舟被无理拘押相关情况后，中国政府第一时间提出严正交涉、表明严正立场，并第一时间向孟晚舟提供领事协助。此后，中国政府一直强烈敦促加方释放孟晚舟，切实保障其正当合法权益。经中国政府不懈努力，2021 年 9 月 24 日，孟晚舟乘坐中国政府包机离开加拿大回到祖国，并与家人团聚。

三、反干涉的成功实践：香港国安法维护香江法治秩序

维维护国家主权、安全和发展利益，既是“一国两制”方针的最高原则，又是“一国两制”成功实施的基础和前提。一段时间以来，外部势力和当地乱港势力利用香港地区安全制度漏洞，接连发起体制内夺权、体制外激进暴力犯罪，酿成“港版颜色革命”，企图争夺香港管治权、牵制中国和平崛起，严重冲击“一国两制”底线。对此，美西方政客起到了极其恶劣的作用。美国时任众议院议长佩洛西公然把发生在香港街头的严重暴力行为叫作“一道亮丽的风景线”。

2020 年 5 月 28 日，十三届全国人大三次会议通过《全国人民代表大会关于建立健全香港特别行政区维护国家安全的法律制度和执行机制的决定》。6 月 30 日，全国人大常委会根据宪法、基本法和前述决定的授权，通过并施行《中华人民共和国香港特别行政区维护国家安全法》，当晚由香港特区行政长官签署公布并刊宪实施。香港国安法是集组织法、实体法、程序法“三位一体”的综合性法律。在组织法部分，创造性地设立香港特区维护国家安全委员会和中央人民政府驻香港特别行政区维护国家安全

公署。在实体法部分，规定了防范、制止和惩治分裂国家、颠覆国家政权、恐怖活动、勾结外国或者境外势力危害国家安全等四类犯罪行为。在程序法部分，对案件管辖、法律适用程序等进行了规范。

香港国安法捍卫了国家主权和中央对香港的全面管治权，巩固了宪法和基本法确立的香港管治秩序。2024 年 3 月 19 日，香港特别行政区立法会全票通过《维护国家安全条例》，标志着因被国内外反中乱港势力长期“污名化”“妖魔化”而延宕多年的香港基本法第 23 条立法[1]顺利完成，香港维护国家安全的宪制责任得以落实。香港国安法和《维护国家安全条例》紧密衔接、相辅相成，发挥“双法双机制”的制度优势，为促进良政善治提供坚实的制度保障。

香港国安法保障香港居民依法享有权利和自由和外国人在香港的合法权益，受到国际社会的高度评价。香港在“世界正义工程”编制的《2024 年法治指数》中整体排名维持高位，在东亚及太平洋地区继续排名第六，在全球 142 个经济体中位列第

1 《中华人民共和国香港特别行政区基本法》第二十三条：“香港特别行政区应自行立法禁止任何叛国、分裂国家、煽动叛乱、颠覆中央人民政府及窃取国家机密的行为，禁止外国的政治性组织或团体在香港特别行政区进行政治活动，禁止香港特别行政区的政治性组织或团体与外国的政治性组织或团体建立联系。”

23，并继续领先于一些不时无理批评香港法治和人权状况的欧美国家。[1]

香港国安法实现了保稳定、促发展的良好效果。2024年，香港在《全球金融中心指数报告》中的排名升至第三位，重现“纽伦港”全球金融中心格局。世界银行年度《营商环境成熟度评估报告》认为，香港在50个经济体中的表现跻身前十，是全球最佳营商地点之一。瑞士洛桑国际管理发展学院发布的《世界竞争力年报》公布，香港排名全球第五，其中在“国际贸易”和“商业法规”方面排名全球第一，“政府效率”方面全球前三名[2]。

总之，香港国安法为确保“一国两制”事业行稳致远，提供了法律支撑和根本保障。

约法：共襄全球治理

全球治理体系正处于调整变革的关键时期。世界很大、问题

---

1 《特区政府回应世界正义工程〈2024年法治指数〉》，香港特别行政区政府网，2024年10月23日，https://www.doj.gov.hk/sc/community_engagement/press/20241023_pr1.html。

2 《香港获世银报告肯定为最佳营商地点之一》，《人民日报》（海外版）2024年10月8日第4版。

很多，“小智治事，大智治制”，中国对于全球治理贡献的方案，就是推动全球治理的法治化，展现出新时代国家安全的大国担当，是回答“历史之问”，把握历史主动性在全球治理领域的体现。中国积极参与国际规则制定，做全球治理变革进程的参与者、推动者、引领者，推动构建人类命运共同体。呼吁各国特别是大国共担责任，在联合国框架内通过对话、协商与合作，秉持和平、主权、普惠和共治等原则，建立公平正义的治理体制和机制。本节用约法的“约”字，突出中国共商共建共享的“共同”和“倡议”特点，而非强人所难地迫使外国接受。“约”字突出中国是国际秩序的维护者而非挑战者，主张的是改革而非革命。

一、全球治理的乱象与根源

世界充满不稳定性和不确定性。传统安全领域，地区热点问题此起彼伏；非传统安全领域，重大传染性疾病、恐怖主义、网络安全、气候变化等问题持续蔓延，人类面临许多共同挑战，需要齐心戮力共同应对。只依靠部分国家，或者各国各自为战，都无法从根本上应对这些共同挑战，甚至可能由于国际分歧而使问题变得更糟糕。主要表现为：

一些重要规则未得到主要大国的承认和遵守。例如，《联合国海洋法公约》被誉为联合国最伟大的成就、战后国际法最重要的发展之一，确立了国际社会依法共同开发国际海底区域制度。

美国国会却以反对相关制度为由，拒不批准美国加入该公约。30余年来，美国一直游离于《联合国海洋法公约》之外，自行对国际海底矿产资源进行勘探，不申请、不透明、不接受评估和监督，还指责别国违反公约规定，充分体现了美国在“遵守国际法”问题上的双重标准。

一些重要国际治理制度滞后于时代发展。例如，国际太空治理体系由联合国20世纪60年代末至80年代初制定的系列外层空间法组成，包括《外空条约》《营救协定》《责任公约》《登记公约》《月球协定》等。近40年来，各国太空科技得到了长足发展、太空武器系统不断更新、太空商业开发持续深入，现有外空法已不敷应用，像“长大了还穿着小时候的衣服”。一系列新变化倒逼太空治理体系的更新和完善。然而，美国不希望自身的太空霸权受到威胁，对国际社会有关太空治理机制改革的呼声置若罔闻，致使太空治理严重滞后。

乱象的根源在于西方大国迷信弱肉强食、丛林法则。1648年威斯特伐利亚体系确立以来，列强通过战争、殖民和划分势力范围等残暴、野蛮的方式争夺利益和霸权，国际秩序主要体现为霸权兴替。随着全球化的加速推进，国际力量的对比“东升西降”，出现有利于全球大部分国家的变化，经济全球化、格局多极化、区域一体化，带来国际关系民主化和法治化，世界上的事情越来越需要各国商量着办，由此必然推动国际关系法治化。基辛格指出世界处于“400 年来未有之大变局”。不再是新霸权取代旧霸权，而是国际关系更加平等、游戏规则更加公正。随着各国更认同以制度规则协调关系和利益，应对不稳定不确定的最优方案，就是依据国际法共同治理。

二、中国主张：坚持推进国际共同安全

中国积极参与国际规则制定，做全球治理体系变革进程的参与者、推动者、引领者，强调要在国际规则制定中发出更多中国声音、注入更多中国元素，也倡议大国带头做国际法治的倡导者和维护者。中国参与全球治理的初心和出发点，是维护国家主权、安全和发展利益，坚决捍卫和保障国家核心利益，最重要的意义是为实现中华民族伟大复兴创造和平稳定的国际环境，因此具有持久的内部驱动力。中国的主张可以归纳为七条：

构建人类命运共同体。1953 年，我国提出和平共处五项原则，得到国际社会广泛认同和支持。2018 年，构建人类命运共同体的理念被写入《中华人民共和国宪法》。贯彻总体国家安全观的“十个坚持”要求，坚持推进国际共同安全，高举合作、创新、法治、共赢的旗帜，推动树立共同、综合、合作、可持续的全球安全观，加强国际安全合作，完善全球安全治理体系，共同构建普遍安全的人类命运共同体。习近平总书记站在人类法治文明和全球安全秩序的制高点，围绕构建普遍安全的人类命运共同体，

创造性提出构建全球发展共同体、安全共同体、网络空间命运共同体、核安全命运共同体、人类卫生健康共同体、人与自然生命共同体、海洋命运共同体等一系列重大倡议，推动完善全球安全治理体系。

坚持一以贯之的国际治理观，反对双重标准的强权政治思维。“法者，天下之准绳也。”在国际社会中，法律应该是共同的准绳，没有只适用他人、不适用自己的法律。大国应该带头做国际法治的倡导者和维护者，遵信守诺，不搞例外主义、不搞双重标准，更不能歪曲国际法，不以“合则用、不合则弃”的态度对待国际规则、侵害他国正当权益、破坏国际和平稳定。

各国共同推动国际关系法治化。推动各方遵守国际法和公认的国际关系基本准则，用统一适用的规则来明是非、促和平、谋发展。适用法律不能有双重标准。坚持共同安全的国际治理观，反对损人利己的霸权思维。总体国家安全观以促进国际安全为依托，原创性地提出“坚持统筹推进国内法治和涉外法治”“协调推进国内治理和国际治理”，创造性提出共商共建共享的全球治理观和共同、综合、合作、可持续的全球安全观。

以《联合国宪章》宗旨和原则作为处理国际关系的根本遵循，反对丛林法则。《联合国宪章》在内容上反映国际社会普遍公认的国际法则，在程序上体现各国关于国际关系的共识，是国际关系领域的良法。一些大国奉行的丛林法则，是与《联合国宪章》

根本对立的，是无视人类文明进程、开历史倒车的行为。中国坚定维护联合国权威和地位，坚定维护联合国在国际事务中的核心作用，坚持按照《联合国宪章》宗旨、原则和国际关系准则，按照事情本身的是非曲直处理问题，推动建设相互尊重、公平正义、合作共赢的新型国际关系。依照国际法治规则，缔结并维护和平友好的国际关系。坚持多边主义，反对单边主义。坚持开放包容，不搞封闭排他，共同维护世界和平稳定。

推动实现更加公平合理的国际政治经济新秩序。中国全方位支持和参与健全完善国际法、国际规则和国际惯例，积极参与国际投资和贸易体制改革，积极推动优化国际政治、经济争端解决机制，深度参与全球治理，反对霸权主义、强权政治，反对片面和自私的国际安全观，防范各种国际政治、经济风险，推动实现更加公平合理的国际政治经济新秩序，为发展国际关系基本准则和国际法基本秩序贡献中国智慧、注入中国力量、提出中国方案，全面提升中国的国际主导权和话语权。

协调推进国内治理和国际治理。综合运用国内国际两类规则，既坚持从我国实际出发，坚定不移走自己的路，同时要拓展世界眼光，更好把国内发展与对外开放统一起来，把中国发展与世界发展联系起来，把中国人民利益同各国人民共同利益结合起来，积极参与国际规则制定，推动形成公正合理的国际规则体系。根据事情的是非曲直决定自己立场，摒弃意识形态偏见和对立，坚决反对歪曲国际法，坚决反对以“法治”为名破坏国际公平正义、侵害他国正当权益，坚决依法反制霸权主义和强权政治，捍卫国家主权、尊严和核心利益。

统筹自身安全和共同安全。实现中华民族伟大复兴，不仅需要安定团结的国内环境，而且需要和平稳定的国际环境。面对大发展、大动荡、大变革的时代，全球安全问题联动性、多样性突出，国际热点此起彼伏、持续发酵，恐怖主义、跨国犯罪、网络安全、重大疫情、地区冲突等安全挑战明显上升。习近平总书记向国际社会发出全球发展倡议、全球安全倡议，为破解发展难题、促进共同安全贡献中国方案。

参 考 文 献

1 《中共中央关于党的百年奋斗重大成就和历史经验的决议》，中国共产党第十九届中央委员会第六次全体会议通过。

2 中共中央宣传部、中央全面依法治国委员会办公室：《习近平法治思想学习纲要》，人民出版社、学习出版社2021年版。

3 中国现代国际关系研究院：《百年变局与国家安全》，时事出版社2021年版。

4 总体国家安全观研究中心、中国现代国际关系研究院：《新疆域与国家安全》，时事出版社2022年版。

5 易赛键：《建设法治中国》，中国青年出版社2022年版。

6 黄进主编：《中国涉外法治蓝皮书》，法律出版社2022年版。

7 何勤华主编：《外国法制史》（第四版），法律出版社2006年版。

8 栗战书：《习近平法治思想是全面依法治国的根本遵循和行动指南》，《求是》2021年第2期。

9 陈一新：《深学笃行习近平法治思想 更好推进中国特色社会主义法治体系建设》，《求是》2022年第4期。

10 董经纬：《深入学习领会习近平法治思想原创性贡献奋力谱写新时代国家安全依法之治新篇章》，《民主与法制》2022年第27期。

11 高之国、张丹：《维护国家安全的法律基石和里程碑》，《人民日报》2015年8月11日。

12 肖金泉：《世界各国国家安全立法均属中央事权》，《光明日报》2020年6月26日第3版。

13 陆倩：《富力董事长会被从英国引渡到美国吗？谈谈引渡的法律与政治》，《南方周末》2022年12月22日。

3

第三章

立法与治国

法治是国家治理体系和治理能力现代化的必由之路，而立法是法治建设的源点和前提，在其中起到固根本、明方向的基础性作用。在漫长的世界历史进程中，关键性、成功的立法往往在治国实践中发挥重要作用。北宋时期王安石说："盖君子之为政，立善法于天下，则天下治；立善法于一国，则一国治。"古希腊哲学家亚里士多德也曾说："真想解除一国的内忧应该依靠良好的立法，不能依靠偶然的机会。"可见，早在古代，先贤们便认识到立法对于治理国家的重要性。《汉谟拉比法典》成就了古巴比伦王国，古希腊法、古罗马法孕育了西方政治制度。进入现代，各国更加注重以立法形式完善国家治理体系，如1947年美国《国家安全法》成为二战后美国维护国家安全的基石。当前，在激烈的大国博弈中，关键领域立法也成为维护国家安全与国家利益的一条重要赛道，各国争相以高质量立法确保战略主动。

古代文明的立法实践

学界有种观点认为，在人类历史的长河中，除了物质文明与精神文明之外，还存在着第三种文明——制度文明。制度文明以物质文明和精神文明为基础，反映后者需求，受后者客观发展水平的制约，对其也有着调整、规制和促进的作用。制度文明的首要构成部分是法律文明，可以说，正是法律担负着制度文明服务人类社会的基本责任：不解一国之法，就难理解一国之情策；不立国法，亦难维护国之安全。

一、《汉谟拉比法典》与治国探索

1901 年 12 月，法国工程师雅克 · 摩根率考古队前往波斯（今伊朗），在古埃兰王国苏萨遗址中发现了一根高约 2.25 米、重约 4 吨的黑色玄武岩石碑。该石碑上半截雕刻着一副图案：左侧人物侧立于一旁，毕恭毕敬；右侧人物衣着华丽、端坐在宝座之上，正在授予前者量尺和卷尺。石碑的其余部分被楔形文字覆盖。经历史学家及楔形文字专家研究、解读，可以确定石碑中左侧的人物为古巴比伦王国第六代国王汉谟拉比（前 1792—前 1750 年在位)，右侧人物则是古巴比伦人信奉的太阳神兼正义之神沙玛什，而楔形文字的内容就是闻名于世的《汉谟拉比法典》。在当时，量尺和卷尺象征法律，汉谟拉比自沙玛什手中接过两物，一方面反映出当时的法律已经被视为统治阶级意志的象征，另一方面也可以看到古巴比伦时期统治阶级极力鼓吹“君权神授”的封建思想。

《汉谟拉比法典》被认为是人类早期立法史上保存得最完整的成文法典，曾一度被认为是人类历史上最早的成文法典。除此之外，其在世界法制史上地位尊崇的原因还在于其作为楔形文字法的集大成者，在结构体系、规范内容等法律要素上已经初具规模，具体反映了那段时期两河流域的政治、经济状况，体现了人类对于通过法律手段治理国家、维护国家安全的早期探索。

被誉为人类文明摇篮的两河流域，在统一前曾经历过城邦分治。在那时，各城邦国家拥有自己的法律和制度，彼此间存在较大差异。随着汉谟拉比统一两河流域、建立起中央集权的奴隶制国家古巴比伦王国，统一法律的需求也随之产生。从另一个角度观察，在汉谟拉比时期，生产力的发展催生了新的生产关系，也在一定程度上激化了社会固有的阶级矛盾，这也需要出台新的制度工具加以调整。由此可见，《汉谟拉比法典》在诞生之初，就被寄予了“治国”、“安国”、顺应并规范生产关系的厚望，其主要构成也包含土地法、人法、家事法、债权法、刑法及诉讼法等多个领域的内容。

维护奴隶主统治阶级的政治安全是《汉谟拉比法典》的主要功能，法典序言用大篇幅论证了君主至高无上的权力，宣扬“君权神授”“国法神授”（这从出土石柱的浮雕画上可见一斑）。法典中还有与今天“危害国家安全罪”性质类似的内容，专条规定了“国事罪”及严苛的处罚，载明若有人在酒家“聚议”谋反，

而经营者未将其抓送宫廷，经营者也应被连带处死。另外，法典中也有维护经济安全的内容。如法典规定，全国土地大部分由王室土地及公社土地构成，公有土地不可买卖、赠与和抵偿债务。这其实是由古巴比伦灌溉农业比重高、私有经济发展仍不成熟这一基础生产关系决定的，此处法典维护的经济安全也应被理解为王室、奴隶主等统治阶级的经济安全。

虽然说《汉谟拉比法典》是一部“向上服务的法律”，但其中也有一定的民本思想。例如法典序言中载明，法的意义在于“使公道与正义流传国境，为人民造福”，某种程度上体现了法律服务人民、通过法律维护人民安全的朴素理念。但也应该认识到，此处的“人民”与当下我国具有普遍性的“人民”概念有很大的不同，是特指在社会中拥有一定特权的奴隶主及自由民阶级。作为奴隶制维护工具的法典，《汉谟拉比法典》自然对自由民阶级给予了特殊的保护，反观奴隶则会被视为一种财产，为奴隶主而私有。例如法典规定的“同态复仇”（俗称“以眼还眼、以牙还牙”）在某种程度上体现了一种“绝对公平”的理念，但这种规则也只适用于自由民之间。倘若一个自由民将一个奴隶重伤致残，那他只需赔偿奴隶价格的一半即可了事（亦称“以财代罚”）。

另外，《汉谟拉比法典》可以称得上是一部“严刑峻法”，其中规定了包含火焚、水溺、肉刑及株连等多种酷刑，“河神断案”等“神明裁判”手段也作为合法证据来源大行其道。由此也可观之，不同社会制度下的国家安全拥有不同的内涵与外延，作为维护国家安全之重器——法律的保护对象、调整的社会关系及手段也有很大不同。

二、法律与雅典的光荣

法治与法制一字之差，含义却不尽相同。法治不仅意味着依法而治，也包含着循法而行，是一种社会治理模式和稳定运行状态，是观念、制度及行为三个层面的统一体。从这个角度理解，古希腊、古罗马时期的法律思考与实践对于西方法治概念影响颇深。英国古典学家斯托巴特曾写过两部有名的作品，一部名为《光荣属于希腊》，另一部叫做《伟大属于罗马》。对于这份“光荣”与“伟大”，法国历史学家克洛德·德尔玛在其所著《欧洲文明》一书中解释道：“欧洲文明主要从古希腊继承了关于人与社会的观点和理念，从罗马则继承了政治和法律的思想体系。”二者在西方文明中的尊崇地位可见一斑。可以说，古希腊与古罗马的制度文明不仅对于西方意义重大，而且对于整个世界都有着深远影响。

法学作为一门学科，在其创立初期隶属于哲学学科。希腊作为西方哲学的发源地，通常被认为与法学也有很大渊源。古希腊的地理范围除现在的希腊半岛（主要为现希腊共和国）之外，还包含爱琴海诸岛、爱奥尼亚群岛以及小亚细亚的西部海岸。也正是因为地处沿海和亚欧非三大洲交界处的独特位置，古希腊中各种文明相互交汇，商业活动较为频繁，思想、文化也活跃多元，由此孕育了丰富的法学思想及实践。与古罗马不同，全盛时期的古希腊有数百个城邦国家，并不存在管辖全境的最高政治权力，也不存在适用于所有希腊城邦的统一法律体系。因此古希腊法并非是一个统一的国家法概念，而是泛指存在于古代希腊世界中所有城邦法律的总称，其中包含希腊人建立的殖民地城邦法，也包含东方“希腊化”的国家法。各城邦法律一脉相承，但各有侧重，可谓群星璀璨。

（一）血与泪书写：德拉古立法

在古希腊各城邦当中，雅典无疑是最耀眼的一颗星。谈起雅典文明，很多人会想到其对民主政治的贡献。与所有事物的发展都要遵循规律一样，雅典民主并非一日之功，是一个不断探索、进步的过程。在这个过程中，立法扮演了十分重要的进步角色。

作为古希腊奴隶主城邦，雅典最初是氏族贵族专政的国家，其治国主要凭依的是以口头法为表现形式的习惯法。这种习惯法没有文字记载，适用规则也毫无透明度可言，雅典氏族贵族可以随意解释法律，庇护同族，迫害平民。同时，当时雅典社会中还存在着不成文的“世仇制度”。在世仇制度下，报仇被认为是个人和家庭的责任，代表了神的意志。古希腊文学作品《荷马史诗》就曾描述过这种私力救济的手段：“在希腊，报复是一种权利……世仇就像无休止的战争，这种行为得到了众神的认可。”世仇制度不仅给雅典人民带来了无止境的痛苦，还从侧面体现出宗族在法治薄弱的社会具有无上权威，国家对于调解社会争端、维护社会秩序无能且无力。

随着雅典手工业及商业发展，平民阶层在社会中的地位日益凸显，对维护自身利益的诉求和能力显著增强。公元前 7 世纪，德拉古当选雅典执政官，颁布了雅典第一部成文法，史称“德拉古法”。该法主要是雅典现行习惯法的汇编，核心内容是对刑事司法习惯进行整理，使其成为文化。为了增加法律公信力与确信度，确保城邦公民人人知法、人人守法、人人用法，德拉古还将法律刻在四面旋转的石碑上公之于众，民众可以通过旋转石碑来阅读任一条文。德拉古法中也载明，所有的法律都应当是成文的，而非仅限特定阶层知晓、任意解释与应用的。

德拉古法还确立并改进了雅典的政治制度，因此在某种程度上具有宪法意义。例如，德拉古法规定了公民权的门槛，即只有能够自备武装的人才享有公民权；将官员选拔制度由贵族会议决定改为了公民抽签选举；组建了规模为 401 人的议事会，成员由公民抽签产生。以现代的眼光来看，德拉古法建立的制度倡导绝对公平，虽然并不具备完全的科学性，但这项制度当时在一定程度上改变了氏族贵族任人唯亲、骄横跋扈的社会现状，冲击了贵族对司法权的垄断，促进了民主制度的发展，因此具有一定进步意义。另外，德拉古法还禁止血亲复仇，倡导以公力救济替代私力救济，这在一定程度上有利于促进司法公正，有力维护了社会稳定与国家安全。

但是德拉古法也不可避免地具有历史局限性。德拉古法极重刑罚，除犯故意杀人、纵火等重罪会被判处死刑之外，盗窃水果、蔬菜也同样会被处死，过失杀人要被判处流放，罪与刑并不相称。据称，德拉古本人曾被问及为何要对绝大多数罪行都处以死刑，他回答道：“犯轻罪的人被处死是罪有应得，而对于犯重罪的人也没有更重的刑罚供我选择。”由此可见，德拉古没有认识到只有做到“罪刑相适应”，法律才能更好地发挥社会治理的效能，才更容易被民众理解和遵守。德拉古也没有认识到人民安全是国家安全的宗旨，其立法宗旨也并非为了维护雅典所有人的安全，而是为了巩固奴隶主阶级统治地位，因此才会不惜利用极端手段，雅典人民苦不堪言。同时，德拉古法并未从实质上改善平民在政治和经济上受贵族剥削的现实，一定程度上回避了雅典最尖锐的社会矛盾，最终成为了贵族压迫平民的工具。也正因如此，德拉古法在后世饱受诟病，希腊哲学家普鲁塔克曾作出“德拉古的法律是用血来书写的”评价，“德拉古的”在希腊语和英语中成为了用来描述法律、规则无情与苛刻的形容词。德拉古本人的下场也较为悲惨，他被雅典人放逐到了埃伊纳岛，并在该岛了却余生，德拉古法除杀人篇章外，其余尽数被梭伦废除。

（二）立法促民主：梭伦立法

“我坚持立场，不偏不倚，不允许任何一方恃强凌弱。”这是雅典立法者梭伦的一句经典名言。梭伦于公元前 635 年左右出生于雅典贵族世家，早期曾从事工商业活动，但倡导取财有道，曾言“我甚爱财，但我不欲取不义之财以致富”。也正因经商的经历，梭伦虽出身贵族，但在一定程度上摒弃了自身的贵族习气，对于下层平民的生活疾苦有着较深的了解，“有不少富而可贵的人，反之，也有不少诚实而贫的人”。这样的认识让他立志要推动雅典社会向着平等民主的方向发展，“有平等就不会有战争”。公元前 594 年，梭伦被选为雅典执政官，开始了大刀阔斧的立法活动，并以立法推动雅典政治制度的改革。

在当时的雅典，债务奴役的情况十分普遍，即一旦债务人无法偿还债务，其需为债权人提供劳役服务以偿债，这事实上承认了债权人对于债务人享有部分人身控制权，很不人道。梭伦上台后第一件事就是颁布了“解负令”，拔除了债务人的记债碑，宣布取消债务奴役制，同时还禁止了人身奴役和买卖奴隶，宣布因负债而沦为奴隶的人一律恢复自由身份，因债务被卖身国外的可由国家出钱赎回。由此，梭伦确认了个人自由不容侵犯的公民权利，雅典也成为了第一个废除债务奴役制的古希腊城邦。更难能可贵的是，梭伦立法还禁止了对奴隶的伤害，并允许外邦人获得雅典的公民权，大大夯实了雅典的统治基础。在梭伦的大力推动下，雅典在保护人民安全的进程中迈出了里程碑式的一步，公民权的概念深入人心。

困扰雅典发展与安全的另一个问题是，当时工商业的发展催生了对自由劳动者的需求，平民阶级也掌握了更多话语权与经济实力，开始向独揽统治权力的奴隶主贵族阶级发起挑战，平民和贵族之间的斗争旷日持久。而梭伦则通过立法完善了雅典的政治制度，推动了雅典的民主进程，起到缓和社会矛盾的作用。梭伦立法规定，雅典政权归属全体人民所有，而代表人民意志的政治机关是公民大会，一切成年的雅典公民都有权参加公民大会。梭伦还设立了由 6000 名雅典公民组成的陪审法庭作为雅典最高司法机关，并在其中选出 500 人的专职审判委员会处理日常案件，这个创举可以说是西方司法民主化的启蒙。

在梭伦立法改革后，元老院虽在雅典获得保留，但其职权已经大为削弱，部分职权还被让渡给了 400 人议事会和陪审法庭。同时，梭伦还根据经济发展状况，确立了如统一度量衡、承认私人财产、鼓励富人投资工商业、反对婚葬铺张浪费等一系列旨在理顺生产力和生产关系、节约社会资源、促进社会进步的举措，有效统筹了当时经济的发展与安全，为雅典从一个以农业为主的城邦转型成为希腊第一大工商业城邦奠定了制度基础。

在德拉古及梭伦后，伴随着经济、政治以及对外关系的发展，雅典又经历了几次具有重大意义的立法活动，例如公元前

509年平民执政官克里斯提尼的立法以及公元前443年伯利克里的立法，这些法律共同促成了雅典法律体系以及民主制度的发展和完善。而在这一进程中，贵族和元老院的权力也逐步让渡于公民大会，陪审法庭等具有现代司法意义的机构在国家机构组成中的地位也日渐重要。虽然当时雅典甚至古希腊并未形成如罗马一样的职业化法官群体，各城邦法典与执法实践也较为杂乱、多元，但雅典的立法实践中对于包含“正义”在内的法律观念以及法治精神的探索，对于成文法的重视与应用，对于法律作为促进社会发展、维护国家安全重器的思考与践行，都对后世产生了积极且深远的影响。

三、法律与罗马的伟大

西方法学家沃尔夫有言，古罗马留下的最宝贵的遗产有二，一个是圣经，另一个是罗马法。德国著名法学家耶林也曾作过如下评论：“罗马曾三次征服世界，第一次是以武力，第二次是以宗教，第三次是以法律。”从表面意思来看，这些话都高度肯定了罗马法的作用及影响力。但同时，这些观点也从更深层次反映出一个事实：依靠法律治理国家、维护国家安全，比单纯依靠武力或宗教实施统治更能够实现高水平且持久的安全，“武力因罗马帝国的灭亡而消失，宗教随着人民思想觉悟的提高、科学的发展而影响渐弱，唯有法律征服世界是最为持久的征服”。数百年来，随着罗马的版图不断扩张，罗马法也从最初的“简陋的农村共同体法律”演变成“强大的城邦国家法律”，并最终成为了“统治着近乎整个西方文明的帝国法律”，其凭借着发达又完备的法律体系，为近现代西方法律、司法实践以及法学学科构筑了厚重的历史基础。

（一）立法护共和：《十二铜表法》

公元前 8 世纪，罗马从原始的公社制开始向阶级社会转型，氏族内部也出现了财产不平等的现象，衍生出阶级分化，奴隶制也因而得到发展。由于国家的最高统治者为非世袭的“王”，历史上将这段时期称为王政时期。王政时期罗马部落的组织尚完整存在，理论上罗马的王应由人民选出，但实际上，王的推举及产生均由贵族元老院把控。这段时期的法律主要是氏族部落的习惯和社会惯例，表现形式主要是口头法。

公元前 6 世纪，第七任罗马国王卢修斯·塔克文·苏佩布被推翻，罗马进入了共和国时期，实行执政官、元老院和人民大会三权分立的政治制度。但在共和国初期，贵族仍在政治、经济以及司法方面保有较多特权，大量平民因高利贷沦为债务奴隶。又因当时平民无权接触、了解法律，贵族凭借对立法权、司法权的垄断，屡次侵害平民权益，平民与贵族矛盾也日趋尖锐。可以说，那时罗马政权对维护国家安全最需要平衡的一对关系就是平民与贵族之间的关系。罗马的平民用其特有的方式与贵族抗争，即通过发起“撤离运动”，以和平的方式离开罗马让贵族们丧失劳动力和士兵，以此逼迫贵族出面谈判。自公元前 5 世纪初到公元前 3 世纪，平民先后进行了五次“撤离运动”，每次均收获颇丰，著名的罗马“平民保民官”即是第一次“撤离运动”的成果。而每次平民与贵族的和解，都伴随着具有保护平民权益的立法活动。

号称罗马第一部成文法的《十二铜表法》就出台于此背景下。约公元前 462 年，平民保民官特兰梯留建议组建平民委员会起草法律。后经平民阶层的不懈斗争，罗马元老院被迫承认并执行人民大会关于制定成文法典的决议，派人赴希腊（主要是雅典）考察梭伦立法等的制度及经验。同时期，元老院还设立了规模为 10 人的法典编撰委员会，具体负责法典的起草。公元前 451 年，法律十表先行出炉。第二年，改组后的十人委员会又制定法律两表。由于这部成文法典系刻于铜牌之上，因此史称《十二铜表法》。《十二铜表法》的出台之路并不平坦，因十人委员会贪恋权力不愿辞职，罗马公民还发起了第二次平民“撤离运动”，最终逼迫十人委员会让出权力，元老院派人与平民谈判，在此不作过多赘述。

《十二铜表法》自公布以来至查士丁尼大帝法典编撰的近千年中，罗马统治者从未将其明文废止，可以说是罗马法发展史上一个里程碑似的存在，体现了罗马这一横跨欧亚非的庞大帝国对于维护统治根基安全的制度探索，在当时具有鲜明的进步意义。

首先，作为成文法，《十二铜表法》被公布于罗马广场供市民阅读，这打破了贵族对于法律和司法权的垄断，一定程度上把法律从“私有知识”变为了一种“公共产品”。其次，该法一定程度上体现了平民与贵族的斗争成果，具有保护平民的特征。例如规定立法者不得因个人利益立法、被判刑者有上诉权等，很多现代法律精神都在其中有迹可循。此外，《十二铜表法》在立法技术层面也颇具积极之处，十二个法表将不同部门的法律及习惯分别汇编，条文间较为注重一致性，条理清晰，实践性强。古罗马政治家、法学家、哲学家西塞罗曾作出如此评价：“《十二铜表法》……在我看来，无论是权威性还是丰富实用性，都超过了所有哲学家的图书馆。”令人惋惜的是，公元前390年高卢人入侵罗马，《十二铜表法》在战火中被焚毁，现在所知的法典内容均系由散见于古典法学家著作中的片段整理而成，而这不可谓不是法学界的一大损失。

（二）“法律百科全书”：查士丁尼法典编撰

3世纪，罗马帝国日渐衰微，分别以罗马和君士坦丁堡（今土耳其首都伊斯坦布尔）为政治中心实行东西分治。其中西罗马帝国于476年被日耳曼人灭亡，东罗马帝国（又称拜占庭帝国）则国祚绵延近千年。在法律发展方面，随着罗马进入帝国时代，为加强中央集权，人民大会及元老院的立法权逐步被皇权取代，因此后来的法律主要以罗马皇帝“敕令”的形式确立，不仅数量繁多，还缺乏系统性、连续性。在此期间，由于罗马司法人员有遇到疑难问题向法学家请教的习惯，法学家“释法”也构成了罗马法的一个重要渊源，各派学说不一而足，客观上也加剧了法律系统的混乱。在此情况下，有“拜占庭帝国历史上最有作为皇帝”美誉的查士丁尼一世（527—565 年在位）展开了法律与治国关系的思考，并开始了浩浩荡荡的法典编撰活动。在其执掌帝国的 38 年中，查士丁尼一世花了 5 年修建了圣索菲亚大教堂，用了 22 年兵戎四方，但是组织编撰《查士丁尼民法大全》（又被称为“国法大全”）则用了近 36 年时间。他曾说过：“皇帝的威严光荣不但倚靠兵器，而且需要法律来巩固。这样无论是战时还是平时，国家都可以被治理得很好。”

查士丁尼统治时期的东罗马帝国可谓是进入了“黄金时期”，当时帝国经济活跃，社会稳定，国力强大，版图也得到扩大。可以说，强盛的国力为法典编撰提供了必要的物质基础。但同时，随着生产力的发展，奴隶制已经展现出了一定的不适应性，尤其是西罗马帝国被推翻后，西欧社会开始向封建社会转型，东罗马帝国的统治阶级迫切需要将体现本阶级意志的零散法律用法典的形式固定下来，以维护自身的政治安全。此外，从社会治理的角度看，理顺帝国法律也有利于减少司法分歧，加强法律统一性，从而完善社会治理，重振罗马帝国的“国威”。因此，查士丁尼在登基仅 6 个月后即成立专门的法典编撰委员会，专职负责对可

> 梵蒂冈文艺复兴时期画作：皇帝将法典交给他的顾问们，前排有东罗马帝国法学家特里波尼安

谓汗牛充栋的罗马法典进行编撰，并最终形成了《查士丁尼民法大全》。他本人也称：“我因感受到上帝的意志而笔削诸于法律。”

《查士丁尼民法大全》包含四部分，分别为《查士丁尼法典》《查士丁尼学说汇编》《查士丁尼法学总论》《查士丁尼新敕》。其中，《查士丁尼法典》主要是对罗马历代皇帝所颁布的敕令按年代顺序进行整编，并标出颁布者的名字，未列入其中的敕令则宣告作废。《查士丁尼学说汇编》则是对知名法学家的著作进行搜集摘录，未选入的法理论述则宣告无效，并禁止在司法中引用。《查士丁尼法学总论》则是由皇帝钦定的罗马私法教科书，以罗马帝国“五大法学家”之一盖尤斯的《法学阶梯》为蓝本，删改、增补、修订而来，具有法律效力。《查士丁尼新敕》则是在其去世后，由后人将534年以后颁布、未收录入《查士丁尼法典》的皇帝敕令进行汇编。

可以说，查士丁尼时期因其法典编撰活动成为了罗马通过立法维护国家安全成果最为丰硕的一段时间。《查士丁尼民法大全》的完成也标志着罗马法体系最终完善，成为了后世研究罗马法的重要参考文献，在整个西方法治进程中发挥了不可替代的作用，更为后世许多西方国家提供了现成的法律蓝本。但是，查士丁尼在《查士丁尼学说汇编》编撰完成后，就下令禁止再引用其曾审查参考过的2000余本法学著作，违者将被处以重刑。这种行为客观上也造成了这些著作的灭失。

现代立法实践：以美国《国家安全法》为例

现代国家更加重视通过加强立法来更好地实现国家治理。国家安全是国家生存发展的最基本前提。制定专门的国家安全法，以法律形式确立维护国家安全的基本制度，构建完善的国家安全体系，是世界各国的通行做法。1947 年美国《国家安全法》是二战结束后美国政府针对国家安全问题制定的一部专门法律。自诞生起，这部法律就对美国的政治、法律、外交政策和国防体制等产生了一系列深远影响。

一、立法背景

美国是较早专门就国家安全进行立法的国家，当时正值二战结束，美国内政外交都面临全新形势，一部专门的国家安全法呼之欲出。

（一）美苏争霸的战略需要

二战沉重打击了德国和日本法西斯主义，极大削弱了英法两国国力，改变了世界范围内的力量对比，打破了以欧洲为中心的国际格局。二战后，欧洲已然沦为美国、苏联两个超级大国的角力场，两极格局逐渐显现。1945 年以后，除了美国和苏联，其他工业国家都风光不再。美国在战后的工业总产值占到了世界总量的一半以上，并在世界范围内建立了以美元为中心的国际金融体系，同时还在世界各地建立军事基地，成为世界上的头号强国。因此，美国开始按照自己的方式来构建有利于自己的国际秩序。美国决策者认为，美国应该积极参与世界事务，制定称霸世界的全球战略，担当世界的领导者。

然而，苏联通过大规模的社会主义建设，综合国力极大提升，一跃成为仅次于美国的世界第二大经济体，吸引着世界的目光。世界逐渐形成了以苏联为中心的社会主义国家阵营和以美国为中心的资本主义国家阵营。此外，苏联积极向东欧、中东和远东施加影响力，国际共产主义运动风生水起。苏联这一做法无疑与美国称霸全球的战略相撞。美苏之间社会制度及意识形态的矛盾不可调和且愈演愈烈。美国为遏制苏联扩张共产主义势力，捍卫资本主义式的“自由民主制度”，在东欧、德国、希腊、伊朗、土耳其等地缘政治上旋即与苏联展开对抗，提出以“遏制共产主义”作为国家政治意识形态和对外政策的指导思想，这标志着美苏战时同盟正式破裂，冷战爆发。全新的国际形势和外交任务，势必要求更加优化的国家安全机制。

（二）吸取世界大战的经验教训

二战中，美国军事指挥体制上的缺陷暴露无遗，机构架设复杂混乱，彼此之间还时常倾轧。这尤其体现在美国陆、海两军的纷争中。美国陆、海两军各行其是，在物资供应、人员调配、军事指挥等方面时常发生冲突和严重的资源浪费。例如，在巴拿马，陆、海两军在相互毗邻之处都各自拥有所属飞机场，然而令人惊诧的是，海军飞机不能在陆军机场上降落，而陆军飞机同样也不能在海军机场上降落。在珍珠港，双方机场紧挨在一起，但它们却“老死不相往来”，好似“分处在两个洲”。杜鲁门曾抱怨说，“如果陆、海军能够相互配合，并肩与敌人战斗，那么二战会结束得更早”。杜鲁门的抱怨与当时美国的领导指挥机制混乱密不可分。二战前的美国指挥体系是：总统统帅全军，文官掌握军权，陆军和海军两军种分立，总统之下设立陆军部和海军部。两军种之间仅设一个联络与协调机构，即“陆军与海军联合委员会”，无统一的全军统帅机构，这种机制在应对一战中尚且管用，但二战要求整合多兵种联合作战，美国如此混乱的指挥机制就协调军事力量方面已然不符合时代潮流。与此同时，以苏联为首的社会主义国家拥有在极短时间内将政策转化为行动的能力，这种动员能力更能在现代战争中抢占先机。美国军方总结二战惨痛的教训是必须建立一个统一的协调指挥机制。曾任美国炮兵连上尉的杜鲁门深知当时美国军方混乱运作机制的弊病。1944 年，时任密苏里州参议员的杜鲁门公开说道，“珍珠港惨剧的根源就在于我们没有一个统一的国家安全机构……我们必须将美国国防相关部门整合为单个机构，并让其在一位负责的权力能人的管理下运作，除此之外别无他法”。1947 年美国参议院军事事务委员会的一份报告指出：“我们缓慢而昂贵的战争动员，缺乏政治和军事目的的有效结合，造成严重资源挥霍和浪费。这一切完完全全说明：如果我们继续忽视战争对我们的惩罚，不能充分认识到我国安全体制的问题，我们民族的生存就会受到严重威胁……为保卫国家安全，为维护世界和平，我们必须立即行动起来，建立一个尽可能完善的安全机构。”

除军事部门运转不畅之外，美国情报界也有诸多弊病。从一战起，美国总统就是从不同政府部门获取情报的，这一现象一直持续到二战结束后。许多政府部门例如陆军部、海军部和国务院，甚至财政部、商务部和农业部都分别拥有自己的情报来源和渠道。这种错综复杂的情报网极易影响情报质量。珍珠港事件给美国人带来无比巨大的心理创伤，美国人事后反思，如果美国当时能有一个相互通气的情报机制，那么也不会如此容易地给日本可乘之机。为此美国战略界希冀仿效英国“战时内阁”进行制度改革，这无疑对战后美国国家军事–外交体系的重建具有重要借鉴意义。珍珠港事件后，美国总统罗斯福运用战时特权，于1942 年 2 月仿效英国建立了参谋长联席会议，协助总统指挥陆、海两军联合作战。于是，美国参谋长联席会议就逐渐成了二战后期美军的领导组织，在军事层面的协调安排、制定军事战略，分配人力和物力资源的调用，提供军事决策方案等方面发挥关键作用。此外，美国陆军部与海军部尝试用正式午餐会议形式来进行协调。1944 年 12 月，美国国务院–陆军部–海军部协调委员会创建，该委员会用来解决战后遗留的政治军事问题。部际协调委员会下设秘书处和地区下属委员会。部际协调委员会与参谋长联席会议密切配合，这在军事防务联络方面是一个重大改进，而部际协调委员会也被看作是美国国家安全委员会的前身。

虽然美国参谋长联席会议和部际协调委员会在协调机制上发挥了一定作用，但仍存在不小问题。参谋长联席会议仍是一个务虚机构，各个军部成员仍是从本部门立场出发来解决问题。而参谋长联席会议主席表决权受限，难以摆平军部之间纷繁复杂的利益竞争。部际协调委员会在政策决策方面缺乏权威性，在处理紧急问题时还必须向各军事部门上报。最重要的是，这些委员会在多数情况下并不是直接为总统服务。美国亟需成立能在更高层级方面整合外交军事的协调机制。

（三）美国宪政下的权力制衡

美国宪政体系显著的特点就是三权分立、相互制衡。在政府实际运转中，总统和国会形成了一种相互竞争和制约关系。美国宪法赋予总统国家元首地位，但在宪法中所规定的总统诸多权力都往往受到国会牵制。美国国会在外交活动、军事行动等方面提供资金，还拥有审议和批准条约以及官员任命等权力。在对外政策上，美国总统与国会没有一方总是处在支配地位上。支配地位是随着政治环境不断变化而波动的。行政与立法两大部门在政治领域中往往呈现“钟摆效应”：在战争期间，面对战场上风云变幻的形势，国会决策速度迟缓，权力分散，人员构成复杂，弱点逐渐暴露，难以就某一问题达成共识，权力向以总统为首的行政部门倾斜。而在和平时期，权力的钟摆又会摆向国会一边。1933年，罗斯福就任总统时，在国家管理方面喜欢通过非正式管理方式和临时性质的管理机构管理国家，忽视国家正式管理机构的办事程序。虽然临时性的管理方式，以及听取不同级别的个人以获得信息和建议的做法，为罗斯福管理国家和美国对外事务带来便利，但代价是官僚机构正常指挥程序被架空。许多政府官员对这种管理风格产生强烈不满。曾任美国国务卿和战争部长的史汀生在他的日记中写道："总统是我见过的最差劲的政府组织者，在保证政府有序运行方面，他不是一个擅长组织协调的人。"二战结束后，美国官僚集团不希望这种混乱的组织形式延续，国会希冀成立一个协调机构来限制总统权力。

二、起草过程

1943年，美国著名战略家乔治·马歇尔意识到，英国战时内阁对美国军事战略决策大有裨益。为此，他还特意向英国首相丘吉尔咨询。马歇尔的想法立即获得了美国政界高度重视，当时涌现了一系列围绕"一体化""协调""整合"等概念展开的研究。伴随着这种思潮兴起，美国军队展开了关于国防体制的大辩论，其辩论议题涵盖美国在战争中决策和指挥体制上的基本经验教训、军事体制改组以及应建立何种协调军事和文职部门的组织体制等内容。其中，“军种论战”尤为激烈，即分立的海军部和陆军部就是否应在战后建立统一的军事部门而展开博弈。海、陆两军为了在战后军事体制和资源分配格局中占据更有利地位，争相提出自己的军事体制改组方案。陆军主张将海、陆两军部合并成统一的国防部，对美国武装力量建立“一体化”军事指挥机制。而海军部则主张维持军种间的独立性，偏好松散的决策环境，希冀通过跨部门协调机制来对抗陆军方面的改组计划。然而到二战接近尾声时，针对之前军事和情报部门效率低下的情况，美国对国家安全问题的强调达到了前所未有的程度，很多人认为统一军事机构是大势所趋。因此，以杜鲁门为首的白宫方面整体偏向陆军部的改组计划。

迫于当时舆论在朝对海军不利方向发展的态势，福莱斯特为保护海军部整体利益，想到依靠建立丘吉尔推荐的战时内阁机构来化解军种合并的威胁。1945 年 6 月，福莱斯特委托自己的老友及早年的合伙人埃伯斯塔特就现有国防、外交问题提出规划和建议。埃伯斯塔特曾担任美国战争生产委员会副主席，他随即召集了一个研究小组，其成员多兼有广泛的商界或学界背景以及战争期间参加政府工作的经验。经过 3 个月的研究讨论之后，9 月 25 日，埃伯斯塔特向福莱斯特提交了报告。10 月 18 日，该报告送呈杜鲁门总统。有学者评价道，《埃伯斯塔特报告》内容远远超越了海军维护自身利益、阻止陆军改组方案的初衷。它本着“为总体战而进行总体组织”的精神全面规划、通盘考虑美国国家安全组织体制以及战争准备和动员体制。最为重要的是，《埃伯斯塔特报告》中的建议绝大部分被 1947 年美国《国家安全法》采纳，以至于 1947 年美国《国家安全法》被视为“埃伯斯塔特计划的修订版”。该报告对美国自一战以来的军事、组织及动员机制进行了批判，对英德等国组织体制予以分析总结，并提出了十二项基于严格推论的具体建议：将军事部门组织分为三个相互协调的部门并成立单独的空军；建议总统亲自担任国家安全委员会主席，全面协调对外政策和军事政策的制订和执行；保留参谋长联席会议并向总统和国家安全委员会就军事问题提供咨询和建议；建立国家安全资源委员会负责战时各行业的军事动员计划，并在国家安全资源委员会下设顾问委员会，加强军事部门与民用经济部门之间的联系；建立军备委员会负责军事订货和后勤；对现有跨部门机构进行重组、合并和解散；大力加强军事领域的科学研发；设立军事教育和训练委员会及附属的由教育界人士参加的顾问委员会；设立中央情报局，向国家安全委员会和其他部门提供情报；加强各军种间组织结构、行政管理、采购和后勤方面协调；加强行政部门（特别是国家安全委员会和国家安全资源委员会）与国会之间联系，保持对外政策和军事政策诸领域的连续性和统一性；由总统或国会、或两者联合任命一个委员会，对国家安全问题进行整体研究。

该报告最重要部分是对美国国家安全机制具体建设的设想，例如参谋长联席会议、中央情报局及国家安全资源委员会，其中最为引人瞩目的是作为国家安全组织结构中的“基石”——国家安全委员会。但该报告强调反对建立统一军事机制，认为这会破坏文官控制军队的基本原则，试图通过建立国家安全委员会的建议而转移对统一国防部门的注意，因此海军成为首个积极敦促建立国家安全委员会的部门。同时这份报告暗含将总统权力规制于一个委员会中，这是对当时总统权威的分散，势必会引起白宫反感。在美国行政部门内部，高度个人化的总统权和程序化、制度化的官僚机构之间的龃龉是一个永恒话题。福莱斯特等人之所以想建立国家安全委员会，背后隐含着一个动机，即以正式的、制度化的组织程序框定总统决策行为，以某种集体决策机制限制总统权，并与主要外交官员、国防官员分享权力。正因如此，在当时的美国政界里，国家安全委员会曾被戏称为“福莱斯特的报复”——强调程序化、制度化的官僚机构对专擅的总统权的“报复”。总体来说，这份报告虽然涉及国家安全和利益，但显示出强大的部门利益色彩，更大程度上是作为海军部用来替代陆军部方案、多方谈判的筹码。

伴随着《埃伯斯塔特报告》问世，陆军部也加紧编写自己的国防体制改革方案。1945 年 10 月，国会收到陆、海两军的报告。

∨ 1975年4月28日，美国国家安全委员会召开会议

为此，美国参议院军事事务委员会召开了两个月的听证会。其间，白宫在对《埃伯斯塔特报告》细致研究后，也在精心准备自己的改组方案。几经波折后，12 月 19 日杜鲁门以咨文形式提交至国会。杜鲁门基于对军事指挥体制的效率、军事计划和预算的统筹管理等方面考虑，倾向于陆军“一体化”方案，故杜鲁门向国会提出的方案中提到，将武装力量统一到单一的军事建制之下，设国防部长和总参谋长，而且该方案对建立国家安全委员会或相关机制只字未提。因此，这一报告一面世便遭到海军强烈抵制。白宫采取这种强硬立场并不让人意外，是为了在这场三方博弈中给

自身添加谈判筹码。随即，福莱斯特和埃伯斯塔特进行了密集的国会游说和广泛的“公共教育”活动，力争在政府内部、国会和社会各界取得广泛支持。1946 年 4—7 月，国会就国家安全组织体制连续举行听证会。5 月 13 日，杜鲁门在白宫召集福莱斯特和陆军部长帕特森参会。杜鲁门从原来坚持设立总参谋部的立场上有所退却，以图促成海、陆两军做出妥协。在杜鲁门的协调之下，5 月底，海、陆两军部长发表一篇阐明双方观点的联合报告，就双方分歧和共识予以申述。此后，杜鲁门多次与海军部、陆军部以及国会各方磋商讨论，逐渐在国家安全委员会、国家安全资源委员会、中央情报局、参谋长联席会议、科学研究和工业动员等内容上达成一致。为最终敲定议案，白宫、陆军部以及海军部各派出一名代表对原有的草案进行修订。1947 年 1 月 16 日，首份由三个部门在互相妥协让步的基础上共同起草的文件送到总统桌上。这意味着海军部、陆军部终于达成了一致。福莱斯特最终同意成立统一的国防部和设立国防部长，前提是国防部长只能发挥协调的作用而不是指挥的职能。杜鲁门旋即于 2 月 26 日将数易其稿后的法律草案提请国会审议。该法案在国会几乎没遇到任何阻挠，参议院以口头表决的形式一次性通过，而众议院只对该法案七项内容做了微调。1947 年 7 月 26 日，美国《国家安全法》正式出台。

1947 年的美国《国家安全法》是在尖锐、激烈的官僚机构的冲突和争议中诞生的。官僚机构和军队部门权力争夺在其中起了重要作用。作为战后美国国家安全建设的指导性文件，1947 年美国《国家安全法》奠定了美国军事和情报体系基础。在日后美国情报界机制运行中，总统权和官僚机构部门的龃龉争执也以或公开或隐蔽的方式展现在我们面前，尤其体现在总统权中个人化因素与官僚机构的常规化、制度化律令之间复杂的互动上。因此，研究 1947 年美国《国家安全法》不仅有助于我们理解冷战时期美国的国家安全观，也可以“折射”出当今美国外交的运作方式。

三、主要内容

1947 年通过的美国《国家安全法》最初颁布时共有 3 章 28 条。该法在政策宣言中开宗明义：“本法旨在促进国家安全，规定了国防部长、国家军事体制、陆军部、海军部和空军部的条款，调整国家军事体制与国家安全相关的政府各部、局的活动。”同时进一步阐明：陆军部、海军部（包括海军航空队和美国海军陆战队）、空军部三个军事部门处于国防部长的领导、管辖与控制之下，上述部门在国防部长的文官控制之下实行统一领导，而不是统一合并，为海陆空三种战斗力量制定统一军事战略，使这三种力量有机结合起来。

第一章名为“国家安全的协调”，共 3 条。第 101 条设立国家安全委员会。国家安全委员会由总统任主席，最初委员会法定委员由总统、国务卿、国防部长、陆军部长、海军部长、空军部长、国家安全资源委员会主席组成，各行政部门和军事部门的部长或副部长、军械局局长、研究与发展委员会主席可以经参议院批准，由总统依实际情况指定列席。国家安全委员会的任务是向总统提出有关国家安全的内政、外交和军事政策的综合意见，以便能够使这些军事机构和政府各部门在安全事务方面更有效地进行协调。第 102 条名为“中央情报局”。中央情报局是国家安全委员会下辖的机构之一，直接向国家安全委员会负责，设正、副局长各一名，由参议院批准就职，不能同为现役军官或者同为退役军官。它的任务是就政府各部、局涉及国家安全的情报活动及有关情报活动的协调问题向国家安全委员会提出意见，同时评价、分发与国家安全有关的情报。第 103 条名为“国家安全资源局”。国家安全资源局的主要任务包括协调军事、工业及民众动员事宜，制定战时工业与民众动员政策，以保证最有效地动员和最大限度利用全国人力。

第二章名为“国家军事体制”，共 14 条。第 201 条名为“国家军事体制的建立”，建立国家军事部，由国防部长领导。国家军事部包括陆军部、海军部、空军部、国防部长军事助理、文职人员、战争委员会、参谋长联席会议、军械局和研究发展局等机构。第 202 条名为“国防部长”，国防部长经参议院批准由总统任命，是总统处理国家安全问题的助手。他的主要职能包括制定国家军事部及相关机构的政策与计划，把握总体方向。国防部长需要每年向总统和国会提交一份报告，包括国家军事部的款项用途、工作情况内容。第 203 条和第 204 条分别名为“国防部长军事助理”和“文职人员”。国防部长军事助理是三军高级职员和国防部长的助理或私人助理而非军事参谋。第 205 条、第 206 条、第 207 条和第 208 条分别名为“陆军部”“海军部”“空军部”和“美国空军”。陆军部即二战中的作战部，一切与原作战部有关的法律、命令、法规和其他诉讼行为，倘若不与本法相抵触，仍为国防部和新陆军部继承，仍然有效。第 206 条所描述的海军部涉及海军在政府中的地位，包括海军司令部、海军陆战队及其后备单位、海军的一切军事活动、司令部、部队、基地、设施及其活动、职能均应在海军部的控制与监督之下，构成海军部的基本结构。第 207 条第一次以法律形式在国家军事部下建立了一个独立军种——空军，并为空军设立了一位空军部长，空军部长经参议院批准、由总统任命。空军是由陆军航空队分离出来的，其职能与陆军相类似。新成立的空军和陆军、海军一样，是国家军事部的组成部分，位于国防部长之下。第 208 条名为“美国空军”，这是空军部下属的机构之一，是空军部的作战部队。陆军航空队、航空兵、美国陆军空军部等都被划归美国空军。空军设立一位总参谋长，由总统任命，领导空军。第 209 条至第 214 条分别名为“调动的有效日期”“战争委员会”“参谋长联席会议”“联合参谋部”“军械局”和“研究发展局”。第 209 条指出，空军任务的生效日期由国防部长决定。第 210 条指出战争委员会是国家军事部的下属单位，国防部长任主席，成员包括三军部长和三军参谋长，这个机构主要是为国防部长提供政策与事务咨询。第 211 条规定了参谋长联席会议的成员为三军参谋长和一位只对总统负责的参谋长，主要职能是为军队制定战略计划、后勤计划，在战略领域，例如国家安全利益领域进行统一的指挥。第 212 条描述的联合参谋部是参谋长联席会议的下属机构，是由 100 人组成的一个参谋班子，人员从三军中挑选，负责完成参谋长联席会议下达的任务，上司可以是参谋长联席会议中的任意一位成员。第 213 条描述的军械局是国家军事部下属的另一单位，局长可以是三军中任一军的次长或部长助理，由总统在文官中挑选，经参议院批准任职。军械局由国防部长领导，主要任务是执行参谋长联席会议制定的战略和后勤计划。第 214 条描述的研究发展局局长也是来自三军中任意一军，研究发展局主要负责研发与国家安全相关的科学技术。

第三章名为“杂项”，共 11 条，内容涉及职员薪金、职能划分、行政职务、经费使用、法条适用范围及生效日期等琐碎事项。

四、治国影响

1947 年美国《国家安全法》奠定了战后美国军事和情报体

系的基础，创建了国防部、国家安全委员会、中央情报局等机构。从 1949 年至今，美国国会分别在 1949 年、1958 年和 1986 年三次对其进行规模较大的修订，逐步形成了现今美国施行的《国家安全法》。1947 年美国《国家安全法》从立法伊始就对美国政治、外交和国防产生重大影响。

（一）国家安全委员会

为适应美苏争霸新形势和全球领导新角色，美国根据《国家安全法》成立了国家安全委员会。国家安全委员会被誉为“美国政府外交和安全政策制定最为重要的正式制度”和国家安全组织结构的“基石”，甚至有学者戏称国家安全委员会为“帝国中枢”。国家安全委员会作为评估美国外交与防务、协调政府相关部门的机构，在冷战时期对抗苏联发挥了至关重要的作用，为美国国家安全决策提供强有力的制度保障。此外，1986 年的《戈德华特-尼科尔斯法》要求美国总统每年向国会提交一份《国家安全战略》报告。从里根政府开始，每任美国总统根据当时美国国家安全环境的变化，在国家安全委员会整理分析下出台《国家安全战略》报告，成为现今指导美国处理国家安全事务的纲领性文件。可以说，国家安全委员会本来是《国家安全法》的创立者“无心插柳”的成果，却改变了冷战以来美国国家安全政策的演变轨迹。

（二）中央情报局

古往今来，情报活动与军事和外交密不可分。冷战时期，情报变得比以往都更为重要。1947 年美国《国家安全法》规定建立中央情报局，该局负责两项主要任务：一是情报搜集、汇总活动；二是隐蔽活动，即为维护资本主义制度，遏制苏联扩张，暗中运用政治、经济、军事和文化宣传等手段，旨在颠覆不同阵营的政府，服务于美国国家安全利益。中央情报局综合运用隐蔽的政治战、经济战和心理战等手段为苏联解体发挥了无可替代的重要作用。

大国博弈下的国家安全立法

随着国家特别是大国之间竞争日益激烈，各国格外注重通过更为规范、细致、前瞻性的立法，维护国家安全和利益。立法，已经成为国家发展的一条关键赛道。在这条赛道上，各国决策者、立法者、研究者纷纷行动，以高质量立法寻求发展先机，抢夺经济、科技等关键领域的话语权。在这场如火如荼的全球性立法“竞赛”中，各个国家都意识到，谁如果在立法上落后一步，谁就可能在未来竞争中处于被动。

一、不断升级的外资安全审查

从国家安全角度看，国家要保卫的对象已经扩展到经济领域，确保国家安全的手段也不只是外交、军事，还包括经济。当前，全球化经过数十年的迅猛发展，世界已前所未有地相互连接，技术迅猛发展，产业高度数字化。随着全球地缘政治日益紧张、安全环境日益严峻，全球供应链的脆弱性日益显现，基础设施面临网络攻击的威胁增大，围绕尖端技术的霸权争夺也日益激烈。很多国家特别是大国加速创设完善经济安全领域立法，以此加强产业基础、加快研发重要尖端技术、防止敏感技术外流、加强出口管制。

2018—2019 年，各大国掀起一轮有关投资安全审查机制的立法高潮，为保护本国产业竞争力与国家经济安全建立“保护墙”。美国格外重视将外资安全审查作为政策工具，对竞争对手进行防范和打压。2018 年 8 月，特朗普签署《外国投资风险审查现代化法案》，该法案于 2020 年 2 月正式生效，进一步扩大和强化美国外国投资委员会的监管权。《外国投资风险审查现代化法案》实施细则又在外资审查范围、强制申报、审查时限等方面作出一系列详细规定，详细列举了须审查的 27 个敏感行业。

欧盟作为拥有最开放投资体系的经济体之一，以及全球外国直接投资的主要目的地，也通过立法加快建立对外商投资的审查机制。2019 年 4 月，欧盟《外商投资审查条例》正式生效，这是欧盟层面第一个全面制定的外资审查法规。欧盟委员会主席容克说：“这个新框架将帮助欧洲捍卫其战略利益。我们需要就针对欧洲战略资产的外国公司收购进行审查。我希望欧盟继续保持开放，但我已多次表示，我们不是天真的自由贸易者。在几乎创纪录的时间内通过并生效这项提议表明：我们是认真的，在捍卫欧洲利益方面，我们将始终言出必行。”英国、德国、法国、意大利、加拿大等主要经济体均通过立法采取了与国家安全有关的新投资措施。

新冠疫情在全球暴发后，供应链安全议题被多国列入关键议程，它们通过设立新法或修订旧法，进一步收紧外资安全审查。2020 年 5 月，德国联邦政府收紧《对外经济法》，在新冠疫情期间保护欧洲疫苗生产、药品和口罩生产商免受外国企业收购，同时也强调人工智能、半导体、航空航天、数据网络等高科技领域将受到更密集的投资审查。2021 年，德国通过了《对外贸易条例》的第十七修正案，进一步加强对外国企业收购后德国相关企业的安全审查。

2020 年，澳大利亚推出《外资改革（保护澳大利亚国家安全）法案》，将其视为强化国家安全审查制度的关键改革，其中提出“须申报国家安全行为”概念，指出两种可能引起国家安全风险的行为，一是获得国家安全用地利益，二是在国家安全业务中获直接利益。这两种行为不论规模大小和价值高低，均需报请澳大利亚国库部长批准。该法还赋予国库部长新权力，即“召唤权”，规定在须申报的国家安全行为之外的其他行为，只要国库部长认为其可能带来国家安全风险，就可要求实施该行为的外国人或相关人员提供相应信息；以及“最后手段权”，指外国投资者出现信息遗漏、业务改变等情况时，国库部长若认为可能存在新的国家安全风险，可对已获得同意的外国投资行为进行重新审查并作出相应决定。

2020 年 5 月，日本新《外汇与外国贸易法》正式开始实行，不仅加强了外国投资者对日本上市企业出资限制，将国外企业对核心行业投资事先申请标准出资比例上限从 10% 下调至 1%，还从维护国家安全的角度增加了需要事前申报的行业领域，涵盖航空、通信、电力、医药等多个行业。日本岸田文雄政府成立以来，更将经济安全保障确立为招牌政策。2022 年 5 月，日本国会通过《经济安全保障推进法》，主要包含强化供应链韧性、加强关键基础设施审查、敏感专利非公开化、官民协作强化尖端技术研发四大内容。该法是日本在经济安全保障方面的第一部专门法律，将于 2023 年春起分阶段付诸实施。在该法总则中日本便开门见山地指出，随着国际形势日益复杂、社会经济结构发生变化，为确保国家安全，需“防止经济活动中危害国家和国民安全的行为”。为有效推进《经济安全保障推进法》中规定的经济安全政策，2022 年 9 月，日本内阁会议通过《关于整体性实施经济政策以推进确保国家安全的基本方针》，为《经济安全保障推进法》的具体实施提供保障。

2022年1月，英国《国家安全和投资法》正式生效，被视为20年来英国国家安全制度的最大变革，尤其是具体化了需要强制申报的17个敏感领域。依据该法，英国政府将有权审查和干预任何人（包括企业和投资者）进行的可能损害英国国家安全的收购行为，还可以对收购施加某些条件，或在必要时解除或阻止收购。

二、力推半导体产业本土化

除了经济领域更强调国家安全因素，大国在多个高科技领域赛道也展开激烈竞争。芯片被誉为数字产业的“石油”、现代制造业的“明珠”，是数字时代的底层支撑，半导体产业因此成为全球战略竞争的制高点。各方力量加紧在法律层面明确扶持本国半导体产业发展，“半导体补贴”成为各国相关立法的关键词。

美国在芯片设计和研发竞赛中保持领先，中国、韩国在半导体制造产业中则居主导地位。根据半导体行业协会的一份报告，目前中国大陆占全球半导体生产的24%，中国台湾地区紧随其后占21%，韩国占19%，日本占13%，美国在全球半导体制造产能中的份额从1990年的37%减少到当前的12%。美国以维护所谓“供应链安全”为名，急于推动半导体研发制造回流本土，占据技术与经济主导权。2022年8月，拜登签署涉及金额2800亿美元的《芯片与科学法案》，主要内容包括2022—2026年向芯片产业提供约527亿美元资金支持，为企业提供价值240亿美元投资税抵免，鼓励企业在美国研发和制造芯片。除了对美国芯片产业及制造业的直接支持，根据该法案，美国将于 2023—2027 年提供约 2000 亿美元的科研经费，用以支持一系列关键科技研究领域；美国国家科学基金会将建立一个技术、创新和伙伴关系理事会，专注于半导体、先进计算、先进通信技术、先进能源技术、量子信息技术和生物技术等领域发展。拜登将这部法案称为“美国一个世代才有一次的投资”，并强调“未来的芯片产业将是美国制造”。在排他政策方面，该法直接点名中国，要求企业在中美之间“选边站”，推动全球半导体产业链实现“美国中心化”和“去中国化”，被国际舆论视为美国对华“科技军备竞赛”升温。

欧洲也曾是全球芯片行业的一强，但在全球数字产业发展潮流中逐渐落后，欧盟在全球芯片市场中的产能占比从 2000 年的 24% 一路跌至当前的 8%。荷兰光刻机制造商阿斯麦（ASML）警告称，如果不采取行动，未来这一比例可能会下降到 4%。2021 年以来，欧盟一度遭遇芯片短缺和断供危机。为扭转这一颓势，2022 年 2 月，欧盟委员会发布《欧洲半导体芯片法案》（以下称《芯片法案》），提出到 2030 年动用超过 400 亿欧元的公共和私有资金，支持芯片生产、试点项目和初创企业，并大力建设大型芯片制造厂，力争将欧盟芯片产量占全球的份额提高至 20%，减少对美国和亚洲制造商的依赖。欧盟委员会主席冯德莱恩表示，该法案将提升欧盟的全球竞争力。在短期内，此举有助于欧盟预判并避免芯片供应链中断，增强对未来危机的抵御能力；从长远来看，《芯片法案》应能实现“从实验室到晶圆厂”的知识转移，并将欧盟定位为“创新下游市场的技术领导者”。当前，欧盟27国已就法案达成共识，并于2023年9月正式生效。

30年前，日本半导体销售额一度占据全球半壁江山，而今只剩下不到10%。近年，日本政府不断反思本国半导体行业何以陷入“失去的30年”。2021年12月，日本国会通过《特定高度情报通信技术活用系统开发供给导入促进法修正案》，计划拨出6170亿日元预算，用以支持在日本本地研发和制造芯片的企业。2022年3月1日，该法正式施行。可以说，日本半导体的稳定供给已上升至与确保粮食、水资源安全同等重要的国家战略层面。

三、愈受瞩目的网络空间

随着互联网快速扩展和网络技术不断更新升级，各类网络攻击、网络犯罪事件频发，国家间发生网络战争的风险急剧上升。从世界范围看，各国网络安全立法的核心是保护关键基础设施，主要大国争相将关键基础设施保护上升到维护国家安全的高度。习近平总书记明确指出：“金融、能源、电力、通信、交通等领域的关键信息基础设施是经济社会运行的神经中枢，是网络安全的重中之重，也是可能遭到重点攻击的目标。”近年，受俄乌冲突等国际局势影响，全球网络安全形势更趋严峻，包括俄罗斯、美国在内的诸多国家发布警报，要求本国组织尤其是关键基础设施运营者保持警惕，强化网络安全防御。美英澳三国联合发布警报，表示针对全球关键基础设施的复杂、高影响的勒索攻击数量有所增加。网络安全公司 SonicWall 发布的《2022 年网络威胁报告》显示，2021—2022 年，全球各国政府受到勒索软件攻击的事件数量增加了 1885%，加密威胁、加密劫持、入侵攻击、物联网恶意软件攻击等几乎所有类别的网络攻击数量都在增加。

为强化关键基础设施保护，各国加快立法进程。俄罗斯、日本、德国等国均制定了专门法律，明确了关键基础设施的含义、范围和政府职能。2021 年 12 月，澳大利亚修订《关键基础设施安全法》，大幅扩大关键基础设施范围，增加强制经营实体报告网络安全事件义务和信息提供机制，加强政府干预。2022 年 3 月，拜登签署《加强美国网络安全法》，该法由《网络事件报告法案》《2021 年联邦信息安全现代化法案》《联邦安全云改进和就业法案》三项网络安全法案措施组成。美国参议院多数党领袖查克·舒默强调，《网络事件报告法案》是“最重要的”措施，其中包括要求关键基础设施的运营商在攻击发生后 72 小时内通知国土安全部；在勒索软件支付后 24 小时内通知国土安全部。此外，仅在 2022 年，美国就通过《优化网络犯罪度量法》《国家网络安全防范联盟法》《供应链安全培训法》《州与地方政府网络安全法》《人工智能劳动力培训法》《量子计算网络安全准备法》《小企业网络培训法》等十余部专门法案，还有多部进行创新制度设计的立法正在制定过程中，通过一系列立法尽快完善架构、补足能力，夯实其维护网络安全的法律防线。

网络安全立法的另一重点是关于数据的保护和流动。数据不仅是一种普通的生产资料，还是一种稀有资产和重要战略资源。2021 年，美国达特茅斯学院塔克商学院院长、白宫经济顾问委员会成员马修·斯劳特、美国桥水基金联合首席执行官大卫·麦考米克在《外交事务》上共同撰写题为《数据即权力：美国政府需要为数字时代制定新规则》的文章，明确指出与其他经济要素相比，数据与权力的关系更为密切，已成为重要的权力来源和战略资源。两位作者认为，人类已全面进入数字经济时代，传统的国际贸易模式正在被颠覆，数据的获得和使用将决定一国的经济发展前景。同时，数据对国际政治的影响也愈发明显，通过获取和分析数据，国家、企业及个人可以作出使自身利益最大化的决策，进而在竞争中取胜。

目前全球多国陆续出台了综合性的数据保护法，最具代表性的是欧盟 2016 年制定的《通用数据保护条例》(General Data Protection Regulation，简称 GDPR)。欧盟极为重视数字主权，将个人数据保护作为一项基本人权，强调欧盟必须“根据自己的价值观，遵守自己的规则，做出自己的选择”。

《通用数据保护条例》被视为世界上最严格的隐私和安全法，

明确规定只有在满足规定条件的情况下，数据控制者才能将个人数据转移至欧盟以外的第三国或国际组织，并对违反其隐私和安全标准的行为处以重罚。俄罗斯高度重视个人信息保护，早在 2006 年就颁布《个人数据法》，要求俄罗斯公民的个人信息必须在境内服务器储存，并明确规定了个人信息跨境传输的条件。“棱镜门”事件后，俄罗斯更加重视数据主权，限制数据跨境流动。2021 年 2 月，《俄罗斯联邦行政犯罪法》修正案加大了对违法数据处理行为的处罚力度。此外，巴西、日本、新加坡等国都于近年制定或修订了数据保护专门法，旨在为本国公民个人数据提供更好的法律保护。

美国在数据保护方面的法律体系由不同领域、不同层级的多部法律组成，如 2020 年正式实施的《加州消费者隐私法案》，是美国第一项全面隐私法，还有诸多针对特定行业、特定类别数据的保护法，如《金融服务现代化法》《儿童在线隐私保护法》等。近年，随着数据战略意义攀升，美国在国家层面统一立法的趋势逐渐增强，将数据保护作为大国竞争的重要内容之一，积极抢夺数据治理主导权。2018 年 3 月，特朗普政府颁布《澄清境外合法使用数据法》，即“云法案”，规定在美国政府提出要求时，任何在云上存储数据的美国公司都要将数据转交给美国政府，位于美国境外但被美国法院认为“与美国有足够联系且受美国管辖”的外国公司也同样适用上述规定。该法案相当于单方面赋予美国政府对全球绝大多数互联网数据的“长臂管辖权”。在建立跨境数据调取霸权的同时，美国还通过一系列立法和行政命令，避免美国数据“不当流出”。特朗普执政时期推出“清洁网络”计划，采取一系列措施保护美国公民隐私及公司敏感信息免受所谓恶意行为者的侵扰。拜登上台后，又签署《关于保护美国人的敏感数据不受外国敌对势力侵害的行政命令》，美国商务部建立《确保信息和通信技术及服务供应链安全》暂行规则等措施，将与所谓“外国敌手”相关的某些联网软件应用程序和设备排除出美国供应链。2022 年 6 月，美国参众两院联合发布《数据隐私和保护法案》草案，这是首个获得两党支持的、全面的联邦隐私立法草案。该法案虽尚未成为正式联邦法律，但反映出其数据保护的价值理念。

各国在数据保护和流动方面进行立法竞赛，根本上是在“谁有权占有、使用数据”这个问题上争夺话语权。随着数据在推动经济社会转变方面发挥的作用越来越强，各国也日益认识到，过于单纯严苛的数据保护有可能成为贸易壁垒，进而削弱自身竞争力。近年来，各方开始更加注重通过立法促进数据价值释放，打造数据空间和数据市场，借此推动经济社会变革。欧盟在这场立法竞赛中处于领先地位。近年来，欧盟创新活力不足，长期未能发展出自己的互联网巨头，在大国网空竞争中日渐落后。为此，2020 年 2 月，欧盟发布《欧洲数据战略》，提出将欧盟构建成为世界上最具吸引力、最安全、最具活力的数字经济体，使欧盟能够利用数据改善决策、改善全体公民的生活。为落实这一战略，欧盟推出《数据治理法》，旨在促进公共数据的再利用，并在战略领域创建共同的欧洲数据空间。2022 年 2 月，欧盟委员会又公布《数据法：关于公平访问和使用数据的统一规则的法规提案》草案，旨在进一步规范大数据所产生的利益如何公平分配的问题。

中国的网络立法也日渐完备。2016 年 11 月，我国首部《中华人民共和国网络安全法》发布并于 2017 年 6 月正式实施，为维护网络空间秩序、保障网络安全、推进“互联网 +”行动、建设网络强国，提供了必要的法律制度保障。2022 年，实施了 5 年多的《中华人民共和国网络安全法》迎来首次修改，进一步压实网络安全责任。在关键基础设施保护、数据保护和流动等重要领域，我国都逐渐通过立法明确原则、厘清权责。在关键基础设施保护方面，《中华人民共和国国家安全法》第二十五条明确要求保护关键基础设施和重要领域信息系统。《中华人民共和国网络安全法》首次正式明确了关键信息基础设施的概念，是指“一旦遭到破坏、丧失功能或者数据泄露，可能严重危害国家安全、国计民生、公共利益的”信息基础设施，并提出了关键信息基础设施安全保护的原则性要求。为落实相关要求，国务院于 2021 年出台《关键信息基础设施安全保护条例》，进一步夯实法治保障。在数据保护和流动方面，通过 2021 年 9 月生效的《中华人民共和国数据安全法》和 2021 年 11 月生效的《中华人民共和国个人信息保护法》，我国在数据领域初步建立起相对完备的法律体系。2022 年 7 月，国家互联网信息办公室依据《中华人民共和国网络安全法》《中华人民共和国数据安全法》《中华人民共和国个人信息保护法》《中华人民共和国行政处罚法》等法律法规，认定滴滴公司违法违规运营给国家关键基础设施安全和数据安全造成严重安全隐患，对滴滴全球股份有限公司处以巨额罚款，这是中国第一次使用网络法律工具处理跨国数据流动问题，有力地维护了国家安全。未来，为适应并规范大数据经济的迅猛发展，我国在数据权益、数据流动、数据共享、数据利用等方面还将进一步推动完善相关立法，充分释放数据生产力，在大国竞争中立于不败之地。

四、新疆域中“跑马圈地”

太空、极地、深海等是人类生存和可持续发展的全球新疆域，也是大国战略竞争的新场所，谁在新疆域掌握主导权，谁就将拥有下一个时代经济、科技、军事等领域的主动权。立法竞赛也迅猛地蔓延至这些新兴空间。为争夺战略竞争制高点，世界主要国家纷纷加快太空、极地、深海等领域立法，调整完善相关战略，推动新疆域竞争呈现新发展态势。

以太空为例，1967 年国际社会达成的《外空条约》规定太空和天体属于全人类财富，但只提到国家开发，未提及个人开发。根据“不禁止即允许”的原则，一些国家加速立法，鼓励私营企业或个人对地球空间、月球、小行星等进行商业开发。2015 年 11 月，奥巴马签署《美国商业太空发射竞争法案》，其中第四部分为《外空资源探索与利用法》，明确允许美国公民和行业“从事包括水和矿产在内的空间资源的商业勘探和开发”。人口仅 50 多万的欧洲小国卢森堡致力于成为欧洲商业太空探索中心，率先通过立法引领太空产业发展。2017 年，卢森堡通过《太空资源探索与利用法》（以下称《太空采矿法》），允许所有在卢森堡设有注册地址的特定类型公司在获得批准后进行太空采矿任务，相当于从法律层面宣布“太空资源可被私有化”。卢森堡成为继美国之后第二个对开发太空资源制定全面法律框架的国家，其太空开发框架与美国相比更具吸引力，后者需要美国公司持有 50% 以上股份，而卢森堡则没有这样的限制。而且卢森堡是人均国民生产总值最高的国家，提供一系列税收减免和优惠政策，被一些人指责为“避税天堂”。卢森堡颁布《太空采矿法》以来，吸引了不少来自世界各地的企业，太空产业在卢森堡经济中的地位也不断提升。继美国、卢森堡之后，阿联酋、日本等也相继通过类似立法，以争夺太空资源主导权。不少国家对这种单边立法行为提出强烈反对，认为这些国家采用“先到先得”原则判定资源归属侵害了后发国家的利益，违反了“太空资源全人类共有”原则，更令人担忧的是，这种做法很可能是向未来国家私自占有天体迈出的第一步。

美国在太空竞争中一贯推行以实力求和平的霸权策略。特朗普政府曾直接表示，美国不认为外太空是全球公域。在 2020 财年国防授权法案中，美国授权组建独立军种太空军。2020 年 12 月，特朗普签署《保护人类太空的一小步法》，宣告美国正式立法保护阿波罗登月时代美国政府在月球上留下的历史遗迹和人造物件。美国由此成为世界上首个颁布国内法以保护其太空遗产的国家。拜登上台后，美国国防部发布的新版太空政策文件更明确指出，外太空是国家军事力量的优先领域。

近年，欧盟也积极推进太空计划。2021 年 4 月，欧洲议会通过有史以来最大一笔太空预算，确保欧盟现有的三个旗舰计划：伽利略、哥白尼和欧洲地球同步卫星导航覆盖服务的永续发展，为此将于2021—2027年投入高达148亿欧元资金。面对未来卫星数量可能出现的井喷式增长，欧洲希望通过制定太空“交通规则”加强监管，且对“星链”等竞争对手造成的轨道拥堵加以限制。随着越来越多的欧洲国家认识到航天工业的价值，爱沙尼亚、马耳他、波兰、立陶宛等国都在准备国家太空立法和政策草案，旨在发展、支持和培育本国航空公司和技术。

未来，太空军事化、武器化、战场化趋势无疑会日益加剧，在国际规则制定争吵不休的同时，主要大国也将加速本国在该领域的立法。完善的太空法律法规体系是航天强国建设的基本要求和重要支撑，遗憾的是，我国虽是航天大国，却尚未制定专门的航天法，现有的《空间物体登记管理办法》《民用航天发射项目许可证管理暂行办法》《空间碎片减缓与防护管理办法》等管理办法多属于部门规章。加快推动顶层《航天法》立法进程，构建完善以其为核心的航天法治体系，促进法治航天建设，将是我国发展完善太空治理的重大举措之一。

在极地、深海等领域，当前的国际治理规则亦不完善，随着大国在这些新兴领域的博弈愈演愈烈，毫无疑问，通过立法保障自身权益、抢占竞争优势是大势所趋。美国海事合作组织前主席迈克尔·罗伯茨曾在《纽约时报》发表专栏文章，称中国已成为全球海上强国，拥有的商船数量居世界第一并遥遥领先第二名希腊，建造了全球大约一半的大型商船，并生产了世界上96%的干货集装箱，中国公司已获得全球不少海运码头和基础设施的股份，而中美之间的绝大多数贸易是通过海运进行的。一旦中美在台湾问题上开战，中国很可能利用在海上的资源优势给美国的商品或资源运输“制造障碍”。为此，罗伯茨建议，美国需要制定明确的船舶法，投资发展本国造船工业，并提供财政和其他支持，以帮助美国造船商和航运公司在国际市场上收复失地，阻止中国成为“海上超级大国”。很明显的是，美国已经将立法作为“跑马圈地”、强化竞争的重要手段。对我国和其他国家而言，在新疆域能够占有一席之地，既要以雄厚的科学研究实力为基础，也离不开战略引领和法律保障。与时俱进推进立法工作，是各国提升治理水平、维护自身安全与利益、拓展国际影响力的必由之路。

参 考 文 献

1 [比]吕克·J.温特根斯主编，朱书龙译：《立法法理学：立法研究的新路径》，商务印书馆2022年版。

2 [法]克洛德·德尔马著，郑鹿年译：《欧洲文明》，上海人民出版社1988年版。

3 [美]彼得·海著，许庆坤译：《美国法概论》(第四版)，北京大学出版社2020年版。

4 白建才：《论冷战期间美国的“隐蔽行动”战略》，《世界历史》2005年第5期。

5 戴巍：《美国外资国家安全审查法案新动向及其影响》，《中国贸易报》2020年12月3日第A6版。

6 何勤华、李秀清主编：《外国法制史》，复旦大学出版社2010年版。

7 何勤华：《汉谟拉比法典：立法史上最完整的成文法典》，《法制日报》2016年2月3日。

8 傅梦孜、袁鹏：《美国国家安全委员会》，《国际资料信息》2001年第10期。

9 洪延青：《数据竞争的美欧战略立场及中国因应——基于国内立法与经贸协定谈判双重视角》，《国际法研究》2021年第6期。

10 黄秋红：《美、日等国个人信息保护的立法特点》，《人民法院报》2022年1月21日第8版。

11 刘金瑞：《我国网络关键基础设施立法的基本思路和制度建构》，《环球法律评论》2016年第5期。

12 刘耀华：《欧美失去“隐私盾”后》，《环球》2020年第17期。

13 牛可：《帝国中枢：美国国家安全委员会管窥》，《世界知识》2010年第5期。

14 牛可：《美国“国家安全国家”的创生》，《史学月刊》2010年第1期。

15 商务部国际贸易经济合作研究院等:《对外投资合作国别(地区)指南——澳大利亚(2021年版)》。

16 徐明棋主编:《多重挑战下的欧盟及其对外关系》,时事出版社2019年版。

17 杨楠:《霸权的惯性:美国国家安全委员会与美国国际战略》,社会科学文献出版社2022年版。

18 张皎、李传龙、李彤:《美欧外资国家安全审查机制立法趋势:从与安全有关的投资措施到与投资有关的安全措施?》,《国际法研究》2020年第3期。

19 周旺生:《法典在制度文明中的位置》,《法学论坛》2002年第4期。

20 Hans Julius Wolff, "Roman Law, An Historical Introduction", University of Oklahoma Press, 1951.

21 National Security Act of 1947 (originally enacted)[EB/OL].(1947-07-26)[2008-07-04].http://intelligence.senate.gov/nsact1947.pdf.

22 Matthew J. Slaughter and David H. McCormick, "Data is Power: Washington Needs to Craft New Rules for the Digital Age", Foreign Affairs, May/June 2021, pp.54-62.

23 Rudolf von Jhering, "Geist des römischenRechts auf den verschiedenen-Stufen seiner Entwicklung", Adamant Media Corporation, 2003.

4

第四章

变法与强国

2020年11月16日，习近平总书记在中央全面依法治国工作会议上明确指出："治国无其法则乱，守法而不变则衰。"[1] 习近平总书记的讲话强调了法治及变法的重要性。改革就是"变法"，我国历史上的历次变法，都是改革和法治紧密结合，变旧法、立新法，从战国时期商鞅变法、宋代王安石变法到明代张居正变法，莫不如此。改革过程，就是法律与时俱进、修订完善的过程，就是制度"立、改、废、释、纂"的过程。近代以来世界范围内的著名改革也大都如此。从结果看，有的变法运动，如商鞅变法、明治维新等在强国方面取得了巨大成功，但也埋下了秦国二世而亡、日本走上侵略扩张道路的隐患。有的变法虽然有美好设想，如戈尔巴乔

1　习近平：《坚定不移走中国特色社会主义法治道路 为全面建设社会主义现代化国家提供有力法治保障》，《求是》2021年第5期。

夫的改革特别是修宪，但选错了方向、走上了邪路，不仅没有促进国家发展，反而最终导致了苏联的亡党亡国。系统梳理这些变法图强运动，总结其经验教训及得与失，对于我们认识变法与强国的关系、更好地推进国家治理体系改革无疑具有借鉴意义。

中国古代变法的兴与衰

中华民族自古便有革故鼎新的政治和文化传统。在中国古代史上，曾发生过许多著名的变法图强运动，如商鞅变法、王安石变法、张居正变法等。这些变法均是改革与法治紧密结合的历史过程，均以发展生产、富国强兵或革除积弊、实现王朝中兴为目标，均是在最高统治者支持下由特定历史人物主导实施，在当时的历史条件下均取得一定成效。然而，由于当时君主专制的政权性质和社会矛盾的不断激化，各种利益关系错综复杂，加之统治集团内部盘根错节、相互倾轧，改革触动了一些既得利益集团的利益，他们的变法都遭遇了强大阻力。本节拟以上述三次变法运动为例，分析中国古代变法运动的兴与衰，探究变法与强国的关系，以资借鉴。

一、变法是富国强兵的必由之路

2018 年 12 月，在庆祝改革开放 40 周年大会上发表讲话时，习近平总书记明确指出："自古以来，中国大地上发生了无数变法变革图强运动，留下了'治世不一道，便国不法古'等豪迈宣言。”[1]“治世不一道，便国不法古”出自司马迁所著《史记·商君列传》，主要意思是治国并不是只有一条道路，只要有利于国家，就不一定非要拘泥于古法旧制。而《史记·商君列传》中的“商君”，则是商鞅变法的实施者商鞅。

商鞅所处的春秋战国之交，正是中国由奴隶社会向封建社会转变的大变革时期，也是各诸侯国纷纷掀起变法运动的时期。在此期间，所谓“战国七雄”——齐楚燕韩赵魏秦，均进行了不同程度的变法，如魏国的李悝变法，楚国的吴起变法，燕国的乐毅、邹衍、剧辛变法，韩国的申不害变法，赵国的公仲连变法，以及齐国的邹忌变法等。李悝变法让魏国迅速富强起来，成就了魏文侯的霸业，也拉开了战国时期各国变法求强的序幕。吴起变法也一度明显增强了楚国的国力，让楚国“兵震天下，威服诸侯”。在此背景下，地处偏僻且“国乱、兵弱、主卑”的秦国面对内忧外患的局面，不得不寻求变法强国之道，以奋发图强。秦孝公的“强秦”之志与商鞅的“强国之术”一拍即合，迅速在秦国掀起了变法图强的热潮。面对秦国守旧势力的阻挠，商鞅先是于公元前359年推出《垦草令》，主要内容是重农抑商、削弱贵族和官吏特权、统一税租制度等。公元前356年，商鞅被任命为

1　《习近平：〈在庆祝改革开放40周年大会上的讲话〉》，新华网，2018年12月18日，http://www.xinhuanet.com/politics/2018-12/18/c_1123872025.htm。

左庶长，开始启动第一次全面变法，主要内容包括改革户籍制度，实施什伍连坐法、明令军法，奖励军功、废除世卿世禄制度、建立二十等军功爵制，奖励耕织、重农抑商，严惩私斗，制定秦律，推行小家庭制。经过第一次变法，秦国开始走向强大，在各诸侯国中的地位和影响力也得到大幅提升。公元前 350 年，商鞅启动第二次变法，主要内容包括开阡陌封疆，废井田、制辕田，允许土地私有及买卖，推行县制，加收口赋，统一度量衡等。经过两次变法，秦国国力大增，对外方面迅速由被动防御转向主动出击，并于公元前 354 年、公元前 352 年两次击败魏国，迫使魏国将河西之地割给秦国并迁都大梁。《史记》称：商鞅变法之初，“百姓苦之”；居三年“百姓便之”；变法“行之十年，秦民大悦，道不拾遗，山无盗贼，家给人足。民勇于公战，怯于私斗。”秦朝丞相李斯也指出：“孝公用商鞅之法，移风易俗，民以殷盛，国以富强……至今治强。”可以说，无论后世如何评价秦国的严刑峻法，商鞅变法在富国强兵方面的巨大成效却是有目共睹的。因此，商鞅变法也成为中国古代中原王朝在面临内外困局时进行变法图强的效仿对象。

除了商鞅变法，中国古代史上另一场著名的变法革新运动是王安石变法。北宋立国几十年后，因北宋统治者“不抑兼并”政策导致土地兼并严重、贫富分化加剧，加之日积月累的冗官、冗兵、冗费问题，导致北宋陷入积贫积弱的困局。不仅国家财政入不敷出，内部面临政局动荡、农民起义此起彼伏之困，外有西夏、辽国带来的边患。在此背景下，北宋统治者不得不考虑如何解救政治、社会和边疆危机。在王安石变法之前，北宋政治家范仲淹曾在庆历年间提出以整顿吏治为主的十项改革措施，但遭到官僚集团的集体反对，仅仅坚持了半年多时间便寿终正寝。20多年之后，同样旨在挽救宋朝政治社会危机并富国强兵的王安石在宋神宗支持下启动了新的变法图强运动。在王安石看来，宋朝的主要问题有两个，一是不会理财，二是兵弱。因此，王安石的变法以“理财”“整军”为中心，主要涉及三方面议题：一是富国，包括青苗法、农田水利法、方田均税法、免役法、市易法、均输法、免行法，旨在发展生产、减轻农民负担、促进商品经济正常发展、增加政府财政收入；二是强兵，包括保甲法、裁兵法、将兵法、保马法、军器监法等，意在强化宋朝军事力量、增强军队战斗力；三是选人用人，包括改革科举制度、整顿太学、惟才用人等，旨在通过科举制度将真正有经纶济世之才的人选拔上来，让中下级官员得到发挥才干的机会。从变法效果看，王安石变法虽然出现了一些或大或小的副作用，但总体上抑制了宋朝的土地兼并、促进了农业生产、增加了政府财政收入、增强了宋朝的军事能力和国力，改变了西北边防长期以来屡战屡败的被动局面。然而，新法因为损害了官僚集团和地主阶级的利益而遭到强烈反对，最终在司马光上台后被全面废止。

中国古代封建王朝在开国之初往往励精图治、国势向好，但进入中期后就会陷入各种政治、社会甚至边防危机，明朝也不例外。至万历年间，明朝也出现了国匮民穷、政以贿成、边事久废之势。在此背景下，“慨然以天下为己任”的张居正在最高统治者支持下掀起了中国封建社会后期最大的一场改革运动。张居正的改革涉及政治、经济、军事等诸多方面，主要内容包括：政治上，打着“尊主权、课吏职、信赏罚、一号令”旗号整顿吏治，主要举措是推出“考成法”来考核和督促各级官吏，以提高行政效率并强化中央集权，实现令行禁止，确保改革措施的落地和推进。经济上，主要举措是推行“一条鞭法”，以整顿赋役制度、解决财政危机，同时兴修水利发展生产并解决南粮北运问题。军事上，主要内容是“外示羁縻、内修守备”，即一方面通过重用名将、操练兵马、增设城防、修筑长城等加强北方的边境防务，提高军事能力；另一方面则积极寻求改善与北方少数民族各部的关系。张居正的改革虽然也遭到保守势力的反对，但成效显著，不仅极大地促进了农业生产和商品经济发展，扭转了国家财政长期入不敷出、国库空虚的局面，极大地巩固了北方边防，实现了北方边境地区的长期安宁。然而，张居正在位时虽权倾朝野，但死后立即遭到反对派的攻讦，不仅其家人遭到残酷迫害，其大部分改革措施也被废止。此后，明朝也愈发走向沉沦，再无起色。

从上述三次变法的主要内容、成效和结局看，虽然三次变法结局大不相同，但毋庸置疑的是，三次变法在实施期间均取得了明显成效，不同程度地实现了富国强兵或王朝中兴的目标。三次变法迥然不同的结局也充分说明，无论在任何社会，任何以富国强兵为目的的变法，必然会触碰甚至损害既得利益者的利益，从而招致强烈的反对，因而都不会一帆风顺。

二、变法成功的主要经验

中国古代封建王朝之所以在遭遇政治、经济和社会危机之时热衷变法或改革，主要原因是既有的政治和社会治理模式陷入了困境，或面临内忧外患的双重压力，只有通过变法或改革才能解决危机并挽救统治。上述三次变法虽然存在很多差异，但它们在富国强兵方面能够取得不同程度的成效，源于这些变法存在的共性，这些共性也是它们能够取得成功的经验所在。

顺应历史潮流是变法取得成功的时势基础。以商鞅变法为例，商鞅所处的春秋战国之交，正是中国由奴隶社会走向封建社会的大变革期。当时的主要诸侯国，如魏国、楚国、燕国、韩国、赵国、齐国等均在变法图强，并通过变法在不同程度上实现了富国强兵。可以说，通过变法废除奴隶制生产关系并建立新的封建制生产关系，进而建立与之相适应的国家和社会治理模式，才是顺应历史潮流之举。否则，如果一味因循守旧，只会逆历史潮流而动，只会落后于时代，最终陷入被动挨打的局面。与魏国、楚国、燕国、韩国、赵国、齐国等国的变法相比，商鞅变法更全面、更彻底，更有利于促进社会生产力发展，更有利于富国强兵，因此更符合历史发展潮流。这也是秦国通过商鞅变法迅速变强，而其他诸侯国的变法人亡政息的重要原因。王安石变法、张居正变法亦如此。在封建社会，中国古代封建王朝面临的一个顽瘴痼疾便是土地兼并问题，土地兼并不仅加剧贫富差距、激化社会矛盾，还会影响国家财政收入，并引发吏治腐败等问题。可以说，对任何封建王朝而言，只有控制并解决好土地兼并问题，才有可能控制和缓和社会矛盾，才有可能长期维持并延长王朝寿命。无论是王安石变法还是张居正变法，以及清朝雍正年间的摊丁入亩，最重要的一点便是解决土地兼并引发的各种弊端。这不仅有助于发展生产、缓解社会矛盾，也有助于增加国家财政收入。以张居正变法为例，“张居正不顾豪强士绅的阻挠和反对，力排众议，坚持清理丈量全国的土地，结果查出了二亿多亩隐漏的土地，从而严厉打击了豪强地主，扭转了财政亏损”。因此，从生产力发展角度看，王安石变法和张居正变法，均顺应了历史潮流。这也是上述变法得以推行的根本原因。

最高统治者的支持是变法取得成功的关键所在。无论是奴隶社会，还是封建社会，从根本上讲都是人治社会，国家的大政方针和发展走向很大程度上取决于最高统治者的治国理政能力特别是战略决断能力。面对政治、经济和社会危机，如果最高统治者能够锐意进取，果断选贤任能并进行变法改革，方有可能克服危机并实现王朝中兴。如果最高统治者意志消沉、听天由命，甚至贪图享乐、骄奢淫逸，只能加剧王朝的全方面危机。无论是商鞅、王安石还是张居正，以及其他变法倡导者，他们之所以能够在保守势力的强烈反对之下推行变法，首要原因便是他们的变法是为了挽救王朝统治危机、克服内忧外患并富国强兵，符合最高统治者的执政利益，因此得到了最高统治者的认可和支持。以商鞅变法为例，秦孝公之所以坚定不移地支持商鞅变法，根本上讲源于变法前的秦国长期发展缓慢、国力弱小，是各诸侯国鄙视嘲笑的对象，唯有通过根本性的、全方位的变法才能摆脱落后局面。同时，面对齐楚燕韩赵魏等诸侯国纷纷谋求变法之势，如果秦国不思进取，只会拉大与其他诸侯国的差距，进一步陷入被动挨打的困境。因此，秦孝公要想富国强兵，除了变法别无他途。可以说，商鞅能够在秦国推行变法，首先是因为秦孝公有坚定不移的变法图强之志。秦惠文王即位后虽然对商鞅处以极刑，但并没有废除商鞅的变法举措，主要原因是相关变法不仅能够富国强兵，还有助于削弱旧贵族权力、加强国君的权力。王安石变法和张居正变法亦如此，无论是宋神宗还是明神宗及李太后，都有通过变法解救统治危机的迫切需求，因而王安石得到了宋神宗的支持，张居正则得到了明神宗特别是李太后的支持。可以想象，如果没有最高统治者的支持，或遇到因循守旧、不思进取的最高统治者，无论是商鞅、王安石还是张居正，他们的任何变法主张都无法变成实际政策。

依法行事是变法取得成功的法治保障。中国古代的变法革新运动，均非常重视依法行事，认为只有立法分明、赏罚有据才能取信于民，才能让变法成为社会共识。商鞅是“法治”的推崇者，认为只有依靠法治、依法行事才能确保变法取得成功。在变法过程中，商鞅也不断推出各式法令，如颁布《垦草令》，引入并实施魏国李悝的《法经》。同时，有了法还必须坚决执行才能取信于人。在变法过程中，面对太子在保守势力怂恿下带头犯法之事，商鞅则依法“刑其傅公子虔，黥其师公孙贾”，极大地震慑了保守势力，为顺利推行变法扫清了障碍。在此过程中，商鞅还非常重视对法令的宣传和普及，让秦国普通百姓均能知法守法并依法行事，从而起到了统一思想、凝聚共识、减少阻力的作用。此后的王安石变法和张居正变法亦如此。王安石变法的相关举措也是通过法令形式公布实施，如青苗法、农田水利法、方田均税法、均输法、将兵法、保甲法等，然后依法推进相关改革。

选贤任能是顺利推进变法的人才支撑。对任何国家和政府而言，官吏的选拔与任用均是一个重要问题。只有选贤任能，方能带来善治并推进国家治理的进步。否则，如果重用奸佞、吏治腐败，那么必然导致贪官污吏横行，必然会导致国家治理的失败甚至是动乱、垮台。东汉班固就说过："治国之道，本在得贤。得贤则治，失贤则乱。"以商鞅变法为例，商鞅本为卫国人，曾长期在魏国生活，但一直得不到重用。而秦国长期封闭落后，被主要诸侯国视为野蛮之地，各国的士子也极少到秦国去游学，结果是秦国愈加人才凋零。秦孝公上台后，为变法图强，便发布招贤令，派人秘密到各诸侯国搜罗人才，吸引了包括商鞅在内的大批士子。可以想象，如果没有商鞅，秦孝公的奋发图强之志恐怕只能沦为空想，即便秦孝公能够招募到其他力主变法的人才，也很难像商鞅变法一样对秦国的富强产生如此大的推动作用。对此，毛泽东同志曾评论称："商鞅之法，良法也。今试一披吾国四千余年之纪载，而求其利国福民伟大之政治家，商鞅不首屈一指乎？"自商鞅之后，秦国又从中原地区招募到了大批优秀人才，如公孙衍、张义、范雎、李斯等，正是得益于这种不拘一格降人才的人才战略，才为秦国推行变法并一统天下提供了强大的人才支撑。再以王安石变法为例，王安石也非常重视对人才的培养和选拔，推出“贡举法”改革科举制度，选拔有真才实学能够经世致用的人才，推出“三舍法”，整顿太学，坚持择优升级、量才录用，与科举考试形成互补性的人才选拔机制。上述变法革新案例表明，对任何国家或社会而言，改革自强都是一项系统工程，除了需要国家领导人具备巨大的政治勇气、坚定的改革意志，还需要选贤任能、重用人才，才能让改革目标和措施得到贯彻落实。

讲究策略是变法取得成功的重要条件。无论何朝何代，任何变法革新运动都会打破原有的利益分配格局，并冲击甚至损害既得利益者的利益，因而也必然会引发保守势力的反对和阻挠。无论是商鞅变法，还是王安石变法、张居正变法，以及中国古代史上的其他变法革新运动，莫不如此。这就要求变法者既要有坚决推行变法的锐意进取意识，更要在变法过程中讲究策略，以尽可能地减少阻力和障碍。以商鞅变法为例，变法开始之前，商鞅通过“徙木立信”赢得广大民众的信任。为减少阻力，商鞅的变法先从经济入手，通过发布《垦草令》刺激农业生产，然后在此基础上推出魏国李悝的《法经》，并进行其他方面的改革。为赢得秦孝公的信任和支持，商鞅的变法始终以“富国强兵”为口号和目标，与秦孝公的强国之志不谋而合。王安石的变法亦如此。在王安石变法之前，范仲淹的变法在保守势力阻挠和破坏之下很快流产。鉴此，王安石吸取教训，尽可能地减少保守势力及官僚集团的阻力，主要做法便是给官吏普遍加俸、厚禄养廉，让各级官员感受到变法的好处，从而支持或至少不反对王安石的变法。对于反对变法以及老病昏聩、贪污腐化的官员，则安置到闲职上，或调往地方为官，从而减少阻力。在张居正变法中，为获取最高统治者支持，张居正打破明朝惯例，将明神宗的生母李贵妃尊为太后，与嫡母陈皇后一样加以尊称，使得李氏得以凭太后身份迁居乾清宫。此举不但赢得李太后好感，也赢得明神宗认可，从而为张居正在与反对派的斗争中提供了强有力的后盾。同时，张居正还注意与上层其他政治势力搞好关系，如司礼监掌印太监冯保，张居正便积极与其交好以获取支持。结果显而易见，在张居正掌权并推进变法的10年间，冯保“未尝内出一旨，外干一事”，而是“为之左右”、排除各种障碍。

三、变法何以人亡政息

长期以来，对于商鞅变法，尽管商鞅个人以惨遭车裂之刑收场，但史学家一直认为是一次非常成功的变法。对于王安石变法和张居正变法，史学界则颇有争议，一派认为两次变法颇有成效，另一派则认为两次变法均人亡政息，因此算是失败的变法运动。然而，一个不容忽视的事实是，无论是商鞅变法，还是王安石变法和张居正变法，其主要推动和实施者最后均遭到反攻倒算，其人生均以悲剧收场。当然，这种个人悲剧并不能否定相关变法在富国强兵方面的积极作用。商鞅、王安石和张居正的个人悲剧，主要原因并非变法实施者无能，而是其所处的历史条件和时代背景决定了变法者的命运。

历史和时代条件的限制决定了中国古代变法运动的局限性。马克思主义经典作家认为，无论任何社会，人们都不可能超出自己的时代所给予的限制，人们只能在自己的时代条件下进行认识，这些条件达到了什么程度，人们的认识就达到了什么程度。商鞅处于由奴隶社会向封建社会过渡的时期，就当时的时代背景而言，与奴隶社会相比，封建制生产关系无疑是先进的生产关系，代表着当时的人类社会发展方向。因此，商鞅的变法只能根植于这种历史和时代条件之上，这种历史和时代条件决定了商鞅及其同时代社会精英的思想认识，这种思想认识又决定了商鞅变法及其他诸侯国变法的时代局限性。同理，王安石变法与张居正变法亦如此，他们所处的封建社会及相应的生产关系，决定了他们的思想认识，无论他们如何精忠爱国，都不可能产生超越封建制生产关系的思想认识，这从根本上决定了他们的变法必然是对封建社会相关生产关系的修修补补，而不是彻底的、根本性的大变革。

中国古代变法运动的阶级属性决定了人心向背。马克思和恩格斯在创立马克思主义理论的过程中，坚持认为统治阶级的思想在任何一个时代都是占统治地位的思想。无论是商鞅变法，还是王安石变法、张居正变法，虽然相关变法在实施过程中促进了社会生产力发展，在某种程度上也减轻了民众负担、改善了民众的生活，但相关变法的根本目的并不是“富民”，而是发展生产、富国强兵或革除积弊、实现王朝中兴。这种阶级属性决定了相关变法的利益导向，即服务于最高统治者维护统治、富国强兵的野心，而非满足普通民众的利益需求。以王安石变法为例，批评者便认为王安石所谓的“理财”，不过是在利益分配方面的损下益上，是通过盘剥商人、地主和农民的利益来充实国家财政。这种利益属性决定了人心向背，王安石的变法必然无法获得普通民众的支持。虽然商鞅在变法过程中注重进行普法宣传，但其目的在于让老百姓知法懂法并守法，而不是让普通民众成为变法的主体和参与者。因此，在上述三次著名的变法过程中，生活在社会底层的普通民众注定没有发言权，注定只能是看客，无论变法成功与否，都不是普通民众有权利参与并决定的事务。因此，这种变法，特别是王安石变法和张居正变法，注定难以获得最广大普通民众的认可和支持。

急功近利的变法带来难以忽视的副作用。对于商鞅变法的成功，史学界有多种解释。有学者认为，“速效性是商鞅变法成功的一个重要原因和特点，其根源在于极端贯彻运用了‘利出一孔’

思想。在国家掌控所有生存资源的前提下，秦国统治者遏制并关闭所有个人生存通道或空间，仅把‘农战’作为民众唯一的生存‘孔道’，因此能快速集中国家肌体上每一个细胞的力量，驱动全民为兼并战争、统一中国效力。这对秦国暴兴功不可没，同时，也由于其缺乏制度弹性、悖逆人情等副作用，给秦朝暴亡埋下了重大隐患”。可以说，商鞅变法虽然为秦国短期内迅速变强提供了强大的加速度，但这种急功近利的变法却产生了不容忽视的副作用，其严刑酷法为秦朝二世而亡埋下了隐患。王安石变法亦如此。王安石内心明白变法“缓而图之，则为大利。急而成之，则为大害”，但在变法过程中却操之过急，短短几年内将十几项改革全面铺开，结果欲速则不达，引发保守势力的强烈反弹。宋神宗一死，高太后垂帘听政，启用司马光为宰相，开始“恢复祖宗旧制”，王安石的大部分变法举措被废除。

封建社会的人治本质决定了变法人亡政息的命运。如前所述，上述三次变法之所以能够得到实施，很重要的原因是商鞅、王安石、张居正分别得到了各自最高统治者的支持。然而，封建社会从本质上讲属于人治社会，“政以人举”的结果必然是人亡政息。商鞅变法的主要内容虽然在秦惠文王继位后得以延续，但变法主角商鞅却遭到了反攻倒算。王安石的变法得益于宋神宗的支持，宋神宗态度的摇摆导致变法举步维艰，宋神宗死后则几乎全部被废除。张居正的变法亦如此，张居正变法之初，明神宗年幼，事事听从李太后及张居正，使张居正得以大权在握，强势推行其变法主张。伴随明神宗长大成人，其与张居正的权力和政见之争导致明神宗对张居正日渐不满。结果是，张居正死后，不仅其亲属遭到迫害，其力推的变法举措除了“一条鞭法”外也几乎全部被废。这种人亡政息的案例在中国古代史上不胜枚举，其他的变法革新运动，如管仲改革、吴起变法、北魏孝文帝改革等，亦大多人亡政息。凡此表明，在中国封建社会，除了商鞅变法等少数得到继任统治者支持的变法运动，大多数变法革新举动，如果缺乏长效保障机制，其结果必然是人亡政息，甚至是昙花一现。

日本明治维新的得与失

明治维新距今已经 100 多年，对日本和世界产生了巨大而深远的影响。对日本而言，它是一场政治经济社会大变革，深度、速度、广度前所未有，使日本国力迅速增长，成为世界列强之一，同时也埋下了军国主义祸根。对世界而言，明治维新的成就激发了落后国家探索变革发展之路，同时也刺激了日本对外侵略扩张的野心，给很多国家带来深重灾难。直到今天，人们仍然会感到不可思议，日本这样一个国土不大、人口不多、资源匮乏的国家为什么能在这么短的时间内崛起为世界强国，又拥有如此巨大的破坏力？回顾明治维新的历史，可以从法治成就之中寻找答案。从法治和改革的关系看，法治能够引领、推动改革，固化改革成果，为改革提供保障。明治政府以富国强兵为第一要务，为实现这一目标制定出台了一系列法律制度，涵盖政治、经济、军事、教育等重要方面，考察这些法律制度的内容及成效有助于理解明治维新成功的秘诀以及失败之处。本节首先概述明治维新前日本面临的国内外形势，然后从建立统一的中央集权国家、发展资本主义、建立强大军队、普及义务教育四个方面阐述相关法律制度的内容及效果，最后综合分析明治维新的得与失。

一、明治维新前日本的衰败

明治维新前的日本面临内忧外患，统治阶级和被统治阶级的矛盾激化，统治阶级内部对立严重，国家陷入危机之中；西方列强压境，强迫日本打开国门，国家面临沦为半殖民地的风险。针对幕府与西方列强签署不平等条约以及对列强的妥协退让，日本全国各地打出“尊王攘夷”口号，即尊崇天皇，驱逐列强势力。当时，强藩内部分成两派，一派是保守派，主张维持与幕府的关系，推动幕府对抗西方列强，另一派是改革派，主张打倒幕府后再驱逐西方势力。两派斗争激烈，最终改革派获胜，掌握了藩内实权。1866 年，萨摩藩和长州藩结成倒幕同盟。1867 年，萨摩藩和土佐藩就武装倒幕缔结密约。在强藩的带头之下，一些藩陆续加入倒幕行动，同时行动获得农民和城市无产者支持，势力不断壮大，1867 年 11 月迫使幕府将军将政权交还天皇（大政奉还），1868 年 1 月击败幕府军队，宣布王政复古、废除将军制，成立新政府。摆在新政府面前最紧迫的任务是废除不平等条约，化解沦为半殖民地的风险。为此，最根本的是增强国力，争取与列强平等的地位。作为落后的以农业为主的封建割据国家，日本要在短期内崛起，只能走一条不同寻常的道路。

二、明治维新的主要举措

明治政府成立之初，各藩依旧存在，拥有很大独立性，妨碍政府施政。因此，明治政府的首要任务是打破现有政治格局，建立一套贯穿中央和地方的行政体系，使政令能顺利到达最小的行政单位并被执行。

（一）建立天皇领导下的中央政府并不断完善

1869 年天皇发布《职员令》，设立太政官制度，太政官由左大臣、右大臣、大纳言、参议构成，下设民部、大藏、兵部、刑部、宫内、外务六省，建立中央政府的基本框架。1885 年发布“太政官达第 69 号”，废除太政官制度，建立内阁制度，设立首相、各省大臣组成的内阁，直属天皇，将军事以外的权力集中于内阁；首相作为各省大臣的“首班”辅佐“大政”（天皇执政），拥有对各省大臣非常大的统帅权，各省大臣作为国务大臣单独辅佐天皇、处理国政；负责皇室事务的宫内省从内阁分离，在官制上将皇室事务与国务分开。宫内大臣处于内阁之外，辅佐天皇处理宫中事务。此举目的在于防止宫内省干预政治，让内阁负起政治责任并防止责任扩展至宫廷。宫中（家政）、府中（国政）分离是国家近代化的重要标志。在此前的江户时期，各藩政府不但要处理藩财政还要处理大名的家庭财政，一旦藩财政困难，大名家庭财政也陷入困境。此外，专门设置内大臣，既不隶属内阁也不隶属宫内省，负责掌管国家印玺和天皇印玺，常伴天皇左右。1889 年，日本改革内阁制度，废除了内阁职权，制定了内阁官制，主要目的是削减首相的权限，让首相及各省大臣之间相互牵制。形式上首相“保持行政各部统一的首班”，对于法律和一般行政事务“敕令”，首相与主管大臣一同签署，但对于专属各省的行政事务“敕令”，首相无权签署，由主管大臣单独签署。这导致首相缺乏对内阁的统率力，各省可以自行其事，客观上增强了天皇的统率权。

（二）建立地方行政机构

1871 年废藩置县后，日本先后发布《府县官制》《县治条例》，在县级（相当于中国的省级）层面设知事、权知事、参事、权参事等官职（县知事随后称县令，一段时间后又改回县知事），规定县令掌握地方统治的全部权限。县以下层面，1871 年施行《户籍法》，1872 年开始制作户籍簿，为此地方上原有町、村被合并成区，各区设户长、副户长管理户籍事务，另设区长、副区长，管理行政事务。1878年发布《郡区町村编制法》，在县以下地区设郡、区、町、村四种行政单位。

（三）清理身份制

江户时代，日本全国主要有士、农、工、商四种身份以及“非人”（乞丐等无业游民）、“秽多”（从事清扫、丧葬、处理牛马尸体等职业的人）等受歧视的“贱民”身份，每种身份世袭，不同身份之间不能通婚，在职业和日常生活上有不同限制。废除这种身份制可以激发民众的力量。新政府的军队（政府军）与幕府军队作战时，得到民众广泛支持，很多人主动提供幕府军队的情报，大量民众加入新政府军队，或在幕府军队控制的地区造反、打游击。土佐藩领袖板垣退助看到民众的力量，感叹道：“只有通过四民平等实现全民团结一心才能使日本变得强大。”1871—1872年，明治政府发布《户籍法》等一系列法律制度，清理身份制，“贱民”成为平民，全国形成天皇、皇族（天皇家族）、华族（原来的藩主）、士族（原来各藩的武士）、平民五种身份，撤销身份对职业、迁徙的限制，可相互通婚，日常生活不受身份限制，平民也可成为官吏、军官，但需要承担兵役、赋税。

（四）加强中央对地方的控制

1873年设立内务省，在全国建立中央集权的警察体系。明治政府认为，建立强大帝权必须先壮大警察力量。除抓捕罪犯的司法警察外，还设置了行政警察，密切监视民众日常生活，从道路上大小便到家里大扫除，无所不包。1907 年修订内阁官制，扩大首相对内阁的权限，同时明确规定首相对警视总监、地方长官具有指挥、监督权。1911 年市制町村制全面修订，一方面在制度上保障地方上的名门望族的支配地位，另一方面，市长、町长、村长成为拥有独立任期的官员，并加强内务省等中央部门对他们的监督权，市町村更多地承接中央政府的委托管理事务，强化了其作为中央政府派出机构的性质，也意味着中央政府通过官僚制度强化了对地方民众的统治。

（五）制定对官员的管理制度

1886 年发布《各省官制通则》《地方官官制》，明确官员的称呼和职权。《地方官官制》规定，府知事、县令统称知事，领导辖区内的警察。1887 年发布《文官考试试补及见习规则》《官吏服务纪律》，建立了官员的录用、培训制度。《官吏服务纪律》的核心是要求官吏具备对天皇、政府的服务精神，规定官吏必须遵守命令，禁止贪污受贿，禁止担任主管或管理人员，禁止接受工资以外的报酬，禁止官吏家属从事商业等。这些规定有助于保持政府官员对地主、资本家的相对独立性。

（六）制定宪法，建立立宪国家

宪法制定之前，伊藤博文赴欧洲调查各国宪法，重点学习君主权力大、议会权力小的《普鲁士宪法》。回国后，伊藤与井上毅、伊东巳代治、金子坚太郎等以《普鲁士宪法》为范本起草了

《大日本帝国宪法》(以下称《明治宪法》),1889年公布。《明治宪法》规定,"大日本帝国由万世一系之天皇统治","天皇神圣不可侵犯","天皇为国家元首,总揽统治权",行使立法权(包括批准法律、召集议会、发布代法律之敕令),任免文武官员,统帅陆海军,宣战议和缔约,宣布戒严;设立帝国议会,由贵族院、众议院组成,前者由皇族、华族及被敕任之议员组成,后者由公选议员组成,"凡法律须经帝国议会通过";国务大臣辅佐天皇而负其责任,凡法律、敕令及有关国务之敕诏须有国务大臣签署;司法权由法院以天皇名义依法律行使;"新课租税及变更税率应以法律规定之",国家财政收入支出须经议会通过,预算案应先在众议院提出;民众可就任文武官员及其他职务,有服兵役和纳税的义务,"所有权不得侵犯",享有居住与迁徙、信教、言论出版集会结社自由。

《明治宪法》对此前的法律制度、改革措施进行了重新规定和确认,标志着近代日本政治制度的基本确立。该法对统治者的权力进行了明确规定,同时在一定程度上保障民众的权利,向西方列强传递日本从封建专制国家转变为近代立宪国家的信号。法律极大巩固了天皇领导下的中央集权,有利于集中全国力量推动国家发展,但也存在消极方面。一是天皇拥有立法权和实质上的行政权,有利于国家统一和政令贯彻,但助长独裁。议会只负责审议和表决法案,但即使表决通过,仍需要经过枢密院审议,经天皇批准才能成为法律。天皇可通过敕令、紧急敕令等方式不通过议会直接制定法律。内阁与所有官吏是天皇的内阁与官吏，只对天皇负责，对议会和民众不负任何责任。理论上天皇施政几乎不受约束，可以按照自己意志左右议会和政府。二是行政权优于立法权和司法权，有利于政府施政，但不利于监督。该法规定，议会可以就法案向政府提意见，但政府可以不采纳；既定财政支出及政府有义务的财政支出，无政府同意，议会不得废除或削减；因行政部门违法处分使其权利受到伤害的诉讼，由行政法院审理，不在司法法院受理范围。可以说，政府在施政时无需特别考虑议会意见，也无需特别顾忌是否违法，政府施政不可避免产生随意性。三是对课税、预算的权限和程序作了规定，有利于经济发展和国家财政健全，但设置了例外。该法规定，超过预算之款项或于预算之外另有支出时，须于日后征得议会同意；在议会未议定预算或未能通过预算时，政府应实行前一年度预算。但是，发行国债、皇室定额经费无需经议会审议，政府为避免预算不足可设预备费。政府在财政上的过分自由可能导致巨额赤字。四是保障民众部分权利，但加以严格限制。该法设专章规定民众享有的权利，但同时每项权利都有附加条件，即“于法律规定情况之外”或“在法律规定范围内”，而且规定“本章所列条款于战时或国家发生事变时，不妨碍天皇大权之施行”，暗示必要时天皇可限制民众的自由。上述限制有利于政府根据施政需要制定法律限制民众行使权利。

除上述加强中央集权的举措外，为壮大国家实力，明治政府采取了一系列发展资本主义的政策，制定了一整套法律制度。资本主义的发展一般需要具备劳动力、资本、资源、市场等条件，明治政府把重点放在积累和扩张资本上。明治政府首先着手的是统一货币和建立国内统一市场。当时市场上流通着金、银、铜、铁等金属货币，不仅纯度各异，而且兑换率极其复杂，各地还有自己发行的纸币。1871 年，明治政府发布《新货条例》，规定以日元为基本货币单位，1 日元等于 100 钱，1 钱等于 10 厘；以金币为主币（币值为 20 日元、10 日元、5 日元、2 日元、1 日元），以银币（币值为 50 钱、20 钱、10 钱、5 钱）和铜币（币值为 1 钱、半钱、1 厘）为辅币。同时，明治政府设置通商司，鼓励贸易，统一并保护全国金融业务，废除现有关卡，禁止设立新关卡，建设航道、港口，打破行会垄断，建立了统一的国内市场。大阪、京都、东京、横滨、神户成为商业中心，全部由政府掌握。这些措施大大促进了商品生产和流通，出口额迅速增长，1869 年为 1291 万日元，1870 年为 1454 万日元，1871 年增加到 1797 万日元。

在此基础上，明治政府以地租为切入点建立稳定的国家财政。当时，地租约占国家财政收入的 80%，确保能持续收取地租是建立稳定的国家财政的关键，也是富国强兵的经济基础。版籍奉还之后，明治政府控制了全国的土地和人口，1871 年承认农民有耕种田地、以现金缴纳地租的自由，1872年向土地所有者颁发地券（土地所有权证明），记载姓名、土地面积、土地价格，允许土地自由买卖。1873年发布《地租改正条例》，主要内容为：以土地买卖价格为标准确定地租；以现金征收地租；税率为地价的3%；附加地租的三分之一作为村提留；向土地所有者征收地租，不论其是否实际耕种。《地租改正条例》在全国范围统一了收租方法，农民私藏的小块土地也要交租，意味着将所有土地纳入收租范围；将原来的实物地租改为货币地租，无论丰收或歉收都可以收取同等金额的地租。

该条例还促进了日本商品经济发展，催生了更多地主和资本家，将更多人转变为出卖劳动力的无产者。地租货币化使农业更深地卷入到商品流通的漩涡中，承认土地所有权为资本、工资劳动的产生提供了条件。地租改正并未减轻农民负担，以租种土地的农民为例，收入的三分之一交给国家、村里，三分之一交给地主，剩下的三分之一归租户自己。大部分收入被拿走了，与改革前相比没有显著变化。而且地租下降的速度非常缓慢，条例规定，茶叶、烟草、木材等物品税带来的国家财政收入达到200万日元以上时，会将地租下降到地价的1%。尽管这些物品税很快就达到了征收目标，但直到1877年，地租仍为地价的2.5%。土地自由买卖后，失去土地的农民成为出卖劳动力的工人，加之身份制度改革使“贱民”从原来的职业中摆脱出来自由流动，社会上出现了大量劳动力。另外，1875年，明治政府实施“秩禄处分”，停止向华族、士族支付俸禄，改为给予公债。华族和少数高收入士族用公债购买土地，成为地主，或投资产业成为资本家。多数士族拥有的公债不多，很快就被资本家收入囊中，自己也转变成出卖劳动力的无产者。明治政府还发布《劝业银行法》《农工银行法》，鼓励地主将收取的地租投资到农业以外领域。

为增加财政收入，1873 年，明治政府仿效西班牙等国的《矿业法》制定了日本第一个矿业法——《日本坑法》。该法规定国家拥有一切矿山的采掘权，一方面把原来各藩经营的矿山收归国有，另一方面使外国资本放弃投资矿山。政府将回收的矿山交由财阀经营，例如让住友经营日本最大铜矿别子铜矿。财阀大多由江户时代末期的商业资本家转变而来，明治政府与财阀的关系非常密切。倒幕运动在讨伐幕府势力、建立新政府过程中得到了财阀的巨大支持。三井、岛田、小野等财阀借给新政府巨款，并从新政府购买大量国债，使军费及政府财政得到保障。这些财阀在全国很多地方都有金融据点，希望建设稳定的统一政权，扩大生意规模。新政府统一全国后，在建设统一的国内市场、发展贸易的过程中，与财阀的关系更加密切，三井、鸿池、住友等财阀成为商品经济的主导势力，也成为明治政府的重要支柱。

为帮助企业筹措资金，1872 年，在伊藤博文建议下，明治政府参照美国《国家银行法》制定了《国立银行条例》，批准大商业资本家、富豪、大地主在一定条件下设立有权发行纸币的银行。三井组和小野组联合设立了第一家银行，即第一国立银行，此后大财阀在全国各地陆续设立银行，到1879年达到153家。

为促进全国经济发展，明治政府优先发展官营企业或国家保护下的财阀企业。官营企业以铁路、电信、电话、矿山为主，财阀企业以银行、工厂、船务、商业公司为主，对于经营不善的官营企业（主要是矿山、纺织厂、造船厂），明治政府1880年制定《工厂处理概则》，将这些企业出售给三井、三菱、住友等财阀。明治政府还鼓励发展特定产业，尤其是海运、铁路。1892年，公布《铁路铺设法》，设立铁路会议，军部代表加入，首任会议主席由参谋次长担任。在决定路线建设时，会议首先考虑其军事意义。1896年，公布《航海奖励法》《造船奖励法》，对一级大汽船（战时可改造为巡洋舰）给予奖金。

据统计，1884年底至1890年底，日本全国所有注册公司的资本金总额从1340万日元迅速增加到1.89亿日元。从产业发展情况看，商业、金融、运输业远比农业、工业、矿业发达，尤其是金融业异常发达；官营军工业接近国际水平，但产业机械工具的生产水平低下。

明治政府在强兵方面也采取了很多举措。江户时代，日本没有隶属国家的统一的军队，幕府有自己的军队，各藩也有自己的军队。打仗时，幕府需要向各藩下令派军队，有些藩仅派少量兵，有些藩甚至拒绝派兵。例如，江户末期幕府要求派兵讨伐长州，但遭到萨摩藩拒绝。即使一些藩派兵，由于不同的藩在军事用语、军事装备上差异较大，这些兵又从未一起训练，作战时往往难以统一指挥。明治时期，建立一支全国统一的常备军成为当务之急。明治政府首先要求萨摩、长州、土佐合计派出士兵组成政府军，在此基础上，1873 年实施《征兵令》，在全国范围征兵，满 20 岁男子都有义务服 3 年兵役，之后再服 4 年后备役，免除官吏、学生、独子、独孙兵役，建立常备军。为防止出现其他武装力量，1876 年发布《废刀令》，规定除身穿礼服者、执勤时的军人和警察以外，任何人不准随身带刀。随身带刀是武士的身份象征和特权，该法令意味着正式取消武士这一身份，武士彻底转变成平民。1883 年制定《陆军治罪法》，规定军人犯罪由军事法庭审判。1889 年，为扩大军队规模，明治政府修订《征兵令》，规定满 20 岁男子服完 3 年兵役后服 3 年预备役，再服 4 年后备役，废除免役制度，同时规定中学以上毕业生设立 1 年志愿兵制，师范学校毕业生设立 6 个月短期现役制。前者的目的是"增加预备役军官以便战时增加兵力并向社会中坚灌输军队精神"，后者的目的是"期待小学老师作为连接军队与国民教育的桥梁"。

为优先发展军队，日本军方制定法律制度使其独立于政府并且地位高于政府。1873 年制定《陆军省职制》和《陆军省条例》规定"陆军卿（陆军最高长官）由将官担任"。1878 年设立参谋本部，负责用兵、作战，规定“以将官为长，直属天皇”，不允许政府过问，但可直接向政府所属陆军省下令，并通过陆军省干预政府工作。参谋本部的设立为统帅权独立开辟了道路。1900年建立军部大臣现役武官制，即海军大臣、陆军大臣必须由现役军人出任。如果军部不推荐现役军人出任海军大臣、陆军大臣，内阁将难以成立。这导致日本军部的影响力大增，可以决定内阁生死。1907年，时任首相伊藤博文制定《公式令》与之对抗，其主要内容是，对属于各省主管的行政事务“敕令”，需要由首相和主管大臣共同签署，例如，军事“敕令”（军令）需要陆军大臣或海军大臣与首相共同签署才有效。《公式令》遭到山县有朋为首的军部的强烈反对，天皇担心损害自己的裁量权也表示反对。最终，两派妥协，在《公式令》中加入军令，军令无需首相签署，只需陆军大臣或海军大臣签署即可生效，其他事务“敕令”需要首相和主管大臣联合签署。修订后的《公式令》标志着日本在法律上形成了国家权力结构的二元化，即政府与军部。军部将该内容作为军令第一号向全国发布。军令第一号和之前设立的参谋本部一起使军队统帅权独立于内阁（政府），由军部自己掌控。1882年，天皇颁布《军人敕谕》，要求全体军人遵从。主要内容包括：军人当以尽忠尽节为本分，军人须以礼仪为重，军人当尚武勇，军人当以信义为重，军人应以质朴为宗旨。其实质是要求军人效忠天皇，服从上司，勇猛作战，严以律己。在1945年日本战败前，军队一直要求所有军人背诵《军人敕谕》，将其作为整肃军纪的法宝。《军人敕谕》的颁布为日本军国主义的发展奠定了广泛而坚实的思想基础。

为保障军费，明治政府制定法律以持续增税。以日俄战争为例，战争期间明治政府制定税法，在地方税中加入国税附加税，成为地方税的主要部分，明治政府宣称是临时增税，但却一直持续到 1940 年。

为提高民众整体素质，明治政府重视教育领域的法治建设。1872 年，明治政府仿效法国制定《学制》，1873 年施行。主要内容：6 岁以上儿童，无论男女，都必须上学；在学校学习相同内容；将全国分成 8 个大学区，分别设立 1 所大学，每个大学区分成 32 个中学区，分别设立 8 所中学，每个中学区设立 210 个小学区，分别设立 256 所小学；小学的教学内容和运营方式由市区町村决定，中学的教学内容和运营方式由县决定；学校的建设维护运营经费由村民负担，学费由家长负担。《学制》最大意义在于让小孩（包括女孩）上学成为父母的义务。《学制》在全国整齐划一地划定学区，并让学区和家长自行解决经费，但未考虑各地实际情况，导致实施中出现很多问题，实际设立的小学数量只有目标数量的 30% 左右。1879 年，明治政府发布《教育令》取代《学制》，废除学区制，以町村为单位设立小学，缩短学习年限，批准资金缺乏地区聘请巡回教员教学。其结果是小学就学率下降，一些地方为节省经费停办学校。为此，1880年政府修订《教育令》，规定县级公立学校的设立和停办需经文部卿（相当于教育部部长）批准，町村级公立学校及私立学校的设立和停办需经县级行政长官批准；各町村必须单独或联合设立至少1所小学；町村级学校教员由县级行政长官任免；小学必须至少学习3年；将修身作为小学的首要学科。

随着政府对学校运营的干预增多，对教学内容的管控也逐渐收紧。1881年，明治政府发布《教育令施行规则》，规定“教育的唯一目的是激发尊王爱国志气”，并以天皇名义下达教学大纲，规定以“灌输儒家道德”为中心任务。1886年修改教育制度，将国家主义、天皇主义教育贯穿小学至大学全体系。同年发布《小学令》，规定教科书需经文部大臣审定。1890年，发布《教育敕语》，要求小学在庆典时朗诵。主要内容：日本国体的精华在于忠孝二字，这也是教育之本，臣民应孝敬父母、兄弟友好、夫妇和睦、朋友互信、恭俭持己、博爱及众、修学习业、进广公益，开世务，重国宪，遵国法，“一旦缓急则义勇奉公以扶翼天壤无穷之皇运”，这样才是忠良臣民。其实质是将一切道德生活都统一到战争发生时为天皇勇敢战斗，永远守护天皇之运。1900年起，明治政府逐步加大对小学教育的资助，一方面发布《市町村立小学教育费国库补助法》，教师的部分工资由国家补助；另一方面修订《小学令》，规定不征收学费。其目的是“培养忠勇信义的

> 身着欧洲服饰的东京音乐学院学生

国民，发展产业，巩固国力增值的根本”。日本政府还从中国获得的赔款中拿出1000万日元设立教育基金，作为改善小学教育费用。从小学实际入学率看，1876年为29%，1887年为30.2%，1888年以后随着国家加大强制力度和经济的发展，逐渐上升，1896年达到52%。国家加大资助力度后，1900年起小学实际入学率进入快速上升期，1905年达到86.9%。

三、明治维新的效果与缺陷

明治维新制定的法律制度具有以下几个特点：效仿西方法律制度；注重国家的统一；建立和巩固天皇在政治和军事上的最高领导地位；政府与财阀相互扶持；政府以发展经济和军力为两大要务；对军人和民众进行严厉的思想控制，要求忠于天皇，在战时勇于为天皇（国家）献身。概括起来就是，建立统一国家，强化统一权力，由上至下推进近代化。统一国家形成的另一面是军国主义转化为帝国主义，发展工业化、资本主义的另一面是以地主制为基底的军事资本主义，军队建设与义务教育普及的另一面是军队和教育成为日本帝国主义的支柱。

明治维新对内对外都具有得和失两方面效果。对内，一方面促进了生产力和人民文化素质提高，提升了军力，中央政府对地方、人民的控制增强；另一方面，军部主导国家政治，产生大批财阀，占有庞大垄断资本，军部与财阀勾结，左右国家发展方向。对外，一方面，日本摆脱了沦为西方列强殖民地或半殖民地的命运。1889 年，日本与美国、俄罗斯、德国等国对此前签署的不平等条约进行修订，取消了治外法权。1911 年恢复关税自主权，国家完全独立。另一方面，日本成为亚洲唯一的帝国主义国家，开始对外侵略，走上了掠夺式发展道路。这条以侵略扩张为底色的强国之路，虽然在强国方面作用显著，但注定是逆历史潮流而动，因此缺乏可持续性，其终点只能是日本的战败投降。

苏（俄）修法的成与败

古古希腊哲学家亚里士多德在《政治学》一书中这样讲述法治："法治应当包括两种含义：已成立的法律获得普遍的服从，而大家所服从的法律又应该本身是制定得良好的法律。”换言之，法治是良法与善治的有机结合，二者相辅相成，缺一不可。法律具有时代性，不是一成不变的。在国家进入新的历史时期或进行改革的重要关头，法律要进行相应的调整，以适应新的发展任务。作为根本大法，宪法的修订是促进法治完善的题中应有之义。宪法的修订应该以确立良法为目标，以期更好地发挥引领、规范、推动、保障作用，为国家的改革发展保驾护航。

20 世纪 80 年代后期，苏联掀起改革狂潮。在改革进程中，苏联人民代表大会将宪法修订得面目全非，剥夺了苏共的执政党地位，改变了国家的政治和经济制度。然而，改革和修宪未能扶大厦之将倾。仅仅第二年，这个曾经雄霸欧亚大陆 69 年的超级大国轰然解体。30 年后，普京治下的俄罗斯 1993 年宪法进行了大幅修改。此次修宪巩固了普京治下的俄罗斯国家体制，为俄罗斯的下一步发展制定了纲要。

一、修宪与苏共地位之变

自苏维埃政权建立以来，苏联（苏俄）一共制定过四部宪法。1918 年 7 月，俄罗斯苏维埃联邦社会主义共和国颁布了世界上第一部社会主义类型的宪法《俄罗斯苏维埃联邦社会主义共和国宪法（根本法）》，规定俄国为工兵农代表苏维埃共和国，指出中央和地方全部政权均归苏维埃掌握，并确立了社会主义发展方向和建设共产主义的宏伟目标。苏联成立之后，于1924年制定了首部宪法，确定了国家体制、选举制度等基本内容。在斯大林领导苏联完成社会主义工业化和农业集体化之后，颁布了1936年宪法，肯定了社会主义建设的成就及由此带来的政治和经济的根本变化，明确苏联是工农社会主义国家，政治基础是劳动者代表苏维埃，经济基础是社会主义所有制。其中，第126条规定，联共（布）是“领导人民一切国家机关和社会组织的领导核心”。这样就以根本法的形式使苏联共产党[1]的领导地位得到了确认和保护。勃列日涅夫时期，苏联以1977年宪法宣告建成“发达的社会主义社会”。该宪法继承了前部宪法的基本原则，对经济制度、公民基本权利、国家结构形式等进行了调整，并重申苏共的领导核心作用。其第六条指出：“苏共是苏联社会的领导力量和指导力量，是苏联社会政治制度、国家和社会组织的核心。苏共为人民存在，为人民服务。苏共以马克思列宁主义学说为武装，确定社会发展的总前景和苏联内外政策路线，领导苏联人民进行伟大的创造性活动，使苏联人民争取共产主义胜利的斗争具有计划性，有科学依据。各级党组织都在苏联宪法范围内进行活动。”

1977年宪法第六条明确了苏共的领导核心地位，为苏共长期执政提供了法律和政治保障。如果说苏共犹如苏联大厦的支柱，

---

1 联共（布）1952年更名为苏联共产党，简称“苏共”。

那么第六条就是苏联政治体制的顶梁柱。四部宪法贯穿苏联社会主义建设的各个时期，虽然随着国家发展不断调整，但基本思想和原则一脉相承，国家的根本性质、根本道路和根本制度从未改变。

20 世纪 80 年代中期，苏联陷入了深刻的政治和经济危机。戈尔巴乔夫先是着手进行经济改革。由于经济改革进展艰难，戈尔巴乔夫将改革的重点转向政治体制。他沉醉于西方民主幻想，谋求通过改革跻身西方文明世界。短短几年之内，苏联社会思想彻底转向，苏共在民主派的猛烈攻击中摇摇欲坠，改革方向逐渐失控，目标从完善社会主义转变为否定社会主义，建立新的制度。

1988 年 6 月，戈尔巴乔夫在苏共第十九次代表大会上提出区分党政部门职能的建议，认为宪法应详细规定所有最高权力机关的相互关系细则，并要求将一切权力转移到苏维埃。其实质是把国家权力中心从党的机关转移到苏维埃国家机关。这些改革主张触动了苏共领导地位、苏联政权运行方式等根本原则，修改宪法顺理成章。当年 12 月，苏联最高苏维埃通过了苏联宪法修正案，规定设立苏联人民代表大会为苏联最高国家权力机关，由 2250 名人民代表组成。最高苏维埃由苏联人民代表大会选举产生，是苏联国家权力机关的常设机关，向苏联人民代表大会报告工作。所有国家机关都要对人民代表大会负责，所有官员任命都必须经过最高苏维埃的批准。

从选举人民代表开始，苏共对局势的掌控日渐衰落。1989年3月，苏联完成首次人民代表大会选举工作。苏共党员虽占据87%的多数，但党内叶利钦、阿法纳西耶夫、索布恰克等激进民主派，以及著名的持不同政见者萨哈罗夫等大量批判社会主义制度的代表进入人民代表大会。他们激烈抨击政治制度，不仅使苏共中央失去了对立法权和最高决策权的控制，而且点燃了人民对苏共的不满和对变革的热情。俄罗斯科学院院士、社会大学校长茹科夫不禁哀叹，“党的领导人没有利用良机，让赞成苏共理想并拥护社会主义制度的人当选”，“在后来参加选举包括选举取胜的那些人，都是放弃了社会主义信仰的人”。

政治斗争焦点逐渐转移到宪法第六条。1989年5月，萨哈罗夫在首次苏联人民代表大会激烈陈词，要求将讨论、修改宪法第六条列入议程。他的倡议并未获得支持。7月，萨哈罗夫、叶利钦、阿法纳西耶夫、波波夫等民主派头目联合起来，成立了苏联第一个议会反对派——跨地区议员团，要求彻底摧毁苏联的政治制度，实现多党制。12月，苏联第二次人民代表大会再次否决了讨论第六条的建议。在议会斗争之余，民主派“走向人民”，转向街头斗争。在“民主化”“公开性”的幌子下，各类非政府组织不断涌现，讲述“看上去很美”的西方民主和自由，揭露苏联体制之过。人民对改革的耐心消磨殆尽，集会、游行连绵不绝。1990年2月4日，就在苏共中央全会召开的前一天，跨地区议员团煽动 30 万人走上莫斯科街头，引发苏联史上规模最大的抗议声浪。示威人群振臂高呼，要求取消苏共领导地位，实行多党制。

内外压力之下，戈尔巴乔夫等党内高级干部的态度发生变化，苏共对政治改革方向基本形成共识。1990 年初，戈尔巴乔夫正式提出了取消宪法第六条和放弃苏共领导地位的主张。他在苏共中央会议上表示，“党的地位不应当依靠宪法来强行合法化”。3 月，苏共召开中央全会，迅速确定了民主化与政治多元化原则，通过决议向苏联人民代表大会提出修改宪法的建议，要求取消苏共领导地位，建立多党制，并引入苏联总统一职。3 月 14 日，苏联第三次人民代表大会按照苏共中央的建议通过决议，决定实行党政分离和总统制。宪法修正案将第六条改为“苏联共产党、其他政党以及工会、共青团、其他社会团体和群众运动，通过入选人民代表大会的代表，并以其他形式参与制定苏联国家政策，管理国家和社会事务”。同时，宪法第五十一条规定，苏联公民有权结成政党、社会团体，参加有助于发挥政治积极性和主动性、满足其多种利益的群众运动。此外，宪法增加了“苏联总统”一章，规定苏联总统是国家元首，拥有至高无上的权力。修宪之后，苏联在法律上完成了政治体制的转变，从一党制转为多党制，并开始实行总统制。苏共在法律上的领导地位被废除，从唯一的执政党转变为与其他党派和社会团体同等地位的普通议会党，不再是政治体制的核心。

二、修宪引发的全方位危机

“戈尔巴乔夫”宪法出炉之后，很多看似不可动摇的原则发生了变化，苏联的政治和经济体制变革成为宪法原则，改革方向更难调转。在极短的时间内，苏联受到政治多元化、多党制、议会制、总统制等新概念的接连冲击，国家根基被彻底颠覆，为党和国家的悲剧性结局埋下了巨大隐患。

从政体上看，苏联改行总统制，实现了党政分离，最高苏维埃从苏联最高的国家权力机关和立法机关降格为由人民代表大会选举产生的常设立法机关，国家的最高权力从最高苏维埃主席团的领导集体转移到总统手中。作为国家元首，苏联总统享有提名政府要员、签署法律、宣布实行紧急状态等广泛权力。苏共中央失去了高于行政和立法机构的政治地位，丧失了法定领导权和实际领导权，只是暂时处于执政地位的议会政党。同时，总统是苏联武装力量的最高统帅，有权任命和撤销军队高级指挥员。这在法律上剥夺了苏共领导和指挥苏联军队的权力，动摇了苏共领导军队的地位。

经济方面，宪法删除了苏联经济制度的基础是国家（全民）所有制和集体农庄合作所有制形式的生产资料社会主义所有制的提法，把经济体制调整变成了经济制度变革，瓦解了社会主义国家的经济基础。新宪法规定，“苏联经济制度是在苏联公民所有制、集体所有制和国家所有制的基础上发展起来的。国家为发展各种所有制形式创造必要条件，并对其提供平等的保护”。在修宪进程中，苏联还颁布了《关于企业非国有化和私有化原则法》等一系列法律，并强制推行国企私有化，人为加快经济体制的变革，毁掉了苏共执政的经济基础。

随着改革深入，苏联在政治、经济、民族等领域的危机不仅没有缓和，反而急剧恶化。反动势力获得了更多行动自由。新的政党如雨后春笋般冒出，其中绝大部分成为促使苏联亡党亡国的政治力量。“民主浪潮”随着宪法改革席卷苏联，并很快转向“民族化”运动，不断蚕食中央对地方的控制力。民族分裂与冲突愈演愈烈，瓦解联盟的力量日益强大。加盟共和国积极寻求主权独立，接连进行宪法改革，纷纷效仿中央实行总统制，向中央发起“法律战”“主权战”。共和国总统和人民代表大会宣称只对地方选民负责，不再对中央负责，不再服从中央权威，将苏共完全抛在一边。由于权力中心从苏共转移到各级人民代表大会，苏共难以承担领导和管理国家的职能，方针政策根本无法落实。俄罗斯的宪法改革更为激进，完全删除了关于苏共的表述，并带头开启了“主权检阅”。戈尔巴乔夫在事后无奈承认，“地方上支持独立的势力可以通过选举宣示比中央更强的民主合法性”，“中央的合法性遭到彻底破坏。”

改革乱局中，立陶宛于1990年3月率先宣布独立，推倒了苏联解体的第一张骨牌。6月12日，俄罗斯苏维埃联邦社会主义共和国发表《国家主权宣言》，宣布在其境内拥有“绝对主权”，对苏联造成沉重一击。1991年12月8日，俄罗斯、白俄罗斯、乌克兰三个苏联创始加盟共和国领导人在别洛韦日森林签署《别洛韦日协议》，宣布退出苏联，组成“独立国家联合体”。苏联最终无力回天，于1991年12月26日宣告解体。

从联盟宪法改革起，至加盟共和国宪法改革终，曾经强大的苏联在宪法改革框架内被彻底摧毁。执政近70年的苏共主动放弃了领导权力，背叛了党的宗旨和人民根本利益。原苏共中央政治局委员利加乔夫痛心地说：“这是个大错误，这是毁灭性的开始。取消党的领导就是否定党的领导。”原《真理报》主编、国家杜马主席谢列兹尼奥夫谈道：“宪法第六条取消了，这就像一座大厦的顶梁柱一样，把顶梁柱抽掉了，国家这座大厦也就倒塌了。”

三、何以失败

戈尔巴乔夫学习法律出身，高度重视法治和法律正当性，非常善于利用法律工具引领改革。在他看来，“现行的政治体制几十年来不是在法律范围内组织社会生活，而主要是执行强制命令和指示”，“经济、社会文化改革‘所遇到的障碍正是僵化的权力体制’”。为贯彻改革精神、彻底改变旧的政治经济体制并打造新的国家体制，苏联修订宪法在情理之中。修订后的宪法确立了宪政秩序的新原则，在法律上明确了改革方向。然而，修宪只能推进改革，不能保证改革成功。苏联的改革以亡党亡国告终。

首先，宪法的修订过程伴随着激烈的政治斗争，时间仓促，考虑不周，诸多法条仅规定了原则方向，缺乏配套法律规定，难以落实。以人民代表大会为例，宪法虽然规定将国家权力转移到苏联人民代表大会，但没有设计出合理的制度。人民代表大会也没有做好履行全部职能的准备。按照戈尔巴乔夫的设想，人民代表大会要实现“议行合一”，发挥立法、行政和监督作用。但实际上，人民代表大会与中央之间、各级人民代表大会之间的权责关系模糊不清。苏联人民代表大会及最高苏维埃同加盟共和国苏维埃之间的联系更是在 1990 年地方选举之后基本中断。同时，选举产生的人民代表不是全部具备管理国家和社会的能力，很多代表缺乏经验，无法正常履职。各级人民代表大会沦为争权夺势的角斗场，不能完成国家权力机关应该完成的任务，不能保证国家权力的有效运行，甚至对国家和社会管理产生了负面影响。

另外，宪法新规和其他相关法律过于强调自由和民主，极大地削弱了宪法对加盟共和国立法的监督作用，赋予共和国创造“主权”的机遇。仅从经济权利看，苏联最高苏维埃 1990 年 4 月 10 日通过了《关于苏联、各加盟共和国和自治共和国经济关系基础法》，使加盟共和国和自治共和国有权向苏联总统提出请求，暂停联盟政府违背共和国经济利益的行为。

其次，宪法原则在执行中未得到尊重和遵守，国家对违宪行为缺乏有效的监督机制。苏联宪法监督委员会没有执法手段，无法惩治违宪行为。这就导致宪法中关于最高苏维埃“保证苏联境内立法统一”“消除与苏联宪法和法律相矛盾的规定”，以及“苏联总统命令须在苏联全部领土上执行”等规定完全无法落实。特别是在联盟中央和苏共丧失控制能力之后，宪法在政治斗争中完全成为“摆设”。加盟共和国大肆践踏宪法尊严，违宪、违法行为比比皆是。1990 年 6 月 12 日，俄罗斯最高苏维埃通过俄罗斯主权宣言，宣布俄罗斯法律在其境内高于一切。这一宣言明显违反了苏联宪法。受俄罗斯影响，各加盟共和国都宣称共和国的法律高于一切。苏联宪法和法律变成了一纸空文。制定良法对于促进国家治理固然重要，但法律的遵守与施行更重要，否则法治就是空话。

最后，立法者忽略了人民的意志。面对重重危机，人民相信改革是通往现代政治制度的正确道路，相信修订宪法是改革的必要步骤。但人民代表大会通过的宪法修正案是立法者的政治意愿，还是人民的意志？国家最高权力是属于人民，还是属于推动改革的民主派？受到宪法保护的改革成果是有利于人民，还是有利于少数当权者？从苏联的改革和宪法修订过程可以看出，人民代表大会已经成为政治斗争的舞台，人民代表从未代表最广大的苏联人民。“民主势力”和分裂势力的目标是攫取权力，利用联盟和共和国的宪法改革将权力体系的变化合法化，将其获得的利益合法化。

除了民主派之外，戈尔巴乔夫也对修宪发挥了关键作用。反对派领袖萨哈罗夫正是在他的关怀下重返政治舞台，在他的关照下获得了人民代表席位。1989 年 12 月 7 日，立陶宛最高苏维埃修改宪法，取消了有关共产党领导地位的表述。戈尔巴乔夫却就此表态："我认为实行多党制并不是悲剧"，"我们不应该像魔鬼怕烧香那样害怕多党制"。在第二次人民代表大会上，戈尔巴乔夫宣称，宪法的任何一条都可以修改。当选苏联总统之后，戈尔巴乔夫也并未履行维护国家主权和领土完整的宪法责任。

与立法者相比，苏联人民的意志就没有那么重要了。1991 年 3 月 17 日，苏联就关于是否保留联盟的问题进行了全民公决。在全国登记的 1.84 亿选民中，参加投票的有 1.47 亿人，赞成保留联盟的占 76%。显然，多数公民赞成保留联盟。如果遵守宪法规定，那么就重大事件进行的全民公决具有最高的法律效力。全民公决已赋予苏联政府全权，并且强制其采取一切必要措施保留联盟。但是，苏联领导人 未能拯救国家。否定社会主义制度的立法者的意志最终发挥了决定性作用。

诚然，修宪在一定程度上加速了苏联体制的崩溃，但这不是苏联解体的根本原因和直接原因，不能把亡党亡国归咎于此。在宪法修订的过程中，是否修改宪法第六条是一个关键问题。这个问题的实质是要不要保留苏共的领导权。但早在修改第六条之前，苏共的领导权就在一点点流失。如上文所述，1988 年 12 月修宪之后，国家最高权力转移到人民代表大会，最高苏维埃由直接选举改为由人民代表大会间接选举产生。苏共党员在 1989 年选举产生的首届人民代表大会中占据了 87% 的席位。如果入选人民代表的苏共党员能够按照民主集中制严格遵守中央的指示，苏共仍可掌控人民代表大会。然而事与愿违，很多苏共党员拒不服从中央决策，民主集中制原则遭到破坏，苏共中央失去了控制局面的能力。在地方，各加盟共和国举行民主选举之后纷纷寻求主权独立，严重破坏了苏共中央权威。因此，苏共距离苏联国家权力中心越来越远，宪法第六条不再符合实际，修宪只是使苏共的领导核心地位被“合法”废除。

总之，宪法的修订是苏联改革的一个环节，目的是为改革提供法律保障，并通过其权威性为改革护航，促进改革成果的巩固和完善。如果改革本身存在问题，那么以此为基础修订的宪法将使改革方向更加难以逆转，只能对国家发展发挥破坏性作用。

四、俄罗斯修法之成

1993 年，当代俄罗斯首部宪法在严重的政治危机和激烈的斗争中诞生。这部宪法确立了联邦制的国家结构形式和三权分立原则，改变了国家最高权力机关结构，规定保护各种所有制形式，并保障公民社会的自由发展。在这部宪法的指引下，俄罗斯完成了向资本主义制度的过渡，建立了总统、政府和联邦会议之间的协作机制，形成了新的国家体制，构建了新的俄罗斯国家大厦。可以说，1993 年宪法对于促进国家转型，稳定政治、经济和社会体制发挥了积极作用。

1993—2020 年，俄罗斯的国情发生了巨变。特别是普京执政以来，俄罗斯实现了由乱到治的转变，一些基本问题已经得到解决，政治、经济、社会和安全形势都更加稳定。此背景下，基本法也需要进行适当调整，为国家发展和改革提供新动力。在启动 2020 年宪法修正之前，俄罗斯已经对宪法进行了 16 次修订。这些修订总体上波澜不惊，保留了宪法基本框架与核心内容，大多是确认一些行政区划的变化，包括合并联邦主体、修改主体名称等。其中有两次比较重要的修改。2008 年，在时任总统梅德韦杰夫的推动下，俄罗斯修改宪法，将总统和国家杜马（议会下院）代表的任期从 4 年分别延长至 6 年和 5 年，并扩大了国家杜马对行政机关的监督权，要求政府向国家杜马作年度工作报告。2014 年，俄罗斯通过宪法修正案，在最高法院和最高仲裁法院的基础上建立了联合最高法院，并允许总统任命不超过 10% 的联邦委员会（议会上院）成员。

2020 年，在即将跨入 21 世纪第三个十年之际，俄罗斯对 1993 年宪法进行了规模最大、内容最丰富、对国家发展影响最为深远的一次修订，可谓一次“大刀阔斧”的宪法改革。如果说，

1993 年宪法是苏联宪法向西方式资本主义宪法的转变，那么 2020 年修宪就体现了俄罗斯的国家治理从西方化向俄罗斯化的转向。在坚持宪法根基不动摇的前提下，此次修宪提出了 206 条修正案，不仅对国家组织结构和管理体制进行了深度调整，改变了国家权力体系配置，而且为未来的发展指明了方向。俄罗斯《公报》在修宪公投之前评论称，若此次宪法修正案获得通过，俄罗斯将诞生一部具有鲜明“普京时代”印记的新宪法。

与苏联最后一次修宪的曲折过程不同，此次修宪极为顺利。2020 年 1 月 15 日，普京在国情咨文中提出修宪，1 月 20 日向国家杜马提交宪法修正案草案。同年 3 月，俄议会两院，以及 85 个联邦主体先后表决通过宪法修正案草案，并完成所有法律程序。为了解民意并确保修宪获得最大程度的认可，普京提议就修正案举行全民公投，并强调修宪内容只有获得民众同意才会生效。公投原本定于当年 4 月 22 日举行，但受疫情影响推迟到 7 月 1 日。最终，按照俄中央选举委员会的数据，此次公投获得了 67.97% 的投票率和 77.92% 的支持率。同年 7 月 4 日，宪法修正案正式生效。从普京提出到经过议会和联邦主体批准，再到全民公投通过，整个过程环环相扣，一气呵成，体现出俄执政精英和社会对延续“普京体制”的共识。

2020 年修宪是俄罗斯当局充分考虑和精心设计的战略性举措，着眼于解决普京第四任期期满之后的权力交接问题。此次宪法修订不是微调而是全面改革，涉及国家制度、权力体系、国家认同和国家利益等重大问题。具体看，修宪包含以下核心内容。

第一，调节权力体系，扩大总统对行政、立法和司法三权的控制力及对地方的掌控力。在行政权力层面，总统“对俄联邦政府行使一般领导权”，有权批准和罢免总理、副总理、部长；可以改变总理提出的政府组成，并与联邦委员会协商后任命强力部门负责人和地区检察官。尽管总理任命需要获得国家杜马批准，但总统可以在总理提名被国家杜马三次否决的情况下直接任命总理并解散杜马，举行新的选举。

在立法层面，国家杜马看似加强了对政府组阁的监督权，有权批准政府总理任命，并根据其建议批准部长和副部长的任命。但在实际操作中，国家杜马只有与总统就总理人选协商一致才能避免被解散。同时，总统任命的联邦委员会代表人数则从不超过10%（17人）增加到最多30人（18%）。离任总统还将成为联邦委员会的终身成员，并享有豁免权。

在司法层面，宪法法院、最高法院和联邦法院无法独立选举院长和副院长，只能根据总统的建议由联邦委员会任命；总检察长、副总检察长等检察官的职务也由总统经与联邦委员会协商后任命或解除。同时，立法和司法权力相互制衡。宪法法院拥有制衡议会的权力，有权在总统签署之前审查议会通过的法案是否符合宪法。联邦委员会任命最高法院院长和法官。并可根据总统的提议，在宪法法院和最高法院法官犯有不当行为的情况下解除其职务。

对总理而言，其职能由“确定俄联邦政府活动的主要方向”转变为根据总统的指示“组织联邦政府的工作”。俄罗斯首次在宪法层面规定，国防、外交、安全、内务、司法、紧急情况和自然灾害及公共安全等强力部门归总统管辖，负责人由总统提名，在联邦委员会讨论通过。此举使总理的政治地位进一步下降，并成为负责经济社会问题的技术官员，丧失了对安全与外交事务的影响力。国家杜马对国家安全与外交决策的参与和监督权同样被削弱。

此外，普京签署了一系列法令，对修宪未能涉及的总统办公厅、安全会议等架构做出了补充规定，明确指出总统办公厅“确保总统行使自身职权”，强化了总统办公厅的地位；增加了隶属于总统的安全会议副主席职位；确立了国务委员会的地位和作用。国务委员会由总统组建，负责确保权力机关协同运作，将参与制定俄内外政策，讨论预算草案和人事政策。

第二，突出俄罗斯国家的民族性，保护历史、文化和传统价值观。更新后的宪法再次明确俄罗斯联邦是苏联的继承国，并强调“俄罗斯是在其领土上的合法继承者，是苏联作为国际组织和国际条约成员的继承者，继承了国际条约规定的在俄领土外的苏联债务和资产。”俄罗斯“保护主权和领土完整，（除与邻国划界工作外）禁止意图割让领土的行为及相关呼吁”，禁止将领土出让给其他国家。这些规定表明，俄罗斯继承了苏联的领土及国际舞台地位，强化了领土不可分割原则。

同时，宪法新规高度重视历史和文化传统，指出俄罗斯由数千年历史团结在一起，并承认历史上形成的国家统一。俄罗斯永远缅怀祖国的保卫者并捍卫历史真相，不允许“贬低人民在保卫祖国中的功绩的意义”。针对俄多民族和多文化的现实，修正案引入了平等民族的多民族联盟概念，强调“俄罗斯联邦的文化是多民族的独特遗产”，国家保护所有人民和族裔的文化特性，确保守护民族文化和语言的多样性。在此基础上，宪法明确提出，“俄语是组成国家的各族人民的共同语言”。这就在承认民族多样性的同时肯定了俄罗斯族的主体地位。

第三，强化政治安全。一方面，精英“国有化”，确保高级官员忠诚于国家。宪法修正案对总统候选人和高级官员施加了严格的限制。具体看，总统候选人，以及“占据确保国家安全和主权关键位置的人”，不得拥有双重国籍或外国永居身份，不得在俄境外的外国银行开设或拥有账户和存款，在俄居住年限不得少于25年。政府总理、部长、联邦机构负责人、州长、议员和法官也不得拥有外国国籍和居住证，不得持有国外存款和账户等。

另一方面，强调国内法先于国际法。在俄西关系恶化，外部发展环境恶化的情况下，为维护国家主权和利益，保护俄罗斯免受某些对其不利的国际判决影响，宪法修正案提出国际法、条约以及国际机构的决定只能在不限制自然人和公民的权利和自由、不违背俄宪法的情况下才能在俄境内生效。俄宪法法院则有权决定是否执行国际法庭的判决。如果俄宪法法院裁决国际法与俄本国法律冲突，国际法将不再适用。这实际上意味着，俄国内法高于国际法、国际条约和国际机构的决定。

第四，注重执政的民意基础，将民生保障提高到宪法高度。为进一步巩固执政基础，宪法修正案对社会保障和民生福利作出了具体规定：国家保障最低工资不低于俄全体居民基本生活费用；俄按照普遍、公平和团结的原则建立退休金制度，支持其有效运行，且每年至少一次对退休金进行指数化调整；保障社会强制性保险，为公民提供有针对性的社会支持，并将社会补贴和其他社会费用指数化。此外，俄罗斯为国家经济可持续增长和公民福利的提高创造条件，为国家和社会的相互信任创造条件，保障公民尊严，尊重劳动，确保公民权利和义务的平衡。

2020 年 1 月 15 日，普京在国情咨文中指出，修订宪法对于俄罗斯的进一步发展是非常合理和重要的。对于国家建设的下一步任务，普京明确提出，应建立一个可靠、牢不可破、外部轮廓绝对稳定、保证俄独立和主权的体系，而这个体系内部应充满活力、灵活，并可随着全球、周边和俄社会发展而变化。这种更新是社会进步发展的必要条件，也是稳定发展的必要条件。显然，修宪的目标是将在俄罗斯行之有效的治国举措以根本法的形式加以制度化。促成上述任务的实现。各项改革措施将对俄政局走向和未来发展产生深远影响，为普京长期执政创造条件。

第一，进一步巩固普京体制。入主克里姆林宫之后，普京通过联邦体制改革，着力加强中央权力，建立起垂直权力体系，重新恢复了国家秩序，加强了中央权威，确立了国家对政治、经济和社会的掌控地位。可以说，强有力的中央权威是俄罗斯结束 20 世纪 90 年代的混乱失序、恢复社会经济稳定和发展的基础。多年以来，俄罗斯各项立法的核心目标一直是建立强大的中央政府，巩固国家制度。普京在 2020 年 1 月的国情咨文中强调，俄罗斯这个幅员辽阔、民族结构复杂、文化历史传统多样的国家很难以议会制共和国的形式稳定存在。俄罗斯必须建立强大的总统制共和国，并赋予总统指引政府行政和领导强力部门的全权。此次修宪对俄当前的权力体系进行了微调，进一步强化了总统的核心权力，巩固了中央对地方的控制，权力体系之间更加平衡，执政体系更加牢固可靠。修宪为应对在权力交接过程中可能出现的动荡奠定了法律基础，将促进俄罗斯的政治稳定。

第二，进一步强化主权至上思想。普京多次表示，俄罗斯只有在主权基础上才能存在并发展。在国家认同上，宪法更加突出了俄罗斯族的主体民族地位，对执政精英划出了“国有化”“民族化”的制度红线，有利于强化民众对俄罗斯国家认同。在国家安全层面，宪法修正案确保总统在维护国家安全上的核心地位，明确领土不可侵犯，调整了国内法与国际法的关系，更加强调保护俄国家安全和利益。在与西方激烈博弈的历史问题上，宪法重视对俄罗斯历史传统的维护，警告外部势力不要利用历史问题诋毁俄国家形象。修宪是在不利的国际环境下，对外部施压的强势回应，展现出捍卫独立自主发展道路的决心，

第三，进一步促进经济发展，突出民生保障。普京获得广泛支持的关键在于创造了稳定的发展环境，带动俄罗斯搭上油价上涨的顺风车，并切实提高了民众的生活水平。为促进经济发展，巩固执政基础，俄罗斯通过修宪及出台配套法律法规为未来发展指明了方向。例如，2020 年普京签署总统令，确定了 2030 年俄国家发展目标，对俄经济、教育、城市建设和数字化等领域的发展提出具体指标。俄政府通过了《2035 年前能源战略》，明确了能源行业发展规划，以加强俄在世界能源格局中的地位。民生方面，此次修正案中各项涉及民生的规定虽已经在其他法律中有所体现，但纳入宪法框架内将使民众更为安心。宪法修正案及相关法律法规的出台为 2021 年 9 月举行的国家杜马选举奠定了主基调，有利于夯实 2024 年大选的民意基础。

第四，进一步为普京连任扫清障碍。2024 年，普京本届总统任期将结束。如何保证最高权力稳妥过渡，确保普京执政理念的延续与普京体制的稳定，是俄执政当局面临的一项重大挑战。修正案将现任总统任期清零，允许现任总统在 2024 年参加竞选。因

此，如果普京继续参选并取胜，他可以继续执政到 2036 年。短期之内，普京连任意味着俄罗斯仍由最具权威的领导人领导，国家可以在变化的形势中保持安定。即使 2024 年普京离任，宪法的修订也有助于建立继续发挥有效政治影响力的机制。

宪法是一国法律体系的核心和基础，是国家的根本大法和治国安邦的总章程，具有最高的法律地位、法律权威、法律效力。正是由于其根本性和权威性，宪法必须保持稳定。这是宪法发挥作用的重要前提，更是维护国家长治久安的基础。同时，宪法也具有鲜明的时代性。随着国家的经济、社会基础的发展变化，宪法作为治国安邦的总章程也应与时俱进。但对宪法的任何修改都必须慎之又慎，否则一旦出现偏差甚至方向性错误，不仅不能强国，反而可能给国家带来颠覆性灾难。对比苏联和俄罗斯两次修宪可以看出，苏联修宪将错误的改革方向和原则确定为国之根本，使国家在歧途越走越远，最终毁灭了苏联共产党，埋葬了整个国家。2020 年修宪是对普京执政经验的总结，着眼于巩固适合俄罗斯国情和发展道路的体制，打造更加均衡的政治体系，保障未来国家政权的平稳过渡，为持久发展创造条件。从维护政权稳定方面来看，2020 年修宪达成了目的。

参 考 文 献

1 ［汉］司马迁：《史记》，中华书局1982年版。

2 石磊译注：《商君书》，中华书局2009年版。

3 黄爱平：《明末张居正改革失败始末》，《炎黄春秋》1992年第4期。

4 毛泽东：《毛泽东早期文稿》，湖南人民出版社1990年版。

5 ［明］张居正：《司礼监太监冯公预作寿藏记》，《张太岳集》卷九。

6 曹大臣：《讲究策略是改革成功的关键——明末张居正改革启示录》，《安徽决策咨询》2001年第4期。

7 井上清、鈴木正四、「日本近代史」、合同出版社1956年出版。

8 遠山茂樹、「明治維新と現代」、岩波書店1983年出版。

9 桑原武夫、「明治維新と近代化」、学館1984年出版。

10 熊谷開作、「日本の近代化と土地法」、日本評論社1988年出版。

11 中林真幸、「日本経済の長い近代化——統治と市場，そして組織1600—1970」、名古屋大学出版会2013年出版。

12 山中永之佑、「日本近代法論序説——日本近代法の歴史と法文化——」、「追手門経済　経営研究」、1994年第一号。

13 山中永之佑、「日本近代法の展開と国家——公法史を中心に——」、「追手門経営論集」、2000年第六巻第二号。

14 张树华：《苏联政治改革与民主化的教训》，《世界社会主义研究》2016年第1期。

15 左凤荣：《苏联剧变中的法律因素》，《探索与争鸣》2006年第7期。

16 ［俄］尼古拉·伊万诺维奇·雷日科夫著，徐昌翰等译：《大国悲剧——苏联解体的前因后果》，新华出版社

2010 年版。

17 李永全:《俄罗斯修宪与普京长久国家》,《俄罗斯学刊》2020 年第 2 期。

18 庞大鹏:《普京修宪的政治分析》,《俄罗斯东欧中亚研究》2020 年第 4 期。

5

第五章

用法与护国

法治是治国理政的基本方式，也是国家核心竞争力的重要内容，并日益成为国际斗争和博弈的重要支撑力量。当今时代，世界进入动荡变革期，国际环境更趋复杂，国与国之间的竞争越来越体现为制度、规则、法律之争，国际博弈中的法律斗争越来越重要。特别是美国等少数国家罔顾国际法，企图垄断全球法治话语权，为其霸权主义行径套上法律外衣，大肆损害他国利益。为更好地维护国家权益，必须精于立法、善于用法。习近平总书记对此深刻指出："中国走向世界，以负责任大国参与国际事务，必须善于运用法治。"因此，在国际交往中打好法律仗，用好法治牌，对于维护国家主权、安全、发展利益意义重大。

美国借“长臂管辖”巧取豪夺

2021 年 9 月 25 日晚，在被加拿大当局居家监禁近 3 年之久后，华为首席财务官孟晚舟安全返回中国。在得知这一消息时，法国阿尔斯通集团前市场和销售总监弗雷德里克·皮耶鲁齐坦言：“我没有孟晚舟那么幸运，我的公司没有给我提供强大的支持，我的祖国也没有提供强大的支持。”从阿尔斯通到华为，美国因滥用“长臂管辖”实现其政治经济乃至地缘野心而成为众矢之的。那么，“长臂管辖”如何一步步为美国的治外法权披上法律外衣？又如何沦为美国维护全球霸权的法律工具呢？

一、“长臂管辖”的前世今生

域外管辖权的概念早已有之，并非美国专利。然而，作为域外管辖权的特殊表现形式之一的“长臂管辖”，其起源和发展、制定和适用根植于美国独特的法律制度、文化和思想，可谓是彻头彻尾的“美国出品”“美国专利”。

（一）跨州管辖，长臂诞生

1945 年，美国华盛顿州起诉国际鞋业公司未在当地缴纳税款，而该公司以注册地和发货地都不在华盛顿州为由拒绝在该州应诉。华盛顿州遂上诉至最高法院，大法官哈伦·斯通确立了在不违反“公平竞争和实质正义的传统观念”的前提下，可不采用属地原则，而采用“最低联系原则”，由此判定华盛顿州具有管辖权，“长臂管辖”自此诞生。根据法条，当被告住所不在法院所在州，但与该州有某种最低限度的联系，且所提权利要求的产生和此种联系有关时，就该项权利要求而言，该州对该被告有“属人管辖权”，可在该州以外向被告发出传票。换言之，就是将原本不属于管辖范围内的案件纳入管辖。此例一开，美国各州纷纷立法扩大司法管辖权，产生了一系列判例，使得“最低联系原则”事实上取代“实际存在原则”，成为“长臂管辖”最初的法理依据。1955 年，伊利诺伊州推出“长臂管辖法令”。1967 年，北达科他州也颁布类似法案，进一步巩固了“长臂管辖”的国内法律基础。与此同时，针对西方盟友向社会主义阵营国家出口高科技，美国出台了《出口管理条例》等相关法规，为“长臂管辖”权的国际法化奠定了初步基础。

（二）海外反腐，长臂出海

随着美国政治经济霸权的不断膨胀，特别是在美国政府的纵容下，“最低联系原则”的模糊性和灵活性在实践中被无限扩大。1977 年，面对美国企业与外国政要间铺天盖地的权钱交易丑闻，时任总统卡特签署《反海外腐败法》，规定美国的个人或公司通过贿赂国外政府官员来获得或保持业务，或使其他人获利，即为非法行为。但该法律受到美国国内企业的集体质疑，认为会使其在军工、能源、电信、制药等领域的出口市场竞争中处于不利地位。经过1988年、1994年和1998年三次修订，《反海外腐败法》的适用范围扩展到外国公司或自然人，只要在美国境内实施直接或间接的贿赂外国公职人员以获取回报或业务的违法行为，都将受到《反海外腐败法》的制裁。为了将相关内容延伸至国际公约层面，美国还想方设法拉拢国际组织为其背书。1997年，在美国的撺掇下，经济合作与发展组织在借鉴《反海外腐败法》立法模式的基础上，出台《禁止在国际商业交易中贿赂外国公职人员公约》，要求成员国采取有效措施打击行贿外国公职人员的行为。借助《反海外腐败法》及其国际法化，“长臂管辖”彻底突破了国内法的限制，名正言顺地伸向域外，管辖范围越来越广。

（三）反恐扩权，长臂升级

“9·11”事件发生后，美国“长臂管辖”范围大幅扩张，重心从海外反腐转向打击全球恐怖主义，“最低联系原则”发展为“效果原则”和“公平公正原则”。在“效果原则”下，不论行为人是否有美国国籍或住所，也不论该行为是否符合行为发生地法律，只要行为在美国境内产生“效果”，美国法院即可行使管辖权。在“公平公正原则”下，美国国会可主观认定“威胁美国国家安全或可能具有全球性危害的行为”，将对应实体纳入“长臂管辖”范围。背靠这两条原则，美国开始打着打击恐怖主义等旗号，并将“长臂管辖”的范围大幅拓展至民事侵权、金融投资、反垄断、出口管制、网络安全等多个领域，出台了一批配套法律。在国会的授权下，参与具体实施“长臂管辖”的国务院、商务部、财政部、司法部、国防部、证券交易委员会等联邦政府机构基于“准立法权”制定了一系列规章制度和所谓的“黑名单”，这些宽泛的执法规则与国会制定的成文法一道，构成了一套宽领域、成体系的“长臂管辖”法理基础。

经过半个多世纪的升级、扩展，依托宽泛模糊的“最低联系原则”“效果原则”“公平公正原则”，“长臂管辖”从最初的解决跨州管辖权纷争，演变为高度泛化的自由裁量权。毫不夸张地说，全球任何人或者实体，无论其国籍和居住地，只要与美国发生任何关系或对美国产生任何影响，一旦触及相关法律，都有可能被美国纳入管辖之内，事实上为美国扮演“世界警察”“全球法官”提供了法律基础。

二、“长臂管辖”的“法律外衣”

从美国实行“长臂管辖”的实践看，其适用对象多数是不符合美国利益、意识形态对立的国家，但也不乏西方盟友。管辖事由从反腐败、反垄断、反洗钱，到违反制裁规定，再到上市公司财务违规，可谓五花八门。这些理由看似冠冕堂皇，实际缺少国际共识，多数纯粹出于美国的一己私利甚至是霸权野心。

（一）以“反腐”打压对手——法国阿尔斯通案

《反海外腐败法》表面上是一部保护美国企业合法利益的法律，实则是在美国司法霸权的背景下，以打击商业腐败为名，对他国企业和个人展开经济制裁和审判。数十年来，美国司法部不断利用该法做局，一旦抓到他国企业涉嫌腐败的把柄，动辄派驻监管人员、课以巨额罚金、逼迫出售资产和业务，屡屡得手，事实上充当了美国对外扩张的“保护伞”。法国电气巨头阿尔斯通公司就是众多受害者之一。阿尔斯通公司曾被视作法国的“工业明珠”，其核心业务横跨交通轨道、电力设备和输电基础设施，遍布全球 70 多个国家，雇员多达 10 万余人，是全球能源行业的翘楚，也因此被竞争对手美国通用电气视为“眼中钉”“肉中刺”。2010 年开始，美国司法部引用《反海外腐败法》，以阿尔斯通通过美国子公司支付贿款和在美国融资作为管辖理由，动用包括商业间谍在内的手段对其展开反腐败调查。调查期间，美国司法部采取了包括抓捕涉案高管、胁迫认罪、诱供等方式对阿尔斯通和涉案人员极限施压。案件最终以阿尔斯通认罪并同意支付 7.72 亿美元的巨额罚款、优质核心资产变卖给通用电气而告终。涉事高管之一的弗雷德里克·皮耶鲁齐在服刑多年后撰写的《美国陷阱》一书中指出，阿尔斯通事件是美国公共权力机关和国家暴力机关直接或间接针对跨国企业的阴谋，通用电气对阿尔斯通

> 法国阿尔斯通公司的厂房，美国通用电气公司的指示牌

的收购与其说是“趁火打劫”，倒不如说是美国人一开始就设下的陷阱。阿尔斯通曾经位列全球500强，遭肢解后元气大伤，这颗法国的“工业明珠”就此黯淡无光，一蹶不振。

阿尔斯通通过行贿等不光彩手段在海外承揽项目和订单固然违法，但在激烈的商业竞争中，美国企业也并非“洁身自好”。但吊诡的是，每当本国企业在他国被起诉后，美国司法部往往会再度对其发起诉讼，继而以“长臂管辖”为由夺回调查权，以“关起门来”的宽容方式“自罚三杯”。阿尔斯通并非孤证，据统计，2008—2014年，被美国罚款超过1亿美元的企业达到26家，其中14家是欧洲企业，而美国企业仅有5家；欧洲企业支付的罚款总额达到60亿美元，比同期美国企业支付的罚款高3倍。皮耶鲁齐在书中写道，“十几年来，美国在反腐败的伪装下，成功瓦解了欧洲许多大型跨国公司”。从这个角度看，《反海外腐败法》不啻是美国对外国企业的“收割机”。

（二）以“正义”之名——法国巴黎银行天价罚款案

依托美国在全球贸易金融体系的优势地位和超强实力，对本国主体施加制裁，限制与受制裁主体的经济、金融和贸易往来，是美国维持全球霸权、打压所谓“敌对国家”的一贯做法。近年来，美国越来越喜欢运用“长臂管辖”扩大制裁范围，限制第三国主体与制裁对象进行金融经贸往来，并对违反规定的主体施加处罚，即所谓“次级制裁”。更有甚者，还施加所谓“三级制裁”，要求断绝与继续同制裁对象进行往来的主体交往。根据美国财政部《2021年制裁评估报告》，截至2021财年，美国已生效的制裁措施累计达9400多项。在依托“长臂管辖”权实行初级和次级制裁时，美国主要的法律依据包括针对特定国别的“赫尔姆斯-伯顿法”“达马托法案”，经济制裁领域的《出口管理法》《武器出口控制法》《国际武器贸易条例》，政治制裁领域的《敌国贸易法》《爱国者法案》《全球马格尼茨基人权问责法》，金融制裁领域的《外国投资风险审查现代化法案》等。一旦外国企业违反制裁规定或从事违规活动，将美国敏感产品或技术出口至被制裁国家，抑或是使用美元、金融和清算系统为被制裁国家转移资金，就有可能被纳入“长臂管辖”的范围，遭遇美国的“制裁大棒”。

巴黎银行是法国最大的银行，被誉为欧洲金融和银行业的“百年老店”，曾被标准普尔评为全球四大银行之一。在 2008 年全球金融危机和 2010 年欧债危机中，巴黎银行不仅平稳过关，甚至保持了较高的盈利水平，足见其家大业大，也因此被美国监管机构纳入视野。2014 年 6 月 30 日，美国司法部指控该行在 2000—2012 年利用美国金融系统为苏丹、伊朗和古巴三国转移资金且金额巨大，而这三国正受到美国的经济制裁。根据美国司法部的数据，法国巴黎银行为苏丹金融机构转移资金多达 40 亿美元，为一家伊朗能源公司转移资金超过 5 亿美元，为古巴转移的资金则超过 17 亿美元。调查期间，法国巴黎银行一度以此举并不违反法国和欧盟法律为由拒绝与美国司法部合作，但最终迫于压力承认违法，不仅被迫缴纳高达 89 亿美元的天价罚款和部分资产，还被迫解雇包括首席运营官、首席合规官在内的 10 多名高管和资深员工，涉嫌违法业务的纽约分行及其他分支机构被暂停美元清算业务一年，2013 年美国政府将实施的监管举措延长两年，使巴黎银行元气大伤。

近年来，除巴黎银行外，渣打银行、苏格兰皇家银行、三菱日联、汇丰银行、巴克莱银行、荷兰国际银行、瑞士信贷银行、劳埃德银行等全球大型银行在内的众多金融机构也因违反制裁规定而被处以重罚，其中欧洲银行占据绝对比重，罚款记录被不断刷新。这一张张天价罚单不仅是对他国金融机构的经济霸凌，更是对相关国家经济主权和金融安全的公然侵犯。在美国“长臂管辖”的“寒蝉效应”之下，相关国家被隔绝在国际金融体系外，与外部贸易、贷款、投资管道被切断，金融秩序和经济运行机制遭到严重损害。

三、霸权阴影

“长臂管辖”自诞生之初便打上了浓重的“美国制造”烙印，而伴随着半个多世纪以来美国全球霸权地位的衰弱和大国博弈的强化，在一届届美国政府长年累月的推进立法以及行政司法配合下，其政策目标和实施手段不断变化升级，已演变为美国打压外国实体、干涉别国内政甚至颠覆他国政权的霸权工具。

“长臂管辖”的本质是以国内法凌驾国际法，进而管辖他国公民和机构的霸道行径。众所周知，国际社会里任何国家无论大小一律平等，当国家间发生利益冲突时，诉诸国际法、借助国际协商机制协调解决是各国普遍共识。在国际司法实践中，一国不在另一国领土上行使国家权力更是普遍原则。美国却置国际法规和机构于不顾，默认国内法效力大于国际法，毫无节制地拓展国内法的域外效力，妄图依据本国的法律将全球各国管起来。中国国务院新闻办公室发布的白皮书《关于中美经贸摩擦的事实与中方立场》一针见血地指出，所谓“长臂管辖”就是依托国内法规的触角延伸到境外，管辖境外实体的做法。从这个角度看，看似合理合规的“长臂司法”的滥用严重弱化了国际法地位、损害了国际法权威，侵犯了他国司法主权，是不折不扣的法律霸权主义，严重破坏了全球经济秩序和国际关系准则。

“长臂管辖”与美式霸权相伴相生，已逐步沦为维护霸权、巩固霸权的政策工具。霸权是“长臂管辖”实施的基础，脱离政治、经济和金融霸权，“长臂管辖”只是普通的域外管辖。同样，“长臂管辖”是维护霸权的重要手段，缺少“长臂管辖”，美国霸权的基础就不牢靠。两者不啻是畸形的寄生关系。从阿尔斯通到法国巴黎银行，美国泛化国家安全概念，随意解释“长臂管辖”的适用法律原则，利用其经济金融优势地位，随心所欲拿捏执法力度，在价值链安全、产业链发展、外资准入等领域压制美国和美国企业的竞争对手，甚至以胁迫方式低价收购其股份和业务，以维护自身的经济利益和竞争优势，这是依靠霸权来维护霸权的典型套路。在较长的一段时间里，美国“长臂管辖”主要瞄准欧洲，给法国、德国等国金融、高科技产业发展造成致命打击。如今，随着中美博弈加剧，“长臂管辖”的矛头转向中国，对华为、中兴、海康威视、海能达、科大讯飞等企业施加巨额罚金、限制市场准入、技术封锁、供应链断供等超级“长臂管辖”措施，其目的无外乎遏制中国科技发展、削弱中国贸易竞争力，维护自身贸易和科技优势地位，巩固霸权地位。

“长臂管辖”被操纵滥用，折射美国司法“假独立、真附庸”的真面孔。司法的首要是独立，只有司法独立才能实现真正意义上的公平正义。美国历来标榜其“司法独立”，号称不受行政干预，但这种所谓的“独立”在实施“长臂管辖”时却荡然无存。在众多案件中，本应成为司法主体的美国法院却公然让位于行政部门，后者依据国家利益和行政意志的需要，把司法当作政治的杠杆和工具，使政治性和针对性成为“长臂司法”的常态。在“孟晚舟事件”中，美国行政执法部门与加拿大当局接触并主导引渡工作，法院并未参与。时任总统特朗普甚至宣称，若“孟晚舟事件”有利于与中国达成贸易协议，他将出面干预。这是赤裸裸的行政操控司法。从皮耶鲁齐到孟晚舟，美国依靠“长臂管辖”羁押逮捕企业高管，进而作为与他国政府谈判筹码的行径彻底撕下了“司法独立”的面具。

不过，世界上没有稳赚不赔的买卖。美国滥用“长臂管辖”攫取政治经济利益的同时，也正付出巨大代价。美国智库信息技术与创新基金会的一份报告指出，仅仅出口管制一项就有可能让美国5年出口额损失高达560亿美元。不仅如此，美国的“长臂管辖”有赖其在全球经济、金融、贸易等领域的优势地位，滥用这种优势地位不仅损害本国国家利益、形象和声誉，也损害美国盟友及第三国的利益，不啻是在“自毁长城”。越来越多受“长臂管辖”制裁的国家正采取“阻断+反制”的措施加以应对，更多的国家则加紧推行金融和技术来源多元化战略，通过减少对美国主导的金融和支付体系的依赖逐步“去美元化”乃至“去美国化”，降低受到“长臂管辖”的风险和损失。相信在不远的未来，美国再难利用“法治”的名义肆意践踏法律、打着“伸张正义”的幌子任性维护霸权。

欧盟用阻断法令捍卫主权

2018 年，美国特朗普政府单方面退出伊核协议，随后全面重启对伊朗的经济制裁。2019 年，美国宣布重启旨在制裁古巴实体的“赫尔姆斯-伯顿法”第 3 条，还升级对委内瑞拉石油的经济制裁。频频操作之下，“挥舞制裁大棒”俨然成了美国外交政策的一个鲜明标签。美国的欧洲盟友也不禁对美国的决定直呼“遗憾”，联合国人权专家甚至公开表示，美国采取的制裁措施侵犯了全球多个国家公民的权利，呼吁美国全面、彻底遵守《公民权利和政治权利国际公约》规定的义务。美国通过次级制裁将矛头对准了不受美国管辖、但同受制裁国家有特定交易行为的第三国实体，破坏了国际正常经贸联系，裹挟世界其他国家实体正常经济行为，侵害他国经济主权，给各国企业都带来了沉重经济负担，也对国际秩序构成挑战。

与美国制裁大棒的咄咄逼人相对应，对美国域外制裁的反制与救济途径严重不足：由于反制单边域外制裁的国际法律依据缺失，国际组织运行程序时间长且结果偏重政治性、执行更难，国际法院、世界贸易组织争端解决机制等国际救济手段对于美国制裁“淫威”力有不逮。而通过美国或第三国司法程序对美国制裁决定提起行政诉讼或宪法诉讼也是不切实际。因此，为保护本国经济免受“无妄之灾”、阻断外国法律的不当适用、维护自身国家安全，各国纷纷借助法律手段完善自身的反制裁法律能力及体系。

在各国法律实践当中，有以俄罗斯为主的“对抗模式”，即通过将制裁国列为“不友好国家”，叫停同“不友好国家”的特定领域合作，从而直接对制裁国施加反制手段，这一点在俄乌冲突中俄罗斯与西方相互制裁战中得到了充分体现。同时，还有部分国家单独或联合创立金融结算系统，例如伊朗创立了“特别贸易与金融机构”（STFI）结算机制，以记账方式规避美国主导的金融结算体系。欧盟则是通过立法的形式，制定《免受第三国立法及由此产生行动之域外适用影响的保护法案》（以下称《欧盟阻断法令》），从法律上否认他国制裁性立法和措施的域外效力，阻断或者说是禁止他国制裁法在欧盟境内适用。

1996 年，美国通过“赫尔姆斯–伯顿法”（美国将其命名为“古巴自由和民主声援法”），推行制裁“连坐制”，声称美国国民有权向美国法院起诉与古巴政府没收财产有牵连的外国企业和个人。这项规定极大地扩大了对古巴制裁的适用范围，企图胁迫国际政企界联手对古巴进行“经济孤立”，以“支持建立自由和独立的古巴”之名行推翻古巴政权之实，再一次将美国国内法强加于国际社会。欧盟作为美国盟友，虽然未直接成为其制裁的目标，但因与被制裁国存在经济往来，在美国次级制裁之下受影响巨大。不仅如此，欧洲多国的“自尊心”受到了严重伤害，惊呼美国的国内法居然可以凌驾于欧盟法以及欧盟成员国法之上。欧盟官方智库欧盟安全研究所直言“美国制裁的域外影响对欧盟构成了地缘政治挑战”，这是一种“相互依赖的武器化”。因此，1996 年 11 月 22 日，欧盟迅速颁布了《欧盟阻断法令》，宣布美国“赫尔姆斯-伯顿法”侵犯了欧盟成员国的经济主权，阻止美国一系列域外制裁法规在欧盟域内适用，并在附件中对禁止的法律加以列明。

从机制层面，《欧盟阻断法令》主要规定了四招“反制裁组合拳”，程序上环环相扣，逻辑上较为严密和融洽。第一招是“通知义务”。规定如果欧洲公司或者个人的权益受到了外国次级制裁的影响，该主体有义务将相关情况告知欧盟委员会，并由欧盟委员会提供非正式的指导性意见。通知条款的主要目的是便利欧盟掌握对欧盟主体存在影响的第三国规定，以便欧盟能够从宏观层面把控、干预。但是实践层面中，很多欧盟企业对于履行通知义务并不积极。因为一旦向欧盟委员会通报自己受到制裁的情况，名义上虽可得到欧盟外交上的支援，有助于对抗美国制裁，但在另一方面也将堵住自己的后路：若企业后期出于商业考量选择遵守美国制裁法律，将很难解释为何“知法犯法”。

第二招是宣布“制裁法在欧盟无效”。《欧盟阻断法令》第4条规定：“法院和仲裁庭的判决以及欧盟之外的行政决定，如果直接或间接地使这些（附件中的外国）法律或基于此法律的行为有效，则均不得以任何方式被认可或执行。”换言之，就是欧盟认为不仅附件列明的法律或制裁规则在欧盟不具效力，而且根据这些法律或制裁规则所作出的司法或行政判决、裁决及决定，在欧盟范围内也无效。可以说，本条效力规定是《欧盟阻断法令》整套体系运行的前提，也是“阻断”外国法不正当适用的法律基础。

第三招是规定“不得遵守制裁法”。《欧盟阻断法令》第5条规定：“不得主动或故意疏忽地、直接或通过子公司或其他中间人间接遵守任何基于这些（附件中的外国）法律或由这些法律所产生的、包括外国法院的要求在内的任何要求或禁令。”在当时的背景中，如果用一句话概括这句拗口的法律条文，那就是“欧洲主体没有授权不得遵守美国制裁法”。而这里也为美国制裁法律的适用留下了例外的空间，即“授权”程序：欧盟为了避免“一刀切”，出现欧洲主体因违反美国制裁法而产生重大损失的情况，规定欧洲企业和个人可向欧盟委员会申请全部或部分遵守美国制裁法。

第四招是允许提起“损失诉讼”，又称“索回诉讼”。《欧盟阻断法令》第 6 条规定，法律主体有权因适用外国制裁法律或因基于该法律的行为所造成损害获得赔偿，赔偿金来源于赔偿人位于欧盟境内的资产。出于威慑的目的，本条款规定的索赔对象非常广泛，不仅包括损害者本人，还包括其在欧盟的代理人和中间人，甚至理论上还包括美国政府，但要“具体问题个案判断”。也正因如此，该条款被称为《欧盟阻断法令》的“牙齿”。但欧盟在立法时或许也对“直接起诉美国政府可能性微乎其微”这一点有着充分的认识，因此本条款的表述更多是一种政治上的态度，并不具有太多实际意义。

《欧盟阻断法令》自 1996 年颁布以来，很长时间内并未得到实施。但特朗普政府上台以来，美国越来越倾向于将经济制裁当做自身干涉其他国家内政、塑造于己有利国际秩序的一种方式，《欧盟阻断法令》的重要性和必要性也重新得到了凸显。2018 年 5 月，美国决定重启“赫尔姆斯-伯顿法”第 3 条；6 月，欧盟委员会即出台授权法案，重启《欧盟阻断法令》，并将更多美国制裁立法更新入附录。此后，欧盟还通过出台实施法案、解释说明文件，进一步明确《欧盟阻断法令》的实施细节。可以说，《欧盟阻断法令》再次被美国唤醒了。

2018 年的伊朗梅利银行诉德国电信案是《欧盟阻断法令》应用的一个较为典型的案例。案件中的原告伊朗梅利银行在德国汉堡设有分行，主营对伊朗外贸结算业务，银行的通信服务则是由德国最大电信服务商德国电信集团的子公司德国电信提供，该集团营业额近乎一半来自美国。2018 年，梅利银行再次被特朗普政府列入“特别指定国民和被封锁人员清单”，德国电信也于 11 月向梅利银行发出终止合同的通知，而这使得梅利银行在德国业务几近瘫痪。因此，梅利银行向汉堡地方法院起诉，认为德国电信终止合同的行为属于“认可并执行美国对伊朗的制裁”，违反了《欧盟阻断法令》第 5 条即“不得遵守制裁法”的规定。

该案件的一审法院汉堡地方法院虽颁布了“临时禁令”，要求德国电信履行合同直至合同到期，但同时也称德国电信若在合同到期后选择终止与梅利银行合作并不算违反《欧盟阻断法令》。可以看出，汉堡地方法院的这种态度只能算是一种“缓兵之计”，并未满足梅利银行的诉求，也并未严格符合《欧盟阻断法令》的规定，因此梅利银行继续向汉萨高等地区法院提起上诉。汉萨高等地区法院对本案件的复杂性也有充分的认识：德国电信集团在美国营业额占比高达 50%，若不遵守美国制裁决定，集团将面临重大经济损失的风险。因此无论遵守或是不遵守《欧盟阻断法令》，德国的经济安全都会受到影响。同时，因为本案具有一定的政治与外交敏感性，且涉及欧盟法的解释与适用，因此汉萨高等地区法院于 2020 年 3 月以“欧洲法院对《欧盟阻断法令》第 5 条的解释是本案审理的前提”为由，中止诉讼程序，将皮球踢给了欧洲法院，请求欧洲法院对《欧盟阻断法令》适用相关的重要问题作出“初步裁定”。

2021 年 5 月，欧洲法院的佐审法官给出了法律意见，选择维护《欧盟阻断法令》的权威，认为若德国电信不能证明自己终止同梅利银行的合同系出于遵守美国制裁规则以外的其他目的，那么终止合同行为无效。但佐审法官同时也表示，自己对于得出这个结论“并没有感到高兴”，因为《欧盟阻断法令》的立法初衷就是为了保护欧盟的经营者，进而维护欧盟及成员国的经济主权安全，但在本案的“两难困境”下，《欧盟阻断法令》的立法目的很难实现，只会像“灭菌疗法”一样造成“不可避免的伤亡”。

通过研究《欧盟阻断法令》的主要机制和法律实践不难发现，《欧盟阻断法令》的实施存在相当大的局限性。也正因如此，《欧盟阻断法令》在出台后的相当一段时间内都处于沉睡状态。首先，《欧盟阻断法令》将欧企带入了一个“两难困境”：面临美国和欧盟双重的合规风险，企业界将不得不“选边站”。这极大地增加了企业经营的不确定性，舆论认为此举系“将跨大西洋争端转移到了企业身上”。其次，《欧盟阻断法令》的适用效果很大程度上受制于企业自身的利益权衡和配合程度，而又因《欧盟阻断法令》对违反规定的处罚力度相对较弱，导致了很多欧企在“两难困境”中往往都会经过利益权衡，选择“背叛欧盟”，遵守美国的制裁决定。再次，在执行层面，欧盟执行《欧盟阻断法令》的态度和决心都不够坚决，虽然多有威胁，但鲜有付诸实践。因为归根结底，制裁与反对制裁并不单纯的是一个法律问题，更是一个政治问题，政治解决方案在《欧盟阻断法令》实施前后似乎都是解决争端的唯一可行之路。最后，在损害救济上，由于《欧盟阻断法令》仅对在欧盟境内的财产有支配力，因此欧盟难以对制裁的受害者提供充分补偿，其所做决定在欧盟外也几乎难以得到执行。从欧盟法的角度看，在欧盟与成员国的权力分配中，决定是否对本国违反《欧盟阻断法令》的企业主体进行处罚是欧盟成员国的主权权能，欧盟层面缺乏统一的标准和协调机制，而成员国又怎么会忍心惩罚本国本已备受压力的民族企业呢？

上述原因都让《欧盟阻断法令》的威力大减。据统计数据显示，虽然有《欧盟阻断法令》护航，但在美国重启对伊朗制裁后，2018—2019 年欧盟—伊朗进出口额还是分别从 94 亿欧元和 87 亿欧元降至了 7 亿欧元和 44 亿欧元，《欧盟阻断法令》的实施效果实为不彰。大型欧企也很不给面子，在美国宣布重启制裁后，包括雷诺、西门子等百余家欧企均相继宣布中止在伊朗投资贸易，仅有一些没有美国业务的中小企业选择坚守伊朗。这无疑损害了欧盟及《欧盟阻断法令》的声誉。欧盟安全研究所就曾刊文表示，“欧盟发现自己几乎无法阻止欧企离开伊朗”，“这与欧盟战略自主的雄心背道而行”。而欧企撤出伊朗也一定程度上造成了欧盟外交影响力的削弱，伊朗领导层维护伊核协议的积极性受到一定影响。

但不可否认,《欧盟阻断法令》对于维护欧盟及其成员国安全与发展仍具有十分重要的意义。对欧盟而言，其以法律的形式明确了自身对美国单边制裁的不认可态度，在一定程度上为欧洲对美谈判提供了筹码，推动争端走向政治解决。在 1996 年《欧盟阻断法令》出台之后，时任美国总统克林顿发布豁免令，在制裁中对欧洲公司“开了后门”，跨大西洋争端才算暂时平息下来。欧盟也对此评论称:“《欧盟阻断法令》是欧盟对抗美国克林顿政府的技术型工具，其中包含着政治策略。”此后，美国历任总统每 6 个月就会签发一次豁免令，将“赫尔姆斯-伯顿法”第 3 条的执行“暂时”搁置，直至特朗普上台。无独有偶，1997 年，欧盟也曾以遵守美国对古巴经济制裁为由，依据《欧盟阻断法令》对一家意大利电信公司启动调查，最终促成美欧在该问题上达成政治妥协方案。2007 年，一家奥地利银行在被美国收购过程中，被迫遵守美国对古巴制裁决定，关闭了约 100 名古巴人的账户，引发奥地利政府对其违反《欧盟阻断法令》的质疑，最终美国政府也宣布介入并给予该银行适用古巴制裁上的豁免。由此可见，《欧盟阻断法令》虽长期休眠，但其震慑功能一直都在发挥作用。

从国际政治角度看,《欧盟阻断法令》的制定和修改，表示了自身在对伊朗和古巴等国际问题上与美国相对不同的政治立场，有利于欧盟在外交舞台上展示自身“战略自主”的姿态。欧盟就曾公开声称“《欧盟阻断法令》的出台证明欧盟对待伊核协议是严肃的”。

从法律的角度看,《欧盟阻断法令》也改变了欧盟在美国制裁面前维护自身利益与安全时“无法可依”的局面。当欧企面临美国次级制裁威胁时，有一种选择就是向美国法院证明自己不遵循美国制裁决定系存在“外国主权强制”的情况，以此获得抗辩和豁免。而《欧盟阻断法令》这一欧盟法即可一定程度上为欧企存在“外国主权强制”因素提供证据，通俗来说就是欧企可以用《欧盟阻断法令》为例向美国法院求情，主张自己不遵守美国制裁决定是受“主权强制力”逼迫的。而从法律实践看，除了欧盟外，英国、澳大利亚、加拿大也都曾有过成功利用本国阻断法对抗美国法院的经验。另外,《欧盟阻断法令》还可为欧企在国际商事合同中提供法律保护。国际商事合同一般都会设立“除外条款”，用以对抗权利主张和义务履行。《欧盟阻断法令》立法完成后，欧企即可在国际商事合同中增设“除外条款”，规定合同下的义务“不得导致自身违反阻断法规则”。因此一旦合同履行碰壁，那么符合《欧盟阻断法令》的行为将不构成合同违约，欧企也可得以免于在合同违约与法律惩罚的后果之间被迫二选一。

对美国而言,《欧盟阻断法令》搭配世界贸易组织争端解决机制起诉、政治外交谈判等强硬态度，会让美国实施制裁前“三思后行”。机制层面,《欧盟阻断法令》的适用范围是在欧盟管辖范围内的一切自然人和法人，其中包括美国公司的欧洲子公司。因此其不仅会对欧企产生影响，也会为那些在欧洲开展业务的美国企业增加合规风险，如果美国的大型企业在欧洲遵守美国制裁规则，也会有受到惩罚的可能。虽然《欧盟阻断法令》语言的模糊性为这种对美国企业的适用保留了一定的解释余地，但是这把悬而未落的“达摩克利斯之剑”有着独特的威慑力。那些尝过或者可能尝到欧盟惩罚苦果的美国大型企业会成为促使美国政府反思制裁政策的一股力量，增加美国政府的国内政治压力。

历史地看，出台《欧盟阻断法令》并非欧洲对抗美国制裁域外效力的唯一努力，欧洲在这方面头脑相对清醒。2019 年 1 月，英法德三国宣布成立贸易互换支持工具，绕过美元进行欧伊贸易结算。同年，欧盟委员会主席冯德莱恩发布致副主席东布罗夫斯基斯的公开信，表示欧盟应“制定提案以确保欧洲对第三国的域外制裁更有韧性”，并“维护欧洲的经济主权”。2021 年 1 月，欧盟委员会发布题为《欧洲经济和金融体系：促进开放、实力和韧性》文件，提出了一系列加强欧元国际地位的措施。2021 年 12 月，欧盟委员会发布《反经济胁迫条例》草案，此条例的初衷就是应对美国对欧洲的“经济胁迫”，当前该法也正在立法进程中。而《欧盟阻断法令》自身也在不断的修改当中。2021 年 1 月，欧盟委员会宣布考虑修改《欧盟阻断法令》，进一步提升抵抗他国非法制裁域外效力的能力，还称将加强成员国在执行层面的协调，降低欧盟主体的合规成本。

但总体而言，欧盟在对抗美国制裁的域外效力方面的努力仍显不足。《欧盟阻断法令》总体而言并不能与强势的美国制裁规则相抗衡，执行层面更不必多说。《反经济胁迫条例》也如欧盟委员会提案时所言，只是一个“威慑武器”，不到迫不得已时不能动用，且该条例中规定了很多寻求政治磋商的环节，体现出欧盟仍然觉得政治解决才是真正解决问题的方式。究其原因，还是因欧盟作为一个国家联合体，无论从其经济总量来看，还是从实现地缘雄心所需的凝聚力来看，都不能与美国相抗衡。2014 年乌克兰危机发生后，欧盟跟随美国对俄罗斯加码制裁，甚至自己也开始使用带有次级制裁性质的措施，更是让欧盟“自由贸易拥护者”人设滑向空谈。

日本以《低潮线法》争夺海洋权益

日本的国土主要由九州、四国、本州、北海道四个大岛组成，面积约 38 万平方公里，在世界上大约排第 60 位，算中等国家。不过，日本认为，自己的海洋面积约有 447 万平方公里，世界排名第 6，是一个堂堂正正的大国。日本所说的海洋面积包括领海和专属经济区的面积，以低潮线为基础计算。低潮线是指落潮时海水退到离海岸最远的陆地与海水相接的界线。岛屿的低潮线对日本主张海洋面积具有重要意义。日本声称，有方圆 100 米以上的岛屿 6800 多个，加上更小的岛屿，总数有几万。日本将这些岛屿中位于国境的、“实际管辖”的 473 个岛屿（将其称为国境离岛，其中包括中国的钓鱼岛等 16 个岛）作为划定领海、专属经济区的基点，以其低潮线为基线。以南鸟岛为例，日本以其低潮线为基线划了约 43 万平方公里专属经济区，约占其主张的海洋总面积的十分之一。鉴于低潮线的重要性，日本 2010 年通过了《关于为促进专属经济区及大陆架的保护、利用而保护低潮线及建设基地设施的法律》（以下称《低潮线法》），这部法律是指导日本有关部门保护低潮线、在特定离岛建造设施的指南。

一、《低潮线法》出台背景

1994 年《联合国海洋法公约》生效，1996 年日本制定《专属经济区与大陆架法》，根据《联合国海洋法公约》主张了专属经济区和大陆架的范围及权利。该法规定，专属经济区的范围是领海基线算起 200 海里范围或领海基线与中间线（日本的领海基线与隔海相对国家的领海基线之间的中间线）之间的海域、海床和底土（不包括领海）；大陆架的范围是专属经济区海域（不包括领海）加上《联合国海洋法公约》第 76 条规定可拥有的海域的海床和底土；在专属经济区和大陆架，日本享有自然资源勘探、开发、保存、管理的权利，设置建设利用人工岛、设施和构造物的权利，海洋环境保护、科学考察的权利，执行公务的权利；在专属经济区，以经济目的开展勘探、开发的权利。对国土面积狭小、被海洋包围的日本来说，这些能源资源的稳定供给对经济社会发展具有重要意义。据估算，日本近海蕴藏海底热水矿床 7.5 亿吨，可提炼金属 1.7 亿吨，价值 80 万亿日元；富钴结壳 24 亿吨，可提炼金属 2.2 亿吨，价值 100 万亿日元；可燃冰 12.6 万亿立方米，可开采天然气 4.1 万亿立方米，价值 120 万亿日元。初略估算，可开采的矿产、能源总值达 300 万亿日元（约合 15 万亿人民币）。为享有这些海洋权益，日本需要确保离岛及其低潮线的状态符合其主张的专属经济区和大陆架的划分方案。换句话说，离岛及其低潮线应尽量维持日本所理解的现状。

为此，围绕离岛和低潮线，日本出台了一系列法律制度。2007 年，日本出台《海洋基本法》，这部海洋方面的根本大法规定了离岛保护等 12 项国家政策。2008 年，日本根据该法制订了第一个《海洋基本计划》，包括 6 项方针和 12 项政策，在离岛保护政策中规定国家必须就离岛保护、管理制定基本方针。2009 年，政府出台“关于保护和管理离岛的基本方针”，认为离岛是日本管辖专属经济区等海域的依据，为保护、管理离岛采取以下措施：掌握离岛情况、收集和集中管理数据，加强对离岛及其周边海域的监控，对改变低潮线的行为进行限制（对无主土地国有化、杜绝破坏行为），建立跨部门信息共享应对体制，对无名小岛加以命名，在偏远离岛建设活动基地，设立海洋保护区，保护离岛的自然环境等。

为使自己有关专属经济区和大陆架的主张具备合法性，2008年日本向联合国大陆架界限委员会（以下称委员会）提交了200海里以外大陆架划界案，包括7个区块，共74万平方公里，其中3个涉及冲之鸟礁。冲之鸟礁位于北回归线以南，距东京约1700公里，由东露岩和北露岩两个珊瑚礁组成，日本在行政区划上将其编入东京的范围，但由国家直接管理。东露岩面积约1.58平方米，涨潮时约有6厘米露出海面；北露岩面积约7.86平方米，涨潮时约有16厘米露出海面。《联合国海洋法公约》规定，只有岛才能拥有专属经济区（大陆架），而岛的条件是能够维持人类居住或本身经济生活。冲之鸟礁不符合这两个条件，是礁而不是岛，因此不能拥有专属经济区和大陆架。对日本的大陆架划界案，中国向联合国秘书长提交照会，要求委员会不对划界案涉冲之鸟礁部分采取行动。许多国家也在《联合国海洋法公约》缔约国会议等国际场合对日本依冲之鸟礁主张专属经济区和大陆架的做法表达关切和质疑。2009年，委员会第24届会议决定设立小组委员会并审议日本划界案的全部区块，同时还决定不对小组委员会撰写的涉及冲之鸟礁的建议草案采取行动，除非委员会另作决定。日本则认为，冲之鸟礁不是礁，因为《联合国海洋法公约》并没有对礁进行定义。

不过，如何争取国际社会对其立场的理解是日本面临的现实问题。

同一时期，日本在东海、钓鱼岛问题上与中国争执不断。中日在东海主张的专属经济区存在重叠，需要划界，但双方的划界原则不同。日方主张依据“中间线”原则划界，中方主张依据“大陆架自然延伸”原则划界，东海大陆架延伸到冲绳海沟，应以冲绳海沟作为分界线。2004 年，对于中方在中日无争议的东海海域开发油气田，日方突然提出抗议，认为中方油气田靠近“中间线”，可能像吸管一样吸走日方海域的油气，要求中方停止开发并提供勘探数据。日方的要求是以其单方面主张的“中间线”为依据提出的，而且所谓的“吸管效应”并无任何确凿数据可以佐证，因此中方断然拒绝。关于钓鱼岛问题，该岛及其附属岛屿是中国的固有领土，但长期以来被日本非法占据。在钓鱼岛问题上，中方采取措施时，日方往往表示抗议；日方采取措施时，中方一定会坚决反对。21 世纪头 10 年，双方都有动作。2003 年，日本政府向所谓拥有钓鱼岛所有权的国民“租借”钓鱼岛，同年日本右翼团体登岛维修灯塔。2004 年中国保钓人士登岛。2008 年中国海监船进入钓鱼岛领海。另外，前述日本所谓的“中间线”之中有一部分是以钓鱼岛领海基线为起点划出的。同一时期，日本与韩国之间围绕竹岛（韩国称独岛）问题，与俄罗斯之间围绕“北方领土”（俄罗斯称南千岛群岛）问题也龃龉不断。

最后，自然因素和人为因素对低潮线有不利影响。岛屿常年受海浪冲刷，容易碎裂，日本又多台风、地震，岛屿容易风化、下沉。如果岛屿变小或消失，会直接导致低潮线收缩或消失，专属经济区和大陆架的面积将大幅减少。人为因素方面，挖掘海床、采集沙土、在岛上建设施，都可能改变岛屿的形态，导致低潮线收缩。

在上述背景下，日本出台《低潮线法》主要有以下三方面考虑。第一，争夺海洋权益。主要体现为想方设法使冲之鸟礁成为《联合国海洋法公约》中拥有专属经济区和大陆架的岛。这是该法最主要的考虑，因此日本又将《低潮线法》称为“冲之鸟岛法”。第二，宣示争议岛屿主权。在法律和实施细则中展示日本对争议岛屿的立场。第三，维护正当海洋权益。对于靠近本土和无争议的岛屿的低潮线，密切关注自然因素的影响，尽量减少人为因素的影响。

二、主要内容和特点

《低潮线法》由总则、基本计划、低潮线保护区、特定离岛港湾设施、杂则、罚则和附则构成。总则开宗明义，指出制定该法的目的是，鉴于专属经济区和大陆架是自然资源勘探与开发、海洋环境保护等活动的重要场所，为保护（维持专属经济区等必需的）低潮线并在重要离岛建设基地设施（作为维持和利用专属经济区的活动基地），通过制定基本计划、限制在低潮线保护区进行海底挖掘等行为、建设特定离岛港湾设施等措施，促进专属经济区和大陆架的保护与利用。

《低潮线法》的核心内容是对特定离岛港湾设施的规定，占了约一半篇幅。特定离岛是指，远离本土的、由政令指定的离岛，从其周边的专属经济区和大陆架存在的天然资源看，作为专属经济区和大陆架的保护和利用基地具有重要意义，并且特别有必要建造设施。特定离岛港湾设施是指，用于国家事务或国家项目的锚地、码头等港湾设施，其建设、改良、管理由国土交通大臣负责。对于存在特定离岛港湾设施的港湾，国土交通大臣可以划定对港湾利用、保护确有必要的水域（包括上空和水下）并进行公告，拟在该水域实施以下行为者必须获得国土交通大臣的许可：占用水域（填埋公有水面除外）、采集沙土、对港湾利用和保护可能产生不利影响的行为。

日本国土交通大臣在审批时从严掌握。第一，可以视情况附加条件。第二，如拟实施的行为明显不利于港湾利用或保护，或者不能维持、加强港湾功能，或者公益上并非特别需要，必须拒绝批准。国家或地方政府如拟实施上述三项行为，也必须与国土交通大臣协商，国土交通大臣则根据从严掌握的原则决定是否拒绝协商。第三，对于获批者，可要求其提供报告，或让国土交通省工作人员进入获批行为相关场所或获批者办公室，检查获批行为的情况或构造物、账本、文件等物件。第四，对获批占用水域、采集沙土者，可以向其征收占用费或沙土采集费。对于以不正当手段免除占用费或沙土采集费者，可处以相当于被免除金额5倍以下的罚款。第五，对于违反规定实施了上述三种行为者、违反批准时所附条件者、使用不正当手段获批者，国土交通大臣可以命令其：中止工程，撤走转移改建构造物、船舶等物件（合称构造物等），消除工程等行为或构造物等产生的障碍，为防止出现障碍而设置必要设施，恢复原状。

低潮线保护是《低潮线法》的另一个重点。该法的主要做法是设置低潮线保护区。低潮线保护区是指，政令指定的、需要保护低潮线的海域（包括海床和底土）。在低潮线保护区内，拟实施下列行为者必须事先获得国土交通大臣的许可：海床挖掘或切割、沙土采集、新建或改建设施、可能影响海床形态和性质的行为。对未经国土交通大臣许可、擅自实施上述行为者，处1年以下刑期或50万日元以下罚款。

对于争议岛屿，《低潮线法》间接宣示了主权。总则强调，对于由于不得已原因无法通过调查对海底地形、地质等低潮线及其周边自然条件进行确认的海域，不划定低潮线保护区。因为日韩、日俄争议岛屿都处于对方实际控制之下，日本很难派出调查船或水下设备对其海底进行调查。

此外，《低潮线法》有两点值得借鉴。一是该法注意尽量减轻对正常生产生活的影响。总则强调，以保护低潮线的方式维持专属经济区和大陆架时，应最小限度划定低潮线保护区。政令规定的、不影响低潮线保护的行为无需获得国土交通大臣的许可。二是该法注意与其他相关法律的衔接。例如，国土交通大臣划定对特定离岛港湾利用、保护确有必要的水域时，必须与《河流法》规定的相关河流管理者或《海岸法》规定的相关海岸管理者协商；根据《海岸法》《港湾法》《渔港法》等相关规定已经获批的，无需根据本法再获国土交通大臣许可；对《港湾法》《水产资源保护法》《自卫队法》《海岸法》《海洋水产资源开发促进法》中与《低潮线法》不一致的地方进行修订。

三、用法“实战”

2010 年 6 月，日本制定《低潮线法》的实施细则（2011 年 5 月修订），就《低潮线法》的有关条款进行说明，包括：指定冲之鸟礁、南鸟岛为特定离岛；以经纬度划定 185 个海域及其海床、底土为低潮线保护区，给每一个保护区编号（位于冲之鸟礁的保护区达 14 个，在钓鱼岛非法划了 8 个保护区）；明确低潮线保护区内无需许可的行为指《海岸法》规定的海岸保护区管理行为、《港湾法》规定的港湾管理者实施的港湾工程、《渔港法》规定的特定渔港渔场建设项目及根据渔港管理规程实施的行为；规定存在特定离岛港湾设施的港湾需要获得占用许可的水域的上空为 100 米以内，水下为 60 米以内；规定对存在特定离岛港湾设施的港湾的利用或保护可能产生不利影响的行为指的是丢弃国土交通大臣针对每个港湾指定的废弃物；规定国土交通大臣可以批准占用水域的情况，包括为建设、改良、维护特定离岛港湾设施或实施复原工程而占用水域，为向基地设施供电而设置电线或者为实施管理而占用水域，或者为打捞沉船等物件而占用水域。上述规定指定了特定离岛、低潮线保护区，与其他法律进行了衔接，详细列举了禁止和许可的行为，便于法律付诸实施。

与此同时，日本政府制定了《海洋基本计划》，就落实《低潮线法》进行详细规划。

低潮线保护方面。第一，低潮线保护区的设定以领土内所有低潮线为对象，但“北方领土”（俄罗斯称南千岛群岛）及竹岛（韩国称独岛）的周边海域属于法律规定的“不得已”情况，因此不将相关区域划为低潮线保护区。不过，如果通过调查可以确认其自然条件，将立即开展调查并设置低潮线保护区。第二，为掌握低潮线的现状、合理设定低潮线保护区，同时防止人为损坏、确认自然侵蚀情况并研究是否需要采取保护措施，有关部门合作对低潮线进行监控、巡视。第三，对各部门掌握的海洋信息、低潮线信息进行汇总；设立和加强自然条件调查以及低潮线保护区执法的机构和队伍，研究制定资源勘探和科学考察的制度措施。具体说来，使用自动潜航器、测量船、航空激光、卫星等工具调查海底地形、地质及海流；建设海洋信息交流平台，对海洋信息进行统一收集、管理、提供，所有行政机关、学界在该平台登记自己掌握的海洋信息，同时将海洋信息可视化，建成电子基本信息图（海洋台账）；建设低潮线数据库，并在相关行政部门之间共享，内容包括低潮线的位置、行政隶属、图纸、照片、利用情况以及低潮线所在离岛的名称、位置、设施；低潮线保护区划定后，如自然条件发生变化，及时变更保护区范围；建立低潮线保护区巡逻体制，加强部门协调，发现违法行为及时作出处罚；对低潮线周边的无主土地，尽早进行国有化；对于与低潮线保护区重叠的海岸保护区、港湾区、渔港区，相关部门在建设和管理时要考虑如何保护低潮线。

特定离岛建设方面。一方面，为方便船舶逗留、停靠、卸货，在南鸟岛南侧海岸建设港湾设施（码头、锚地和附属设施），在冲之鸟礁西侧建设港湾设施及临港道路，配备调查海底地形的船舶、机器。另一方面，以特定离岛为基地开展系列活动，包括：开发珊瑚种苗生产、繁殖、移植技术；推进海洋矿物资源开发；建设渔场；推进海洋可再生能源实用化；开发适用于海洋的新材料；观测地球环境；观测地壳变动；为观测、研究活动创造条件；设定海洋保护区；发展教育、观光事业；观测海流，掌握周边海上交通情况，收集基础数据，并设置灯塔等航线标识。可以看出，日本极力扩大冲之鸟礁的面积，营造维持人类居住的条件，并尽量开展观测、调查和经济活动，以便符合《联合国海洋法公约》对拥有专属经济区和大陆架的岛屿要求。

此外，日本努力向国民普及专属经济区和大陆架的保护利用的重要意义，推动地方政府和有关人员理解、配合法律实施。

根据上述《海洋基本计划》，迄今日本在四个方面进行了落实：一是在民众可能前往的低潮线保护区设置告示牌，告知被禁止的行为；使用巡逻船、直升机等对保护区进行巡视，每个保护区每年至少巡视一次；收集海底地形等基础信息，配备测量工具，获得卫星图片；充实海洋信息平台的内容；对低潮线数据库进行维护、更新。二是以特定离岛为基地，开发有效的种苗生产技术及移植、增殖技术，修复珊瑚礁生态系；在周边海域进行基础调查；开展海洋可再生能源的技术验证；开展纤维复合材料、超耐腐蚀性金属的耐久性实验；观测二氧化碳、臭氧等温室气体；为研究机构实施气象观测提供协助；在冲之鸟礁观测海潮海流；保护并使用航线标识。三是建设特定离岛港湾设施。四是召开相关部门联席会议，开展跨部门合作。

2012 年，联合国网站公布了委员会对日本划界案的审查结果和建议。根据审查结果，委员会否决了其中三个涉及冲之鸟礁的区块。三个区块分别是九州—帕劳海脊南部区、四国海盆区、南硫磺岛区。委员会决定不审议完全以冲之鸟礁为基点的九州—帕劳海脊区块；南硫磺岛区块要求与冲之鸟礁 200 海里线脱钩，面积减少了约 80%；四国海盆区块南部界限也要求脱离冲之鸟礁

200 海里专属经济区的权限。这意味着委员会不承认冲之鸟礁是拥有专属经济区和大陆架的岛。在日本看来，冲之鸟礁涉及至少 42 万平方公里海域的权益，因此不会放弃变礁为岛的努力，会按照《海洋基本计划》持续推进有关建设。日本的做法最终能获得国际社会多大支持，需要持续观察，但其消极影响不容忽视。一是日本单方面主张冲之鸟礁拥有专属经济区和大陆架，对其他国家在相关海域的渔业活动、科学考察进行管辖，侵犯了他国正当权利。二是日本的做法相当于强行侵占国际公共海域，侵蚀了全球公共利益。三是日本的做法具有不好的示范作用，有可能引起其他国家效仿，破坏《联合国海洋法公约》的权威性和严肃性，导致对海域的新一轮争夺和海洋乱象。

关于争议岛屿，日本的做法引起了反效应。中国开始对钓鱼岛进行常态化巡航，韩国时任总统李明博登上独岛（日本称“竹岛”），俄罗斯加强在南千岛群岛（日本称“北方领土”）的军事存在。

唯一取得积极效果的是对低潮线的保护工作。日本媒体报道，2020 年底，海上保安厅、国土地理院等机构通过卫星图片比对等方式发现有 8 个国境离岛无法确认位置，其中 5 个偏离了原来的位置，3 个可能已经消失。这 3 个可能已经消失的离岛都位于北海道近海，其中 2 个消失的离岛的面积都是 100 多平方米，1 个可能因北海道地震沉入海里，另 1 个可能在修筑防波堤时将其浇筑在一起了；剩下 1 个可能因被海浪或浮冰侵蚀而消失。日本对国境离岛的持续观测有助于及时掌握情况、分析原因，并采取针对性应对措施，进一步保护离岛及其低潮线。

俄罗斯灵活用法反干涉

1991 年 12 月，苏联国家大厦轰然倒塌，俄罗斯成为苏联唯一的继承国。在独立之初，俄罗斯一心想融入西方，建立起西方式的政治经济体制，并对俄美关系友好抱有真诚的幻想。然而，俄美两国的现实利益背道而驰，文化历史传统迥异，结构性矛盾难以调和，始终未能成为亲密盟友。2014 年以来，俄美关系在乌克兰危机、两国内政等问题的裹挟下不断恶化。美国及其盟友视俄罗斯为直接威胁，对其展开了政治、经济、人权等全方位干涉，希望最大限度地打压俄罗斯，遏制其发展，破坏其稳定，甚至颠覆其政权。双方在外交、媒体、经济等多条战线的博弈持续升级，硝烟弥漫。在与西方国家的斗争中，法治手段是俄罗斯反抗西方干涉、维护国家安全的重器。

一、颠覆干涉的"重灾区"

冷战结束 30 多年来，美国及其盟友并未放弃遏俄、弱俄的目标，政治干涉、经济制裁、人权施压多管齐下，试图破坏俄罗斯的稳定，对其进行民主改造。

政治领域，美国打着“外交项目”的幌子，直接或通过非政府组织支援俄罗斯的各种“民主”实践，对俄罗斯国内的反政府活动推波助澜。

一是培养“民主斗士”。美国精心挑选“有前途的”俄罗斯反对派人物，或是输送资金，或是提供政治斗争培训，提高其与俄罗斯政府抗争的能力；或是配合反对派的活动，为其行动提供联络平台等支持；或是发起舆论攻势，甚至公开为其“站台撑腰”。美国总统小布什、奥巴马都曾会见俄罗斯社会团体代表及反对党领导人。在美国政府资助的“民主”活动中也不乏俄罗斯反对派的身影。

俄罗斯反对派头目纳瓦利内更是被美国及其盟友包装为“反腐英雄”和反抗普京“强权”的“民主斗士”。据俄罗斯外交部披露，纳瓦利内曾多次受到美国、德国等西方国家驻俄大使馆资助。2018 年俄罗斯总统大选之前，纳瓦利内因有犯罪记录不符合参选条件，美欧国家纷纷为其“打抱不平”。西方媒体和非政府组织大做文章，不仅鼓吹纳瓦利内是“唯一”的候选人，而且号召选民抵制选举。在大选中，西方国家支持纳瓦利内的“智能投票”策略，在网络上发布大量广告，传播投票经验。

二是扶植非政府组织。俄罗斯最初并未严格规范非政府组织的活动。西方非政府组织趁机在俄罗斯广泛布局，深入社会，为干涉、渗透埋下伏笔。据俄罗斯司法部统计，俄罗斯有 20 余万个非政府组织。其中，被认定为外国代理人机构的有 100 多个。另外，还有 600 多家西方各类非政府组织活跃在俄罗斯境内，最具代表性的有美国国家民主基金会、欧亚基金会、索罗斯基金会和“自由之家”等。这些机构与俄罗斯反对派暗通款曲，支持反对派和非政府组织从事各类反政府活动。

近年来，西方国家对俄罗斯非政府组织的支持愈发慷慨。俄罗斯联邦委员会（议会上院）主席马特维延科称，西方国家每年通过非政府组织、基金会和赠款等向俄罗斯政治活动提供的资金高达 700 亿—900 亿卢布。同时，西方国家尤为关注青年群体。2021 年，美国国务院在包括俄罗斯在内的 4 个国家启动了青年领袖培训计划，支持参与者回国之后与非政府组织合作，将培训成果付诸实践。俄罗斯联邦委员会保护国家主权和防止干涉内政临时委员会主席克里莫夫称，2020 年，美国国家民主基金会拨款约 70 万美元，用于对俄罗斯青年的赠款，支持政治行动、组织培训，以及建立网络联系。

三是培育反政府的舆论土壤。西方国家凭借其信息优势，通过媒体、国家宣传机构、非政府组织和代理人，在全球范围封禁俄罗斯官方的消息，放大反对派的声音，不断强化俄罗斯负面形象，影响俄罗斯媒体人士和博主。除了依靠媒体之外，美国政府还资助俄罗斯非政府组织和智库，深入俄罗斯各个地区进行“社会学研究”，炮制研究成果，引导俄罗斯社会中民众的不满情绪。俄罗斯外交部称，美国大使馆在2018年俄罗斯总统大选之前派员前往俄罗斯各地，了解民众对社会经济形势和制裁的看法，以及对政府的态度。“美国之音”“德国之声”等媒体紧密配合，发表了千余篇涉及选举的评论，刻意歪曲选举。

四是煽动动荡混乱。诋毁选举合法性是西方在俄罗斯选举周期的常规操作。2011年议会选举之后，反对派以选举“舞弊”为由掀起大规模抗议。西方政要和媒体煽风点火，极力鼓动民众上街。时任美国国务卿希拉里称俄罗斯国家杜马（议会下院）选举“既不自由，也不公正”，要求俄罗斯政府对操纵和欺诈进行全面调查。美国国务院发言人马克·托纳声称：“我们应拿出900万美元，确保俄罗斯即将举行的总统大选公正透明。”他还承认美国为“声音”等俄罗斯非政府组织提供了财政支持，大选前还将提供更多资金。从俄罗斯国家杜马选举到总统大选，俄罗斯多地爆发多次反政府和反普京游行。公布大选结果之后，美国国务院立即发表声明，对违规行为表示关切，要求俄罗斯调查。西方媒体进行了大量负面报道，“德国之声”直接呼吁莫斯科人走上街头。2018年总统大选之后，“自由欧洲电台”立即发文《统计数据显示：普京赢得了1000万张选票》，“德国之声”刊文《俄罗斯总统选举抗议行为的五种策略》，为民众示威抗议支招。

经济领域，西方国家将贸易和金融武器化，以期打垮俄罗斯金融和经济，破坏俄罗斯政权稳定性。乌克兰危机爆发以来，美国联合盟国对俄罗斯实施多轮制裁。制裁初期主要针对俄罗斯相关官员、商人和企业。2014 年 7 月，马航 MH17 客机在乌克兰东部坠毁，美欧制裁政策转变为打击俄罗斯能源、军工、金融三大核心部门，干扰俄罗斯对外经济活动。几年来，制裁层层加码，步步升级，逐步将俄罗斯数千名个人和法律实体列入“黑名单”。俄罗斯关键经济部门难以获取西方技术设备，在全球主要金融市场的融资渠道基本被切断，企业间正常联系被干扰，被制裁对象与第三方的经济往来严重受限。在不断追加制裁的同时，美国通过 2017 年 8 月的《通过制裁打击美国对手法案》增加了取消或放松对俄罗斯制裁的限制条件，要求总统的相关决定必须经过国会批准。

2022 年，俄罗斯与西方国家之间的经济金融博弈骤然升级。一年多的时间里，西方国家对俄罗斯制裁数量超过 1.2 万次，使俄罗斯成为全球受制裁次数最多的国家。制裁极大地扰乱了俄罗斯与全球金融系统和经济贸易体系的联系，使俄罗斯几乎被排除在国际体系之外。除了直接破坏俄罗斯经济稳定性外，美国大张旗鼓将俄罗斯政要、企业家纳入制裁名单，影响公众对俄罗斯政治精英的看法。

在政治和经济干预之外，美国及其盟友在人权方面不断出击。

2021 年，纳瓦利内在德国治疗后回国被捕，其团队立即发布纪录片《普京的宫殿》，揭露普京“贪腐”丑闻，煽动示威者走上街头，引发俄罗斯 10 年来最大规模的反政府游行。美欧多国政要第一时间向俄罗斯喊话施压，谴责俄罗斯政府“暴力”平乱，要求释放纳瓦利内，后期还对俄罗斯实施了新制裁。而在抗议爆发之前，美国驻俄大使馆就发布了一份“向克里姆林宫进军”的路线图，列出各地游行的时间和地点，传播与政府周旋的技巧。俄罗斯外长拉夫罗夫指出，《普京的宫殿》是与西方情报部门合作的结果。片中，纳瓦利内到访了普京工作过的苏联驻德国德累斯顿情报站大楼，找到了“普京个人档案”。拉夫罗夫认为，不与德国政府合作就不可能进入大楼，更不可能翻看档案。就此而言，西方对事件发酵发挥了重要作用。

二、反干涉：剑拔弩张

在机制层面，俄罗斯在议会成立了专门的反干涉机构，加强了对反干涉工作的统筹协调。2017 年 6 月，俄罗斯联邦委员会（议会上院）成立了保护国家主权和防止干涉内政临时委员会，负责就保护主权和反干涉问题提出立法建议，监控外国和国际组织干涉俄罗斯内政的活动等。该委员会将通过非政府组织参与政治活动、资助有利于培养政治竞争对手的教育项目、利用媒体和社交媒体诋毁国家、鼓励抗议和吸引青年参与抗议行动、干涉俄罗斯联邦和地区选举、反俄制裁、体育政治化等都视为外国干涉俄罗斯内政的主要方向。2019 年 8 月，俄罗斯国家杜马（议会下院）成立了外国干涉俄罗斯内政事实调查委员会，负责研究和分析外国干涉俄罗斯内政的情况，提出关于消除外国干涉的立法措施建议等。

在法律层面，俄罗斯通过《俄罗斯联邦宪法》修正案、《外国代理人法》等多部法律进行反干涉斗争，编织了一张不断收紧的法网。

第一，修宪加强主权。2020 年，俄罗斯顺利完成修宪，更加注重维护国家主权和安全。更新后的宪法首次提出"联邦领土"的概念，规定俄罗斯联邦领土包括其主体的领土、内水和领海及其上方的领空，指明"俄罗斯联邦应保护其主权和领土完整，不允许采取旨在分割俄罗斯联邦部分领土的行动以及要求采取此类行动的呼吁"。同时，宪法明确规定，俄罗斯是苏联在其领土上的合法继承者，俄罗斯保护历史真相，不允许贬低人民保护祖国的功绩。

为防止外国势力影响俄罗斯政权机关，俄罗斯通过修宪确保精英"民族化"，从宪法高度对于占据保障国家安全和主权关键位置的人员划出了制度上的红线，以防止西方"代理人"窃取俄罗斯政权。修宪之后，从联邦中央到联邦主体，从政府到议会、法院和检察院，俄罗斯所有权力机关负责人都必须永久居住在俄罗斯，要求无外国国籍或居留权，无海外资产。同时，禁令范围扩大到议会两院议员、政府各部部长、法官、检察官和其他关键部门官员。对俄罗斯总统候选人的规定更为详细：俄罗斯总统候选人年龄不得低于35岁，在俄罗斯居住年限不得少于25年，没有外国国籍或外国永久居留权，不得在境外的外国银行开设和持有账户（存款）、持有现金和贵重物品。

为进一步维护俄罗斯主权，俄罗斯宪法首次提出宪法优先于国际法的原则。按照宪法规定，俄罗斯可以参加国际组织，并根据俄罗斯签署的国际条约让渡部分权力，但让渡权力的前提是不能限制公民权利和自由，也不违反俄罗斯宪法秩序的基本原则。如果国际机构根据俄罗斯参与的国际条约的规定所做出的决定与俄罗斯宪法相冲突，则俄罗斯不可执行。

第二，严管“外国代理人”。2006年以来，俄罗斯先后推出《非政府组织法》《外国代理人法》和《不受欢迎组织法》等一系列法律法规，严控非政府组织的活动，限制外国非政府组织在俄发展空间，削弱外部势力利用非政府组织对俄渗透和颠覆的能力。根据相关法律要求，外国非政府组织须向俄罗斯政府通报资产的获取、分配、使用等情况，俄罗斯政府则有权审查其活动及财务状况，对违规者进行相应处罚。

其中，2012年7月出台的《外国代理人法》对防范外部势力利用非政府组织对俄罗斯进行渗透和颠覆发挥了重要作用。该法首次明确提出“外国代理人”的概念，即接受外国资助、代表外国利益在俄罗斯境内从事政治活动的俄罗斯本土非政府组织，并将其作为单独一类法律监管对象。该法通过严格登记制度、严控资金来源、从严检查监督等方式限制“外国代理人”的生存和活动空间。此后，“声音”等受到外国和国际组织资助并从事政治活动的非营利组织被列入“外国代理人”名单，活动受到管制。2015 年出台的《不受欢迎组织法》进一步提出，如果外国非政府组织对俄宪法基本原则、国家安全或国防能力构成威胁，则被视为“不受欢迎组织”，不能在俄罗斯开展活动。

针对外国媒体，俄罗斯 2017 年修改《大众传媒法》和《信息、信息技术和信息保护法》，规定了履行“外国代理人”职能的外国新闻媒体的概念，明确将受外国资助的媒体登记为“外国代理人媒体”，要求对其采取“外国代理人”同等措施。“外国代理人媒体”必须在俄罗斯设立法人，只能通过俄罗斯法人在俄罗斯境内进行新闻传播，且每 6 个月须向俄罗斯政府提交财务报表和活动报告，并接受年度审计。当年 11 月，为反制美国迫使“今日俄罗斯”电视台驻美分部注册为“外国代理人”的举动，俄罗斯引用相关法律将“美国之音”“自由欧洲电台”等驻俄媒体都认定为“外国代理人”。

2019 年 12 月，俄罗斯再次修改上述法律，扩大了“外国代理人”在法律上的定义，将受外国资助的发表“印刷、音频、视频或其他报告和材料”的个人同样视为“外国代理人媒体”。同时，只要接受外国资金，无论数额多少，无论资金是来自外国政府、组织，还是个人，都视为“外国代理人”。法律发布之后，俄罗斯司法部相继将100多家媒体和博主列为“外国代理人媒体”。这些媒体发布任何信息都必须注明其“外国代理人”的身份。此外，俄罗斯《大众传媒法》规定，外国法人和个人在俄罗斯媒体中直接或间接拥有的股份（股票）不得超过20%。“美国之音”、“自由欧洲电台”、英国广播公司、“德国之声”、法国“世界媒体”集团和拉脱维亚新闻网站“美杜莎”等均被司法部贴上了“外国代理人”的标签。

2022年俄乌冲突爆发之后，俄罗斯与西方国家在舆论场上的博弈再次升级。俄罗斯出台多项法案，收紧对“外国代理人”的管控。2022年3月4日，俄罗斯总统普京签署刑法修正案，对散布有关俄军行动的虚假信息、诋毁俄罗斯武装力量以及呼吁进行反俄制裁的行为进行惩罚。2022年7月14日，普京签署了“关于控制外国影响者的活动”的法律。该法又被称为“新外国代理人法”，概括了俄罗斯关于“外国代理人”的法律规范，进一步明确了“外国代理人”“外国影响”“外国来源”“政治人物”等概念，决定实施统一的“外国代理人”登记册。根据该法规定，任何俄罗斯或外国的组织或个人，如果接受外国支持或外国影响，开展政治活动，有目的地收集俄罗斯军事活动信息，向不受限制的人分发或参与创建相关信息和材料，均可被认定为“外国代理人”活动。

第三，净化网络空间。网络空间是俄美博弈的激烈战场。根据俄罗斯联邦安全局的统计，俄罗斯总统办公厅、国家杜马、联邦委员会网站每天遭受1万余次的黑客攻击。俄罗斯已成为全球网络安全风险最高的国家之一。为了维护网络安全，应对网络攻击和制裁风向，俄罗斯通过立法手段提升网络关键基础设施的自主可控水平。近年来，俄罗斯相继出台了《联邦通信法》《防止儿童接触有害其健康和发展的信息法》（俗称“网络黑名单法”）等数十部法律文件，形成多层次网络安全法律体系，全面强化网络管控。为进一步反抗美国网络霸权，俄罗斯2019年11月推出《主权互联网法》，将创建自主互联网，通过打造域名系统、自主地址解析系统等实现互联网和本国数据的自主可控，减少对境外网络的依赖，维护国家信息安全。

第四，运用人权武器。在人权领域，俄罗斯用法律武器对美国挑衅以牙还牙。俄罗斯律师马格尼茨基曾揭露了一起涉案金额达2.3亿美元的官僚诈骗案。2008年，他因受到逃税指控而被俄罗斯警方逮捕，羁押期间因心脏病发在看守所去世。美国认为这是俄罗斯政府对反腐人士的蓄意谋杀。2011年7月，美国国务院对数十名涉及马格尼茨基案的俄罗斯官员实行签证制裁。2012年12月6日，美国参议院表决通过了《马格尼茨基法案》，禁止向与马格尼茨基之死有关的 60 名俄罗斯人发放美国入境签证，并冻结他们在美国的资产。2012 年 12 月 19 日，在美国通过《马格尼茨基法案》的 13 天后，俄罗斯国家杜马就通过了《季马·雅科夫列夫法案》，禁止美国夫妇领养俄罗斯儿童，同时宣布废除 2012 年 7 月俄罗斯政府批准的俄美儿童领养协议。

三、反制裁：利剑出鞘

面对铺天盖地的制裁围堵，俄罗斯立法机构见招拆招，迅速行动，基本形成反制裁立法框架体系。

2006 年，俄罗斯颁布了《特别经济措施和强制措施法》，规定了实施特别经济措施和强制措施的目的和原则、执行方式、权力机构的职能和地位等。该法在 2019 年和 2022 年经过了两次修订。根据该法，特别经济措施为保护俄罗斯利益和安全、消除或尽量减少对俄罗斯公民权利和自由的威胁的临时性措施。其主要目标是应对外国单方面限制性（制裁）措施或其他行动。其手段包括暂停实施经济、技术和军技合作项目，禁止或限制金融交易，禁止或限制对外经济交易等。强制措施则是为执行联合国安理会决议采取的措施，其实施、修正、暂停或撤销均由联合国安理会决议规定。其目标为防止和消除对和平的威胁、制止侵略行为或其他破坏和平行为。

2018 年 6 月，普京签署了《关于影响（反制）美国和其他国家不友好行为的措施的法律》，引入了“反制裁措施”的概念，以应对美国和其他国家、机构、法人和公民针对俄罗斯、俄罗斯公民及法人采取的不友好措施。该法规定，俄罗斯有权终止或暂停与不友好国家或机构的国际合作，禁止或限制与不友好国家或机构进行产品和原料进出口贸易，禁止或限制不友好国家机构参与俄罗斯国家采购合同和俄国有资产私有化，禁止受制裁的人员进入俄罗斯等。俄罗斯政府可以据此出台各种相应反制措施。

为保护受制裁影响的法人和个人的权益，俄罗斯政府 2019 年 4 月通过决议，允许证券发行人在有限的范围内披露或提供信息。此外，俄罗斯还发布了《仲裁程序法修正案》，允许受到外国制裁的俄罗斯法人实体将与外国当事方的争端提交俄罗斯仲裁法院，以保障其获得公平审判的权利。

2022 年 2 月俄乌冲突爆发后，美国联合西方盟友对俄罗斯祭出了制裁“海啸”。为了反击不友好国家，俄罗斯紧锣密鼓颁布了一系列“战时”法令，提出了“不友好国家”的概念，有的放矢采取反制措施。2022 年 3 月 5 日，普京签署了《关于履行对某些外国债权人义务的临时程序》总统令，要求政府确定对俄罗斯国家、法人和个人实施不友好行为的外国和地区名单。俄罗斯政府据此迅速出台了不友好国家和地区名单，明确了诸多反制法令的执行范围。

此后，俄罗斯针对外国和国际组织的“不友好行为”推出了

多项报复性特别经济措施，严格限制与不友好国家和组织、企业及个人的交易，禁止对被俄罗斯制裁的对象履行交易义务和金融交易，禁止向被俄罗斯制裁对象出口产品和原料，并要求俄罗斯联邦政府、联邦主体、市政机构和居民对不友好国家债权人应以卢布偿债，以避免债务人在受到资本管制的情况下违约。

在金融领域，普京签署了《关于保障金融稳定补充临时措施》等多个总统令，要求出口商将外汇收入的80%强制结汇，并暂停对外国债权人的外币支付，禁止民众携带1万美元以上的等值外币现金或支付工具出境。针对外国法人和实体，俄罗斯暂时禁止其出售俄罗斯证券和在俄资产。

在贸易领域，为破解出口管制难题，俄罗斯通过总统令允许在未经“不友好国家”的专利持有人同意且不提供补偿的情况下使用其专利权，并将平行进口合法化，允许进口商在未获得知识产权人的授权或同意的情况下进口其在其他国家或地区市场的产品。

上述法令的出台无疑为俄罗斯政府、机构、企业和个人采取反制措施提供了充足的法律依据，俄罗斯得以暂时扛住了制裁冲击。

总之，在与西方国家博弈的各个战场，俄罗斯挥舞法律利器，灵活应对压力，使西方国家未能实现“打乱”俄罗斯的目标，有效维护了本国安全和利益。

古巴构筑法律护栏抵御“颜色革命”

古巴是世界现有社会主义五国之一，也是西半球唯一的社会主义国家，长期以来战斗在反美第一线。1959 年古巴革命胜利以后，古巴成为以苏联为首的社会主义阵营与美国为首的资本主义阵营冷战的“桥头堡”，遭到长达半个多世纪的政治颠覆、经济制裁和外交孤立，堪称人类历史上时间最长、范围最广、规模最大的制裁和封锁之一。冷战结束后，古巴仍持续面临来自美西方猛烈的意识形态渗透和“颜色革命”攻势。为了抵御“颜色革命”的侵扰，古巴共产党和政府从本国国情出发，顶住重重压力，边斗争、边总结、边创新，逐步构筑起一套抵御“颜色革命”的法律体系，有力捍卫了社会主义制度和国家安全，维护了政治安全和政权安全。

一、无孔不入的美国阴影

自1959年古巴革命胜利以来，美国始终将古巴社会主义政权视为“眼中钉”“肉中刺”，不断调整策略手法，千方百计颠覆古共政权。前期，美国的手法主要是经济封锁和武装颠覆，后期则是“和平演变”，寄希望通过策动“颜色革命”实现古巴“变色”。

加强制裁封锁，挑动社会不满。强化对古巴的制裁和封锁是美国策动“颜色革命”最主要的手段之一。古巴革命胜利后，美国便开始酝酿切断古巴经济来源。1960年，美国国务院在一份文件中表示，“大多数古巴人支持卡斯特罗，削弱民意支持的唯一办法是通过制造经济困境和物资困难，引起失望和不满情绪……切断资本和商品工业，减少财政资源和工资，引发饥饿和绝望情绪”。美国最初实施部分制裁，包括停止从古巴进口蔗糖、中断向古巴供应石油、出售武器等。随着1961年美古断交，美国通过《对外援助法》切断对古巴的援助。1962年，时任美国总统肯尼迪签署总统令，依据《敌国贸易法》启动对古巴的全面经济、金融封锁和贸易禁运。20世纪90年代，美国趁古巴受苏东剧变影响陷入“特殊困难期”，于1992年和1996年先后出台

《古巴民主法》（也称《托里切利法》）和“赫尔姆斯—伯顿法”对古巴施展“长臂管辖”，包括禁止美国企业海外分支与古巴通商、禁止停泊古巴港口的外国船只在 180 天内驶入美国、禁止与古巴有经贸往来的外企进入美国市场、阻挠国际金融机构向古巴提供贷款等。奥巴马政府时期，美国与古巴关系有所缓和，两国启动关系正常化进程，实现设馆、建交和领导人互访，其间奥巴马通过行政命令放松对古巴制裁，包括将古巴剔除出“支持恐怖主义国家”名单。特朗普政府上台后采取“极限施压”政策，加码制裁力度，企图“以压促变”，美国对古巴制裁达到新的高峰。据古巴政府统计，特朗普政府对古巴实施的单方面制裁措施超过 240 项，主要包括限制与古巴军队、情报或安全部门控制的公司进行金融交易、限制人员往来和侨汇、阻挠委内瑞拉向古巴出口石油等。此外，特朗普政府还重启一直冻结的“赫尔姆斯—伯顿法”第 3 条，允许美国公民和法人就革命后古巴政府征用的资产提起诉讼，并将古巴重新纳入“支持恐怖主义国家”名单，企图制造寒蝉效应，阻挠外资流入古巴，进而拖垮古巴经济，为策动“颜色革命”奠定经济基础。

渗透美式价值观，侵蚀意识形态。美国通过发布官方文件、设立舆论阵地、操控社交媒体等方式展开意识形态攻势，不断宣扬所谓美式体制机制“优越性”，美化美国的经济发展、社会文化和生活方式；与此同时，攻击古巴的社会制度和人权状况，炒作经济社会问题，企图影响古巴民众的思想观念，冲击传统价值体系，为策动“颜色革命”做舆论和思想准备。冷战期间，美国政府专门设立古巴广播办公室，通过“自由古巴电台”“马蒂电台”“马蒂电视台”等展开反古宣传。近年来，随着互联网和智能手机在古巴逐步普及，美国将“信息战”的主阵地转移至互联网和社交媒体。美国国务院成立专门的古巴互联网工作组，设立反古网站，发动社交媒体渗透行动，传播制造虚假信息。近年来，古巴已曝光美国策动的“蜂鸟计划”“金字塔计划”等多个社交媒体渗透行动。2021 年 7 月 11 日，包括首都哈瓦那在内的古巴多地爆发反政府示威游行。古巴政府披露，美国国务院和佛罗里达州政府长期资助总部设在迈阿密的一家媒体公司，指挥该公司在社交媒体发起“古巴人道主义干预运动”，设立“SOS Cuba”标签，并操控机器人账户大量转发评论以煽动民众反政府情绪、参与社会运动，进而制造社会混乱。

拉拢社会各阶层，资助反古势力。美国广泛支持、拉拢、培训和资助古巴国内外反古共分子，以壮大“颜色革命”生力军。《格拉玛报》引述“古巴经费项目”数据称，2017 年以来，至少有 54 个团队利用来自美国国际开发署和美国国家民主基金会的经费参与“古巴计划”。对古巴裔美国人，美国重点向盘踞在迈阿密的反古分子提供资金支持和道义声援，激发这一特定群体的反母国情结，还协助串联成立各色所谓“非政府组织”，与古巴国内“白衣女士”“民主联盟”等异见人士团体遥相呼应，打造“颜色革命”的主力军；针对记者、学者、艺术家、知识分子等特定群体，美国打着“人文交流”“学术合作”的幌子，常年邀请相关人士赴美参与所谓培训和交流，以“点对点渗透”的方式鼓动其“追求民主”，激发其“参政热情”，并从中寻找“代理人”。古巴政府披露，2020 年 11 月爆发的绝食抗议活动“圣伊西德罗运动”带有明显的“颜色革命”色彩，其主体就是青年艺术家和知识分子，且公开承认得到美国国家民主基金会等境外组织的资助。针对青年一代缺少革命经历、可塑性较强的特点，美国从奥巴马时期起专门打造了一批面向社会青年领袖的参访、学习、交流和实习活动，在培养其亲美思想的同时，伺机物色“颜色革命”的潜在骨干力量。《格拉玛报》表示，过去 20 年间，为颠覆古共政权，仅美国国际开发署和美国国家民主基金会的拨款就多达 2.5 亿美元，“根本说不清楚美国究竟投入了多少经费，在古巴豢养了多少人”。

批判制度模式，诱导经济改革。美国认为，公有制和国有经济是古共执政的经济基础，只有诱导古共走上改革道路、全面实行市场经济，才能壮大私营部门，为传播美式民主营造制度条件和社会基础。因此，美国始终怀抱改造古巴经济制度的强烈意愿。劳尔·卡斯特罗上台后启动“经济和社会模式更新”，为美国介入古巴改革提供了“窗口”。时任总统奥巴马访古期间明确表示“要用资本主义的力量完成古巴的内在转变”，并呼吁古巴“拥抱自由市场”。他还特意高调在个体餐馆就餐，以示支持古巴经济改革。随着古巴经济改革步入货币汇率并轨、国有企业改制等“深水区”，美国干预古巴改革的愿望愈加迫切，一再敦促古巴加速改革进程。拜登上台后，将对古巴政策调整重点转向支持古巴私营经济发展，不仅给面向古巴企业家的捐助性汇款“开绿灯”，还承诺为私营经济从业者提供小额贷款和培训支持，企图引导古巴改革向美西方“靠拢”。

半个多世纪以来，美国策动“颜色革命”的种种手段使古巴经济社会发展承受巨大的压力和损失。据古巴官方统计，按美元现价计算，美国的封锁和制裁已导致古巴累计损失超过 1542 亿美元。若计入国际市场美元兑黄金价格贬值因素，损失达到 1.39 万亿美元。

二、古巴的策略

面对美西方策动“颜色革命”的企图，古共和政府总结出一套行之有效的斗争策略和手法。

一是从宪法层面明确古共执政地位和社会主义制度“不可动摇”。自革命胜利后，以菲德尔·卡斯特罗为首的古共政府就一直酝酿制定一部将社会主义和一党制制度化的宪法。在古共的主持下，1976 年推出的首部宪法开宗明义规定，古巴共产党是古巴唯一合法政党，是社会和国家的最高领导力量，负责组织和领导古巴人民共同努力建设社会主义，朝建设共产主义社会前进。随着国内外形势的不断变化，古巴于1978年、1992年、2002年和2019年对1976年宪法进行修订。2002年修宪时，为进一步明确社会主义制度的不可更改性，特地增加补充条款“宣布社会主义性质和政治、社会体制不可更改，以此回应美国的挑衅和威胁”。2019年修宪过程中，劳尔·卡斯特罗强调要将“保障革命的延续性和社会主义的不可更改性”作为修宪的指导思想。修订后的新宪法增加“古巴是一个法治的社会主义国家”的表述，同时强调“社会主义制度是不可逆转的；古巴共产党是古巴唯一合法政党，是古巴民族组织严密的先锋队，是古巴社会和国家最高的政治领导力量”。古巴的社会制度和古共的领导地位以国家根本大法的形式确定，这是古巴党和人民抵御“颜色革命”攻势的最大政治底气和最强法律武器。

二是全面推进意识形态法治化建设，构筑“思想战壕”。古共认为，“思想的战壕远胜石头的战壕”，对于美国的意识形态渗透应当以“思想对思想”，打造“思想战壕”。长期以来，古共积极构建以党章为核心的意识形态法治体系。一方面，与时俱进完善指导思想体系。古共视意识形态建设为攸关前途命运和生死存亡的重大问题。数十年来，古共的党纲和党章始终坚持突出古巴革命的民族性和本土性，先后将民族英雄何塞·马蒂的民族主义思想、马列主义和菲德尔·卡斯特罗思想写入党章，形成了本民族爱国主义思想与马克思主义相结合的指导思想体系，成为古共团结民众、凝聚党员，进而打赢“思想战”的重要武器。另一方面，狠抓理想信念教育全覆盖，筑牢意识形态根基。对于古共高级领导干部，古共规定必须参加周期性“纠偏运动”，防止思想西化、异化；对于入党积极分子，严控“入门思想关”，要求党员必须是思想觉悟高、革命理想远大的精英，杜绝浑水摸鱼者；对广大党员干部，古共在 1996 年颁布《国家干部道德法规》提出 27 条道德品质具体要求，包括诚实，不撒谎，反对欺骗、蛊惑和舞弊；自觉遵守纪律，忠于党，尊重宪法；自觉开展批评和自我批评；联系、尊重和信任人民和劳动群众，及时了解其诉求；正确使用权力，正确掌管国家财物；反对腐败和姑息腐败的行为；正确履职等。从法律层面确立了党员的道德标准，并提出了纪律要求。包括卡斯特罗兄弟在内的部级以上高级干部依次在法规上签字，签字和法规颁布仪式由电视台全程向全国播放，以便全社会监督。对于青年人，古共依托遍布全国的少先队、共青盟、学生会、妇联等群团组织展开思想政治教育，吸引青年人向古共靠拢。对于普通民众，则将反封锁、反制裁、反渗透等思想有机嵌入以爱国主义、社会主义和道德纪律教育为主体的全民核心价值观，揭批美式价值观的伪善，激发民众的爱国热情和拥护社会主义制度的政治立场。

三是正确处理发展与稳定的关系，以法治为经济改革保驾护航。古巴的经济改革始于 20 世纪 60 年代，在菲德尔 · 卡斯特罗时期以局部的、小幅度的变革和调整为主，具有明显的应急性和阶段性特征。劳尔 · 卡斯特罗全面接班后，提出“要么改革，要么沉没”的重大论断，推动了一场范围、力度都前所未有的经济变革——“经济和社会模式更新”。以 2011 年古共六大推出《经济社会政策纲要》为标志，古巴经济改革的大幕正式拉开。2016 年，古共七大推出中长期改革规划《2030 年国家经济社会发展规划》，重点阐述不同所有制经济形式的地位和作用、计划与市场的关系、货币并轨、行政改革和削减补贴等领域改革，为改革绘制“路线图”。10 多年来，在改革带动下经济增长虽有所成效，但未达预期，并且还衍生出黑市交易活跃、贫富差距拉大、腐败现象滋生等经济社会乱象，被反古分子和异见人士拿来“做文章”，攻击社会主义制度优越性和古共执政能力。

古共清醒认识到改革的长期性、复杂性和艰巨性，慎重权衡改革、发展和稳定三者之间的关系，强调“改革不是目的”，目的是“通过改革冲破封锁、发展社会主义造福人民”，同时明确拒绝外界“不安好心的帮助、指导和催促”。在此基础上，劳尔 · 卡斯特罗要求全党保持清醒头脑，划定“不动摇社会主义制度、不触碰古共领导地位、不违背社会公平正义”三条改革“红线”，提出“既不停滞，也不急促”地推进改革。为了确保改革稳步有序推进，在坚持计划经济体制和公有制为主体的前提下，2019年修改后的宪法首次提出“市场”概念，承认“考虑、规范和监督市场在维护不同社会团体利益中的作用”；首次承认私有制、混合制和个人所有制；鼓励外国投资，承认外资是国民经济发展的重要组成部分，并承诺为外资提供安全保障。与此同时，为了有效避免私有制挤占公有制主体地位、贫富分化拉大，又对私有制涉及领域作出特别限制，并特别强调“严格限制个人集中财产”。古巴以国家根本大法的形式赋予个体、私有和外资等非公有制形式合法地位，一方面有力破除了深化改革的制度障碍，既有利于激发广大民众对改革的热情和支持，也有助于推动改革进一步凸显经济效益、惠及社会民生，进而彰显了社会主义制度的先进性和优越性，有力回击了国内外反古分子对古巴体制机制的攻击抹黑。另一方面，充分彰显了以古共自己的节奏按部就班推进改革的战略清醒和战略定力，有力挫败了美国伺机对古巴制度改造的图谋。

四是运用法治方式开展反“颜色革命”斗争，严厉打击和惩处涉国家安全犯罪。面对严峻复杂的国家安全形势，古巴不断健全完善国内法治，防止境内外反古势力勾连进行颠覆、渗透、破坏活动。在古巴的《刑法典》中，明文列出危害国家安全罪、危害国民经济罪、危害公共安全罪等涉国家安全犯罪。依托《刑法典》，古巴严格管理境外非政府组织活动、打击治理网络有害

信息、审查赴美“人文交流”项目、防范反古分子和异见人士的颠覆、捣乱、破坏和渗透活动，破获了一批反古组织和分子。2009年，古巴逮捕一名为美国国际开发署工作的美国籍网络通信承包商，其涉嫌在古巴非法安装通信设施，后被法院以“危害国家独立和领土完整罪”判处监禁15年。随着“圣伊西德罗运动”、“7·11”大规模反政府示威游行接连发生，针对涉国家安全犯罪年轻化、游行示威的宪法权利被滥用以及社交媒体渗透等暴露出来的新安全风险，古巴加快补齐国家安全法律漏洞和制度短板，及时对《刑法典》进行修订，将最低刑事年龄下调至16岁，同时明确“滥用宪法权利、参与颠覆活动以及攻击信息和通信技术设施有关的严重侵权行为将受到处罚”。凭借完备的国家安全立法和修法，古巴于 2022 年 7 月前后成功挫败了美国复刻“7·11”大规模反政府示威游行的企图，表明古巴已经为国家安全构筑相对坚固的“防波堤”。

古巴作为加勒比小岛国，国内资源有限，又毗邻美国腹地，经济发展条件欠佳，地缘政治环境恶劣。60 多年来，古共充分利用长期执政赋于自身的政治影响力和号召力，不断完善国家安全法治工作，全方位推进党的建设、意识形态、社会治理、对外交往等领域的法治建设，密织一张“针插不进、水泼不入”的法律网。与此同时，不畏强权，敢于、善于运用法治方式、拿起法律武器坚决开展反“颜色革命”斗争，坚决斩断外部渗透颠覆的黑手。古共政权屹立 60 多年不倒，无疑创造了以小博大、以弱抗强、夹缝中求生存的奇迹。

参 考 文 献

1 中华人民共和国外交部:《美国滥施“长臂管辖”及其危害》,2023年2月。

2 中华人民共和国国务院新闻办公室:《关于中美经贸摩擦的事实与中方立场》,2018年9月。

3 徐飞彪:《美“长臂管辖”的起源、扩张及应对》,《中国外汇》2019年第14期。

4 高伟:《美国“长臂管辖”》,中国财政经济出版社2021年版。

5 戚凯:《霸权羁缚——美国在国际经济领域的“长臂管辖”》,中国社会科学出版社2021年版。

6 漆彤:《欧盟〈阻断法〉的适用困境及其对我国的启示——以伊朗梅利银行诉德国电信案为例》,《财经法学》2022年第1期。

7 蒋莉、李静雅:《西方与俄罗斯的干涉与反干涉》,《现代国际关系》2020年第10期。

8 徐世澄:《列国志:古巴》,社会科学文献出版社2018年版。

9 徐世澄:《美国和古巴关系史纲》,中国社会科学出版社2021年版。

10 吴洪英:《试析古巴修宪的原因、内容及影响》,《现代国际关系》2019年第4期。

11 袁东振:《古巴共产党党的建设实践与经验探析》,《当代世界与社会主义》2021年第4期。

12 李紫莹:《古巴共产党管党治党的基本经验与启示》,《当代世界与社会主义》2016年第5期。

13 Ruys, T. and Ryngaert, C., "Secondary Sanctions: A Weapon out of Control? The International Legality of, and European Responses to, US Secondary Sanctions", British Yearbook of International Law, 2021.

14 Clara Portela, "Creativity Wanted:

Countering the Extraterritorial Effects of US Sanctions", Oct.20, 2021, https://www.iss.europa.eu/content/creativity-wanted-countering-extraterritorial-effects-us-sanctions.

15 European Commission, "Mission Letter to Valdis Dombrovskis, Executive Vice-President-designate for An Economy that Works for People", Sep.10,2019, https://ec.europa.eu/commission/commissioners/ sites/default/files/commissioner_mission_letters/mission-letter-valdis- dombrovskis-2019_en.pdf.

16 European Commission, "The European economic and financial system: fostering openness, strength and fesilience", Jan.19,2021, https://ec.europa.eu/info/publications/210119-economic-financial-system-communication_en.

17 内閣府、「国境離島 WEBページ」、https://www8.cao.go.jp/ocean/kokkyouritou/kokkyouritou.html。

18 内閣府、「海洋基本法について（概要）」、https://www8.cao.go.jp/ocean/policies/law/pdf/law_gaiyou.pdf。

19 内閣府、「海洋基本計画の概要」、https://www8.cao.go.jp/ocean/policies/plan/plan01/pdf/plan01_gaiyou.pdf。

20 内閣府、「『海洋管理のための離島の保全・管理のあり方に関する基本方針』の概要」、https://www8.cao.go.jp/ocean/policies/ritouhoushin/kihon/pdf/ritougaiyou.pdf。

21 内閣府、「低潮線の保全」、https://www8.cao.go.jp/ocean/kokkyouritou/yakuwari/eez/hozen.html。

22 内閣府、「排他的経済水域及び大陸棚の保全及び利用の促進のための低潮線の保全及び拠点施設の整備等に関する法律」、https://www8.cao.go.jp/ocean/policies/teichousen/pdf/houritsu.pdf。

23 内閣府、「排他的経済水域及び大陸棚の保全及び利用の促進のための低潮線の保全及び拠点施設の整備等に関する法律施行令」、https://www8.cao.go.jp/ocean/policies/teichousen/seireikaisei/pdf/sekourei.pdf。

24 内閣府、「排他的経済水域及び大陸棚の保全及び利用の促進のための低潮線の保全及び拠点施設の整備等に関する基本計画」、https://www8.cao.go.jp/ocean/policies/teichousen/pdf/keikaku.pdf。

25 首相官邸、「MDAの取組を活用した国境離島の状況把握等に関するプロジェクトチーム（PT）報告書」、https://www.kantei.go.jp/jp/singi/kaiyou/sanyo/dai45/shiryou2_2.pdf。

26 海上保安庁、「排他的経済水域及び大陸棚に関する法律」、https://www1.kaiho.mlit.go.jp/JODC/ryokai/houritu/eez.html。

27 Некоммерческие организации в России，https://tass.ru/info/6716359.

28 История вмешательства: как Запад пытался влиять на выборы в России，https://actualcomment.ru/istoriya-vmeshatelstva-kak-zapad-pytalsya-vliyat-na-vybory-v-rossii-2104301027.html.

29 Обвинения во вмешательстве во внутренние дела России，https://ria.ru/20190823/1557797233.html.

6

第六章

国际法与安国

维护国家安全，不仅需要国内法治发挥作用，也需要仰仗由国际法确立的总体和平稳定的国际环境。在维护国家安全的诸多方式手段中，国际法通过确保国际环境的总体稳定，对于一国维护自身安全发挥着独特作用。中国主张维护以国际法为基础的国际秩序，重视国际法对于一国维护自身安全的重要作用。习近平总书记强调：“我们应该创造一个奉行法治、公平正义的未来。要提高国际法在全球治理中的地位和作用，确保国际规则有效遵守和实施，坚持民主、平等、正义，建设国际法治。”面对百年未有之大变局，了解、掌握、运用国际法对维护国家主权、安全、发展利益具有重要现实意义。

何为国际法

公元前1258年，埃及法老拉美西斯二世与赫梯帝国（亚洲古国，位于今土耳其北部）国王哈图西里三世为定分止争，签订了放弃敌对行动、永远保持和平的双边条约。条约中写道：“条约永久有效，神不允许埃及与赫梯互生敌意；如若违反条约，众神将摧毁背誓者的房屋、土地和仆人。”这份条约被认为是世界上第一份和平条约，它以规范形式调解了国际平等主体间的冲突关系。

1世纪前后，罗马帝国成为环地中海大国，领土横跨亚非欧三个大洲，势力空前强大。在扩张征战的过程中，罗马创造出“万民法”与“市民法”的概念，认为“市民法”适用于罗马公民，“万民法”适用于除罗马公民以外的外国人。罗马法学家西塞罗认为，一个人如果被流放，失去了罗马公民的法律地位，则他不再适用“市民法”，但仍享有“万民法”规定的权利。

1618—1648年，欧洲经历了三十年战争。在此期间，国际法之父荷兰法学家格劳秀斯出版著作《战争与和平法》，提出应当有一套规则适用于所有国家，可以规范和限制战争中的暴力行为。1648 年《威斯特伐利亚和约》部分体现了格劳秀斯的理论思想，其中主权国家平等、外交作为解决争端首要途径等思想也逐渐深入人心，并在日后成为国际法基本原则。

一、国际法的概念提出

现在使用的“国际法”一词，由英国法学家边沁于 1789 年提出。他认为“万国法”一词可能被理解成不同国家的内部法，与国际法的调整对象不符。“国际”一词，可以用来描述“国家间的”，能更加明确地概括这一新兴法律制度。之后，实证法学派不断兴起，国际法的效力来源理论有了重大更新。早期自然法学说普遍认为，“世间有一公平真理被认为可公平适用于万国”是国际法具有效力的原因。但实证法学派多认为国际法之所以有约束力，是因为各国愿意为建立国际规则体系而进行意志协调，而这也是中国国际法学界比较认同的观点。19 世纪至二战期间，国际法的内涵不断丰富、内容不断增多，但其适用范围却主要局限于欧洲国家。二战后，亚非拉地区不少新独立国家崛起、大量国际组织出现、一系列规则体系建立，国际法迎来了新的发展阶段。也正是在二战以后，现代国际法体系才真正建立起来。

国际法与国内法有很大不同。马克思主义法律观认为，“法”是由国家制定或认可并依靠国家强制力保证实施的，反映由特定社会物质生活条件所决定的统治阶级意志，以权利和义务为内容，以确认、保护和发展对统治阶级有利的社会关系和社会秩序为目的的行为规范体系。根据这一定义，国际法与国内法有以下区别。首先，国际法没有统一的立法主体，国内法普遍由一国立法机构负责制定实施，但国际社会并没有一个能凌驾于他国之上的国家或国际机构能为所有国家制定行事规则。其次，国际法调整的对象与国内法不同。国内法主要调整一国自然人和法人之间的权利义务关系，而国际法则调整以国家为主的国际主体之间的权利义务关系。最后，国际法与国内法的保障方式不同。国内法可由国家权力机关保障实施，但国际社会并没有任何机构能对一国采取强制措施。因此，国际法可以被认为是调整国家等具有国际人格的主体之间关系的、具有法律约束力的原则、规则和制度的总称。

广义的国际法有很多分支，如国际私法、国际经济法、国际刑法、国际环境法等。目前提及国际法，多是指国际公法，即调整国家间外交、政治、军事关系的法律规范。而国际私法是指调整涉外民事法律关系的规范制度，如解决一个中国人同美国人结婚该适用哪国婚姻法的问题。国际经济法是指调整国家间经济关系的法律规范，如解决两国公民、法人之间的贸易、投资问题等。国际刑法是指规定国际犯罪、调整国家间刑事合作关系的规范总称。国际环境法则是指涉及国际环境问题的规范制度。下文所述及的国际法，即是指国际公法。

二、国际法的渊源

不同于国内法，国际法的法律渊源也具有一定独特性。所谓法律渊源，通俗来讲是指司法机关用以裁判的依据。根据《国际法院规约》第38条，国际法的法律渊源主要有四项：一是条约，二是国际习惯，三是一般法律原则，四是司法判例、权威学说等辅助性渊源。条约与合同类似，是指国际法主体共同缔结的书面协定，其中约定了各方权利义务关系。根据缔约方数量不同，条约可分为双边条约和多边条约。其中，有众多国家参与的、涉及国际共同利益的条约也被称为“公约”，例如《维也纳条约法公约》《联合国海洋法公约》《世界版权公约》等。一般来说，条约的签订程序包括：谈判、签署、国内法生效程序、国际法生效程序。尽管存在一些经谈判、签署即可生效的情况，但多数条约仍要经过国内批准程序，以及国际互换批准书等程序才能生效。例如，《中华人民共和国缔结条约程序法》规定：友好合作条约、和平条约等政治条约、领土和划定边界条约、司法协助及引渡条约、同中国法律有不同规定的条约、缔约各方议定须经批准的条约六类条约需由国家主席根据全国人大常委会的决定予以批准；一些如《中华人民共和国政府和哈萨克斯坦共和国政府关于中哈国界管理制度的协定》等具有条约性质的国际协议可以由国务院核准。[1]

---

1 《中华人民共和国缔结条约程序法》第7条、第8条。

条约的国际法生效程序取决于各条约的条款规定。一些双边条约一般经互换批准书即可生效，部分多边条约会约定达到一定批准国数量才能生效。如《联合国海洋法公约》第 308 条规定：“本公约自第六十份批准书或加入书交存之日后 12 个月生效。”而像《联合国国家及其财产管辖豁免公约》《全面禁止核试验条约》等条约，则由于批准的国家数目不足，迄今未能生效。

《国际法院规约》第 38 条中将国际习惯定义为：“作为通例之证明而经接受为法律者。”意指在国际交往中形成的、具有法律约束力的惯常做法。典型的国际习惯有不得杀害和虐待战俘、政治犯不引渡、先占取得领土等。一项做法若要成为国际习惯需要有两个要素：一是物质要素，即要有各国长期、反复、一致的行为实践；二是心理要素，即该实践被各国认为具有法律约束力。与条约相比，国际习惯作为国际法渊源的历史更古老。条约的法律效力一般只约束缔约方，但如果一些条约规定发展为了国际习惯，则其对各国际法主体均具有约束力。例如，美国至今未加入被视为“海洋宪法”的《联合国海洋法公约》，因而原则上不受该公约的约束。但公约中的“领海”“专属经济区”“群岛水域”等制度内容已发展为国际习惯法，其为美国所承认，对该国亦有约束力。至于美国为何未能加入公约，主要原因还是美国参议院中共和党人的反对。2012 年奥巴马曾力促美国国会批准公约，但有 34 名共和党参议员明确表示反对。他们认为，美国海洋实力超群，加入公约将给美国带来限制，损害美国利益。

一般法律原则是指各个国家均具有、认可的法律原则，例如公平公正原则、诚信原则、条约必须遵守原则等。在1969年“北海大陆架案”中，德国、丹麦、荷兰三国就相邻大陆架如何划分问题产生分歧，它们将争议提交至国际法院，请求法官裁决。其中，丹麦和荷兰要求按照1958年《大陆架公约》中的等距原则（分界线上每一点与各相关国家领海基线距离相等）划界，认为尽管德国不是公约缔约国，但该原则已成为国际习惯法，可以约束德国。国际法院认为，等距原则并非国际习惯法，简单机械地适用该原则而不考虑实际地理情况会导致不公正、不合理的结果；公平是各国共同的法律意识，是可适用的一般法律原则，划界须遵循公平原则。由此，德国最终获得了它所主张的大部分大陆架份额。

司法判例和权威公法学家学说只是国际法的辅助渊源，不能被直接适用和援引。根据《国际法院规约》第59条：“法院之裁判除对于当事国及本案外，无拘束力。”即国际法院不适用英美法系中的“遵循先例”原则。在实践中，为了确保裁判的一致性，国际法院会考虑和研究之前案例所适用的标准。例如，在1951年“英国诉挪威渔业案”中，国际法院就确定了使用直线基线法来确定领海基线的做法。[1] 而国际公法学说对于国际法发展则具有较高学术价值。国际法院虽不会直接适用公法学说，但有时会在裁决书、咨询意见中引用国际法学家的相关理论。

三、国际法主体

当前普遍认为的国际法主体有三类：一是国家；二是国际组织；三是争取独立的民族解放组织。其中，国家是最主要的国际法主体，具有完全的法律权利能力和行为能力，能够进行国际活动、享受国际法权利、承担国际法义务。国际组织的法律人格是随着时代发展而逐步确立的。国际组织分为两种，一种是政府间国际组织，即由两个以上国家通过条约建立，用于实现特定目的、处理国际事务的组织，例如联合国、世界贸易组织、国际货币基金组织等；另一种是非政府组织，即由社会团体、企业、个人等非国家政府主体组建的组织，例如世界自然基金会、国际特赦组织、人权观察等。作为国际法主体的国际组织一般指的是政府间国际组织，它们参与国际法实践，对国际法发展有着重要影响。争取独立的民族解放组织作为国际法主体的奋斗历程与非殖民化运动相伴相生。二战以后，亚非拉地区涌现出了大量争取民

1 直线基线法是指在海岸线极为曲折，或者近岸海域中有一系列岛屿的情况下，可在海岸或近岸岛屿上选择一些适当点，采用连接各适当点的办法，形成直线基线，确定领海基线。

族独立的政治实体。它们虽不具备成为主权国家的全部条件，但仍能够从事国际交往、参与国际活动、缔结国际协定。例如，在1988年巴勒斯坦建国前，巴勒斯坦解放组织被认为是巴勒斯坦人民的代表，得到国际社会大多数国家承认，并于1974年以观察员身份参加了联合国大会。除以上三类主体外，个人、跨国公司等能否作为国际法主体目前在国际法学界还尚有争论，其是否具有国际法律地位需结合具体案例来加以认定。

四、主要国际司法机构

国际法上负责处理纠纷的司法机构多依据多边条约组织建立，例如国际法院、常设仲裁法院、国际海洋法法庭、国际刑事法院、世界贸易组织争端解决机构、国际投资争端解决中心等。

国际法院于1945年根据《联合国宪章》建立，地址在荷兰海牙和平宫，主要负责主权国家间的争端。它是联合国主要机构之一，有15名来自不同国家的法官，任期9年，每3年改选其中5名法官，可连选连任。法官候选人由相关国家团体提名，经联合国大会和联合国安理会同时选举产生。

自1946年以来，已有多位中国人担任过国际法院法官，如：徐谟（任期1946—1956年）、顾维钧（任期1957—1967年）、倪征燠（任期1985—1994年）、史久镛（任期1994—2010年）、薛捍勤（任期2010年至今）。国际法院既可以对两国争端作出诉讼裁决，又可以对相关法律问题提供咨询意见。截至 2022 年 8 月，国际法院已审理 185 宗案件，内容涉及陆地边界、海洋划界、领土主权、干涉别国内政、外交关系等，其裁决具有权威性，极大丰富和促进了国际法发展。

常设仲裁法院于 1899 年根据《和平解决国际争端公约》设立，地址也在荷兰海牙和平宫。它并不是常设性法院，也不是联合国机构，而是一个国际仲裁机构，可为国家、国际组织、个人提供仲裁服务，目前有 122 个成员国。常设仲裁法院有一份由成员国提出的仲裁员名单，争端当事国或当事人可以在名单中选择仲裁员组成仲裁庭，其成立一百多年来仅仲裁过 40 余宗国家间案件，在国际上影响力一般。2013 年，菲律宾就南海问题曾向该机构单方面提起仲裁申请，即挑起“南海仲裁案”讼战。中国认为其没有管辖权，拒绝参与仲裁，不接受也不承认仲裁结果。

国际海洋法法庭于 1996 年根据《联合国海洋法公约》建立，总部位于德国汉堡市。它是专门审理海洋争端的国际常设性司法机构，具有联合国大会观察员地位。法庭由来自不同国家的 21 位法官组成，任期 9 年，每 3 年改选其中 7 名法官，可连选连任，选举具体程序按公约缔约国协议进行。国际海洋法法庭历任中国籍法官共有 4 名，分别为：赵理海（任期 1996—2000 年）、许光建（任期 2001—2007 年）、高之国（任期 2008—2020 年）、段洁龙（任期 2020 年至今）。国际海洋法法庭的建立不排除国际

< 国际法院

法院对海洋活动争端的管辖，争端当事国可以自愿选择将海洋争端交由哪个机构来审理。迄今为止，该法庭共审理了 31 宗案件。

国际刑事法院于 2002 年根据《国际刑事法院罗马规约》成立，地址位于荷兰海牙，主要审理违犯灭绝种族罪、危害人类罪、战争罪、侵略罪四种罪行的个人。由于国际法院主要解决国家间争端，无法审判犯有国际罪行的个人，故联合国安理会于 20 世纪 90 年代设立了前南斯拉夫国际刑事法庭和卢旺达国际刑事法庭，来处理发生在两地的案件。这两个法庭可视为国际刑事法院的前身。目前，共有 123 个国家加入了《国际刑事法院罗马规约》，中国、美国、俄罗斯未加入，不接受法院管辖。其中，中国认为国际刑事法院的普遍管辖权将侵犯国家主权。美国则因其

> 卢旺达大屠杀中死难者的骸骨

海外军事行动受国际刑事法院调查而对其持敌视态度。2020 年 3 月，因阿富汗受害人提出控告，国际刑事法院批准对美国军事人员展开调查。作为回击，同年 6 月美国前总统特朗普做出对法院人员予以制裁的决定。

世界贸易组织争端解决机构是当今世界上最活跃的国际裁决机构，总部位于瑞士日内瓦，被誉为世界贸易组织“皇冠上的明珠”。1994 年《关税与贸易总协定》在乌拉圭开启第八轮多边谈判，商定建立一项机制来处理成员间贸易争端。次年，世界贸易组织成立，争端解决机构成为该组织重要支柱之一。世界贸易组织争端解决机制包括四个步骤：磋商、专家组裁决、上诉机构判决、执行裁决。一般而言，当世界贸易组织成员之间出现贸易争端后，争端方可先通过磋商解决；磋商不成，则提交至专家组裁决；若仍不满专家组裁决，则当事方可上诉至上诉机构；上诉机构被视为“世界贸易组织的最高法院”，可以维持、修改、推翻专家组裁决。截至 2021 年底，世界贸易组织成员共向该机构提交了 607 起争端，平均每年约 36 起。其中，美国钢铁保障措施争端案、欧盟转基因产品立法措施争端案、韩国政府采购措施争端案等典型案例，对国际贸易规则的形成与发展产生了很大影响。2017 年，由于美国阻挠世界贸易组织上诉机构法官遴选，该上诉机构已陷入瘫痪。

除以上介绍的司法机构外，国际上还有欧盟法院、欧洲人权法院、非洲人权和民族权法院等国际区域性司法机构，它们对解决区域国际问题也具有重要作用。

国际法的流变与时代价值

1914 年 6 月塞尔维亚青年在萨拉热窝刺杀斐迪南大公被公认为是一战的开端。但美国康奈尔大学历史学教授伊莎贝尔·霍尔在其著作《一纸协约：论一战期间国际法的打破与形成》中却认为，一战爆发应始于当年 8 月德国入侵中立国比利时。书名中的“一纸协约”指的正是 1839 年《伦敦条约》。在该条约中，欧洲诸国支持比利时脱离荷兰独立建国；在英国的支持下，比利时将保持中立，缔约方有责任保证其不受侵犯。正是由于英国对比利时负有保护义务，所以当德国打算取道比利时时，英国才正式决定对德国宣战。

1839 年的《伦敦条约》其实只是 19 世纪众多国际条约中的一项。为了约束无序的战争行为，一战之前，欧洲各国签订了一系列涉及战争的国际条约，典型代表就是《日内瓦公约》与《海牙公约》。

1863 年，瑞士公民亨利·杜南在目睹了第二次意大利独立战争的惨象后，决定建立国际组织（后发展为红十字国际委员会）来救助伤兵。次年，该组织在瑞士日内瓦召集多国举行会议讨论改善战地医疗情况的举措。会上12国签订了《改善战地武装部队伤者境遇的公约》，规定战争中医护人员具有中立地位、任何国籍的伤病士兵都应得到合理救治等。这是第一部《日内瓦公约》的前身，标志着现代国际人道法的诞生。之后该公约经过修订补充，最终于1949年形成了《改善战地武装部队伤者病者境遇的日内瓦公约》（日内瓦第一公约）、《改善海上武装部队伤者病者及遇船难者境遇的日内瓦公约》（日内瓦第二公约）、《关于战俘待遇的日内瓦公约》（日内瓦第三公约）、《关于战时保护平民的日内瓦公约》（日内瓦第四公约）四部公约，对战争中的暴力、野蛮行为进行了限制。截至2021年12月，世界上已有196个国家加入公约。

《海牙公约》包括1899年、1907年两次国际会议签订的13部公约和一系列声明。19世纪末，为争夺殖民地和世界霸权，帝国主义国家展开了激烈的军备竞赛。相对落后的俄国为赢得喘息机会，提议召开国际会议来讨论军备限制问题、保障国际和平。1899年，中国、俄国、英国、法国、德国、日本、意大利、美国、奥匈帝国等26个国家在荷兰海牙召开第一次海牙会议，签署了《和平解决国际争端公约》《陆战法规与惯例公约》《日内瓦公约诸原则适用于海战的公约》3项公约，以及《禁止从气球上或用其他新的类似方法投掷投射物和爆炸物宣言》《禁止使用专用于散布窒息性或有毒气体的投射物宣言》《禁止使用在人体内易于膨胀或变形的投射物宣言》3 项宣言，并建立了常设仲裁法院。然而，此次会议未能起到约束各国军备竞赛的作用。在各利益集团竞争加剧的背景下，1907 年 44 国又召开了第二次海牙会议，修订了 8 年前的 3 项公约，新签署了有关中立国地位、商船地位、海战特殊规则等 10 项公约。遗憾的是，两次海牙会议未能防止一战爆发。但《海牙公约》对宣战、停战制度、战争禁止行为、中立国保护规则，以及解决国际争端的方式都作出了开创性规定，为未来国际秩序的建立奠定了基础。

一战结束后，战胜国在法国召开巴黎和会，并签订了《凡尔赛和约》。该和约包含了除欧洲国家以外的世界其他国家，第一次在地理意义上实现了全球性，标志着国际法从欧洲区域性法律制度进一步发展为普遍性的世界国际法。《凡尔赛和约》保证了资本主义世界一定时期的稳定和快速发展，在这一时期，一系列旨在保障和平的条约得以缔结。会上美国总统威尔逊提出了著名的“十四点计划”，主张建立国际联盟来维护世界和平。这一组织即是联合国的前身。战后各国还约定设立了常设国际法院，也即国际法院的前身，为国家间争端提供法律解决手段。但讽刺的是，由于美国国内参议院反对，美国当时并未加入国际联盟。国际联盟的建立，反映了数个世纪以来各国国际思维的重大转变。国际社会从遵从“弱肉强食”的丛林法则，转向了提倡国际合作与集体安全。但由于各种历史原因，国际联盟未能按照各国设想发挥它应有的作用。在运行 20 余年后，该组织因二战爆发而最终退出历史舞台。虽然国际联盟以失败告终，但不可否认的是，诞生在一战废墟上的国际联盟，是国际社会试图利用规则来平衡、约束、管理不同国家利益冲突的重要尝试。随着国际交往互动愈发频繁，各国若想和平共处，就需要找到一种能令所有行为体都遵守的国际法治框架。从这个角度来说，国际联盟对后世影响深远，其留下的经验与启示为二战后建立联合国提供了宝贵的借鉴作用。

1928 年，美国、法国、英国、德国、意大利等国在法国巴黎签署《关于废弃战争作为国家政策工具的一般条约》（以下称《巴黎非战公约》），同意放弃将战争作为国家政策选项，以和平手段解决争端。该公约成为战争史上的分水岭：在此之前，格劳秀斯等旧时代的法学家认为战争只要有正当理由就是合法的；新时代以英国劳特派特为首的法学家则认为发动战争即为非法。然而，即使各国在法理上否认了战争的正当性，但在实践中，《巴黎非战公约》和一战后建立的凡尔赛体系却并未能带来长久的国际和平。不到 10 年，人类就迎来了更加惨烈的二战。二战造成了 7000 万人死亡，是人类历史上死伤最多的军事冲突。二战的毁灭性教训让国际社会意识到和平的重要性。尽管战争中国际法治体系受到严重践踏，但战后国际法的重要价值再度凸显出来。

各国逐渐意识到“枪口下的外交”并不值得推崇，只有有效的国际法治体系才能令各国都处于安全、稳定的状态。

二战结束后，50个国家在美国旧金山召开会议，共同签订了《联合国宪章》，同意建立名为“联合国”的国际组织。正如国际法院智利法官阿尔伐列兹所说：“世界有了新秩序，就必然要有一个新的国际法。”《联合国宪章》的诞生标志着联合国体系自身和国际法都有了全新发展，其确立的国际战争制度、民族自决制度、国际司法制度、国际贸易制度对后世影响深远。首先，《联合国宪章》对战争做出了新的约束，其不仅反对战争，更反对使用武力及使用武力相威胁。《联合国宪章》第2条第4项规定：“各会员国在其国际关系中不得以武力相威胁或使用武力。”这一规定对各国暴力举动做出了重大限制，预示着所有诉诸武力的行为都或有违反国际法的可能。战后建立的纽伦堡国际军事法庭和远东国际军事法庭则对个人犯战争罪作出了审判界定，使战争责任的承担有了新的发展，标志着战争法和人道主义法的发展，预示着国际刑法的产生，促进了对保障人权、惩罚国际罪行的关注。其次，《联合国宪章》第1条、第55条均提出要尊重人民平等权利及自决原则。民族自决原则首度被写入国际公约。1960年，联合国大会又通过了《给予殖民地国家和人民独立宣言》，指出要将独立和自由交还给托管领地和非自治领地的人民。在民族自决的背景下，二战结束后，世界上的国家从63个激增至195个，联合国会员国约增加了两倍，国际法主体数量显著上升。最后，《联合国宪章》第7条提出设立国际法院作为联合国主要司法机关；第92条提出《国际法院规约》是《联合国宪章》的构成部分；第93条指出联合国各会员国是《国际法院规约》的当然当事国。《国际法院规约》规定了国际法院的组织和运作程序，由此创立了国际司法制度。

联合国成立后，国际法开始从任意法向强行法发展、从习惯法向成文法演进、从实体法向程序法扩散。此时的国际法学者也不再讨论“国际法是不是法？”“国际法国际吗？”这样的问题，而是转向实用性地解答“我们需要什么样的国际法”以及“国际法如何解决现在的主要矛盾”等疑问。虽然目前关于“国际法的目的是什么”这个问题没有更好的答案，但联合国成立后，实用主义和形式主义相结合的国际法对国际社会以往“强国欺凌弱国”“大国压迫小国”的丛林法则起到了制约作用。1969年《维也纳条约法公约》的签订与实施，改变了国际法碎片化的现象，立法性条约成为国际法的中心，国际法进一步开启了体系性、规范性的新篇章。之后建立的世界贸易多边体制、布雷顿森林体系、国际货币基金组织、国际复兴开发银行以及1947年《关税与贸易总协定》《联合国国际货物销售合同公约》的签订，则建构起了新的国际经济秩序，极大地加强了世界各国之间的联系，为之后的全球化发展奠定了重要经济基础。

二战结束后，英国、法国、德国等传统帝国衰落，美国和苏联成为主导世界秩序的两个超级大国。美苏对立在一定程度上冲击了联合国的“大国一致原则”，导致二战后建立的国际法治体系运作受到阻碍。但总体而言，已经建立起来的国际规范对当时的权力政治起到了制约作用。美国国际关系学者罗伯特·基欧汉指出，国际声誉是国家软实力的一部分，它不仅能让该国更易取得他国信任，更能拓宽该国国际合作空间；而违反已有国际规范将使国际行为体付出国际声誉受损的代价，不利于其维护长远利益。冷战期间，美苏虽然在政治、经济、军事、文化等多个领域都针锋相对，但两国却都不愿意公然违反二战后确立的各项国际原则。在国际关系走向规则化、法治化道路的大背景下，尽管二战后新成立了上百个国家，各个国家之间的领土、民族、宗教争端不胜枚举，但新的世界大战却并没有再次爆发。

一方面，美苏之间通过签订条约管控了军备竞赛和冲突烈度。为限制国际社会不断升级的核武器试验，1963 年美国、苏联、英国签署了《禁止在大气层、外层空间和水下进行核武器试验条约》（以下称《部分禁止核试验条约》），禁止在除地下以外的任何空间开展核试验。1968 年，美国、苏联、英国等 59 个国家又签署了《不扩散核武器条约》，承诺不在非核国家中扩散核武器及其技术。20 世纪 70—90 年代，美苏两国签订了《第一阶段削减战略武器条约》《限制反弹道导弹系统条约》（以下称《反导条约》)《第二阶段削减战略武器条约》《消除两国中程和中短程导弹条约》(以下称《中导条约》)等一系列双边条约，为当时美苏不断升级的战略武器对抗设定了边界，减少了毁灭性核战争爆发的威胁，缓解了国际社会的广泛担忧，对于保障国际和平具有积极意义。而由此奠定的国际核秩序在之后的国际发展中也一直发挥作用。苏联解体后，美国与俄罗斯、乌克兰、白俄罗斯、哈萨克斯坦四国签署《里斯本议定书》，约定乌克兰、白俄罗斯、哈萨克斯坦三国弃核，由俄罗斯一国持核。之后美俄两国还签署了《新削减战略武器条约》。在《部分禁止核试验条约》的基础上，1996年，联合国通过了《全面禁止核试验条约》，但由于部分关键拥核国家未签署条约，故该条约至今还未生效。当前，由于美国愈发奉行单边主义，接连退出了《反导条约》《中导条约》，全球安全态势和军控前景正面临冷战以来最严峻的挑战。

另一方面，联合国和国际法治体系在确保危机解决中发挥了重要作用。在1956年苏伊士运河危机中，英国、法国、以色列以埃及将苏伊士运河收归国有为契机，对埃及发起了军事行动。美国、苏联向联合国提交议案，要求双方立刻停火。时任美国总统艾森豪威尔表示，如果不履行停火决议即视为与联合国作对，并威胁以色列要将其逐出联合国。最终，在国际社会的重压之下，英国、法国、以色列三国无条件停火撤退。即便美苏动机不同，但此次危机是双方在冷战期间唯一一次联手维护国际秩序。

以联合国为核心的战后国际规则体系成了双方化解冲突的重要依据。也正是这次危机，推动了国际运河法律制度的发展，为之后巴拿马运河等设定运河通行规范奠定了基础。在此之后，联合国还在 1958 年黎巴嫩危机、1962 年古巴导弹危机、1979 年阿富汗战争中积极斡旋，并在冷战期间 18 次派出维和部队，起到了缓和地区冲突、化解热点矛盾、中立维护国际和平的作用。另外，联合国还积极推动非殖民化运动，促使第三世界国家蓬勃发展，令国际秩序焕发了新的生机。

冷战对联合国的正常运作和国际法的良性发展造成了阻碍，但是随着国际交往越发频繁，国际法全面展开自己的体系乃是大势所趋。联合国第二任秘书长吴丹总结了联合国在当时的“3D 作用”：非殖民化、裁军、发展。非殖民化运动使得第三世界作为独立力量出现，其结果是极大地促进了国际法内容与形成机制的改良。除此以外，联合国积极参与国际事务，通过联合国大会或联合国安理会决议以及其他活动，促进了国际法几乎所有部门的发展。这一阶段，国际法与全球国际关系形成互动，尽管连续遭受挫折，但是仍然逐步形成一个较完整的体系；尽管仍然不乏质疑，但是国际法已经至少在理论上被国际社会接受为普遍适用的法。国际交往随着物质社会的发展不断增多，其间国际条约法和国际习惯法进一步加强融合，在反复实践的刺激下，国际社会法治理念不断深入人心，国际法也由此随着冷战的结束逐渐进入了现代化的全新阶段。

国际法院阿卜杜勒卡维·艾哈迈德·优素福大法官曾表示，近代国际法堪称是“欧洲公法”。一战后，国际法由“欧洲国家之间的法”走向了“国际社会的法”。那段时期，西方国家基本主导国际法治体系。二战结束后，曾被长期边缘化的亚非拉国家开始广泛参与国际事务，主动影响并塑造了现代国际法。国际组织、跨国公司、民族解放组织、自然人等主体间的国际互动也越来越频繁，国际法律关系愈发多元、愈发活跃、愈发复杂。冷战期间，国际法为美苏争霸提供了“护栏”，两个大国最终未爆发大规模热战冲突。

国际合作

一、国际司法合作

2005 年浙江康新房产老板徐孝西行贿案东窗事发，牵涉出一众官员，引发浙江绍兴“官场地震”。其中，时任新昌副县长的姚锦旗听闻消息后立马利用假身份证逃至境外。2018 年 10 月，中国通过国际刑警组织向姚锦旗发布红色通缉令。两周后，姚锦旗被保加利亚警方抓获；44 天后，姚锦旗被引渡回国；2020 年 8 月，“姚锦旗受贿案”一审公开宣判。经法院审理查明，姚锦旗在任职期间共受贿5221万元，最终被判处有期徒刑6年，并处罚金人民币300万元。

“姚锦旗受贿案”是中国首次从欧盟成员国成功引渡贪官，具有里程碑意义，其中反映的引渡等司法制度，体现了国际司法合作的重要价值。所谓引渡，是指一国根据他国请求，将在该国境内被他国认为是犯罪或已判刑的人移交给请求国的一种司法协助行为。引渡的要件有二：一是引入国与引出国之间需有引渡条约或互惠承诺；二是引渡对象所犯罪行在两国均被认为是犯罪，即双重犯罪原则。在实践中还有一些拒绝引渡的情形。一是本国国民不引渡。引渡对象一般是请求国国民或第三国国民，例如美国请求加拿大引渡中国国民孟晚舟。但如果引渡对象是本国国民，则各国有权拒绝引渡。二是政治犯不引渡。如果引渡对象所犯罪行为政治罪行，则各国可决定不予引渡，但一些恐怖主义犯罪除外。该规定的实质是给政治犯提供避难机会，认为人有持不同政治立场的权利。三是死刑犯不引渡。部分国家还以“引渡对象回国后可能会被判处死刑”为由而拒绝引渡。四是因程序问题拒绝引渡。一般说来，一些已过追诉时效的、或在引出国已进行或终止刑事诉讼程序的，可以不予引渡。

在国际司法合作中，除了引渡外，还有协助文书送达、调查取证、法院判决和仲裁机构裁决相互承认与执行等。例如在2011年“湄公河惨案”中，中国、泰国、缅甸、老挝四国通过刑事侦查合作，相互分享线索、共同研讨执法方案，最终将残忍杀害13名中国船员、藏匿在老挝的首犯——缅甸人糯康，缉捕归案。在办案过程中，中国、老挝、缅甸、泰国四国共同发布了《关于湄公河流域执法安全合作的联合声明》，提出将加强合作，在湄公河流域联合巡逻、共同打击犯罪。

进入21世纪以来，跨国犯罪、民商事纠纷案件的数量明显上升。由于一国司法管辖权和法律效力往往会受到国家领土和主权的限制，而且会发生矛盾和重叠，所以通过双边或多边司法合作有利于各国协调冲突、解决纠纷、打击跨国犯罪活动。在实践中，国际司法合作包括国际合作、区域合作和双边合作。国际合作主要是指联合国框架下的司法合作，如：1965年《关于向国外送达民事或商事司法文书和司法外文书公约》(《海牙送达公约》)、1970年《关于从国外调取民事或商事证据的公约》(《海牙取证公约》)、2019年《承认与执行外国民商事判决公约》(《海牙判决公约》)、1958年《承认及执行外国仲裁裁决公约》(《纽约公约》)、2000年《联合国打击跨国有组织犯罪公约》、2003年《联合国反腐败公约》等。区域合作是指地区国家间的合作，例如中国与东盟国家之间的司法合作。双边合作是指两个国家通过缔结双边条约、协定等方式相互约定提供司法协助等，例如中国目前已与81个国家签署司法合作类条约达170项，合作内容广泛，合作成果突出。国际司法合作对于促进国际社会秩序良好运行意义深远。在全球化背景下，面对洗钱、跨国贩毒、腐败等刑事案件，以及跨国工程、贸易、婚姻家庭等民事纠纷，需要各国坚持多边主义、互利互惠、携手应对。只有这样，才能有效维护国家司法主权，促进国际公平法治。

二、国际反恐合作

2014 年，恐怖组织“伊斯兰国”异军突起。其首领巴格达迪神出鬼没，追捕难度极大。2018 年，巴格达迪的五大助手之一伊斯梅尔·埃萨维被土耳其抓获，并被移交给伊拉克。伊拉克与美国中央情报局分享了埃萨维透露的有关巴格达迪位置的重要情报。2019 年，美国、伊拉克、土耳其三国发起联合行动，抓捕了“伊斯兰国”数名高级领导人。通过审讯这些恐怖分子，美国逐渐掌握了巴格达迪的藏身之地。同年 10 月 26 日，美国派出 70 名特种兵和 8 架 CH–47“契努克”直升机向叙利亚伊德利卜省进发，准备抓捕巴格达迪。由于美国是从位于伊拉克的美军军事基地出发，需要过境叙利亚、土耳其领空，所以必须获得以上国家同意。考虑到反恐是人类共同目标，叙利亚、土尔其两国对这次行动予以了一定配合。最终，同年 10 月 27 日巴格达迪在被美军追捕走投无路后，引爆了自己身上的炸弹背心。猎杀巴格达迪被特朗普当作他的政绩大肆宣扬，但倘若没有伊拉克、土耳其等国的情报共享，以及叙利亚等地区国家的行动配合，恐怕美国

∨ 2020年8月20日，伊拉克总理卡迪米访美
聚焦反恐合作

也难以独自完成这一重要反恐任务。

由此可见，国家合作在国际反恐活动中有着至关重要的作用。在国际法层面，1937年由国际联盟牵头订立的《防止及惩治恐怖主义公约》是世界上最早的反恐怖主义国际公约，其出台背景是南斯拉夫王国国王在出访时遭到暗杀。不过，由于批准国家数量不足，该公约并未生效。1945年联合国成立后，反恐工作有了新进展。一方面，联合国通过了许多反恐决议；另一方面，各国在联合国和相关国际组织的主持下，签署了一系列反恐条约，例如1963年东京《关于在航空器内的犯罪和其他某些行为的公约》、1970年海牙《关于制止非法劫持航空器的公

约》、1971年蒙特利尔《关于制止危害民用航空安全非法行为的公约》、1973年纽约《关于防止和惩处侵害应受国际保护人员包括外交代表的罪行的公约》、1983年的《反对劫持人质的国际公约》等。以上公约之所以聚焦劫持飞机的恐怖犯罪，是因为20世纪60—70年代，国际社会发生了数起劫机案件，例如1966年阿根廷劫机事件、1968年泛美281号航班劫机案、1970年巴勒斯坦武装力量一日内劫持3架飞机等。进入20世纪90年代，恐怖主义活动呈现出扩大化、组织化、国际化的新特点，国际社会在应对上也有了新进展。典型代表即是1999年《制止向恐怖主义提供资助的国际公约》，该公约对资助恐怖主义活动作出了国际法界定，明确反对各国相关资助行为。

2001年9月11日，呼啸而来的美国民航飞机径直撞向了位于联合国大厦附近的世贸中心大楼。震惊中外的“9·11”事件让人们感受到了国际恐怖主义活动的残酷与疯狂。面对就发生在眼皮子底下的恐怖事件，联合国安理会迅速通过了联合国安理会第1373号决议，成立了由联合国安理会全部15个成员国组成的反恐怖主义委员会，提出各国应采取多项措施团结合作，防止和打击恐怖主义。2006年，联合国大会通过《联合国全球反恐战略》，为国际社会遏制恐怖活动提供了制度指引，标志着各国形成了迄今为止最重要的国际反恐共识。截至目前，国际社会经过半个多世纪的努力，在联合国框架下已形成了由19项条约构成的国际反恐体系，对各类型恐怖主义罪行进行了规定，为国际反恐合作作出了重要贡献。

中国目前已加入 12 项国际反恐公约，认真支持并落实联合国安理会一系列关于反恐怖主义的决议，发挥了联合国安理会常任理事国在全球反恐怖主义中的作用。除了强调联合国在反恐中的主导作用外，中国还与全球数十个国家建立了双边反恐合作机制，积极参与上海合作组织、金砖国家、二十国集团、亚太经济合作组织、东盟地区论坛、“全球反恐论坛”等框架下的反恐合作。在上海合作组织平台下，中国与其他国家签署了《打击恐怖主义、分裂主义和极端主义上海公约》《上海合作组织反恐怖主义公约》等一系列公约，在反恐情报共享、合作调查执法、犯人追捕移交、反恐培训交流等方面实现了高水平的国际合作。

三、全球疫情中的国际法

纵观世界历史，各类传染病引发的全球性疫情，客观上推动了防治疫情的国际法合作，带动了《国际卫生公约》与国际卫生机构的建立。

传染病几乎伴随了整个人类历史，可追溯至人类集体狩猎的时代。原始社会向农耕文明的转变促发“社区”的出现，而社区则成为传染病成规模流行的最初“温床”。随着人类文明不断发展，城市将人们联系在一起，住在都市圈能获得许多经济、社会利益。早在苏格拉底和柏拉图在雅典街角开展辩论时，城市就促成了人与人之间的联系，让协作创造成为可能。但较高的密度也带来了缺点：其中最可怕的莫过于传染病。历史上的数次大规模流行性传染病，在侵蚀人口的同时也改变了历史。纵观历史，“大流行病”带给人类的不仅仅是伤痛和死亡，疫情灾难对社会经济发展、文化、艺术、宗教和政治都产生了重大影响，甚至催生出源自心灵的恐惧，以及由此衍生出的、对仅存社会秩序的蔑视和破坏。正如经历雅典瘟疫后的修昔底德所言，人们不再害怕法律，因为他们觉得自己已经被判处死刑。同样，人们开始不加选择地花钱。许多人认为他们活不长，无法享受明智投资的成果，而一些穷人则通过继承亲属的财产意外致富。也有记载，人们拒绝体面行事，因为大多数人不希望活到足够长的时间来享有良好的声誉。

接连暴发致命的瘟疫让许多国家认识到，平息一次卫生危机的开支比预防危机的成本要高很多。多年来，虽然科学家和医学研究人员对“大流行病”的确切定义（传染病依据什么客观标准可被判定为“大流行病”）存在分歧，但通常的观点认为，“大流行病”的核心要素之一是“特定传染性疾病的广泛发生”，即超过了正常情况下可控的地理范围，并引发一定程度的人群心理恐慌。同时，“大流行病”的传染特性，决定了没有一个国家可以独善其身，特别是面对那些病死率高的疾病。当疫情从一个偏远村庄传播到世界上任何一个主要城市也只需数周甚至几天时，保护人类健康和国家安全意味着确保国际社会的所有成员拥有相关知识和充足资源，一方面阻止疫情扩散到原发地边界之外，另一方面又防范疫情进入本国。全人类在一次次同细菌和病毒的拉锯战中，清晰地意识到必须共同建立抗击疫情的国际合作防线，以更好地预防、检测和应对“大流行病”。鉴此，实施长期卫生政策，包括推广卫生措施、出台卫生法规、研究致病原因和预防办法，以及加强国际合作成为越来越迫切的需求。

政府有组织地控制疾病暴发的努力可追溯至 14 世纪中期。威尼斯城邦（被认为是首个国际商业中心）是第一个应用检疫程序来保护城邦人口和领土免受瘟疫侵害的公权力。很长一段时间，各国只有在瘟疫到达其海岸时才采取卫生措施。各国港口管理部门根据情况决定采取何种措施，检疫措施不仅原始粗放且各地标准差异很大。直到 1829 年第二次霍乱大流行，欧洲各国政府才任命医疗特派团调查“大流行病”的原因。如 1831 年 6 月法国巴黎皇家医学院（现法国国家医学科学院）派遣两人代表团赴俄罗斯、普鲁士和奥地利对霍乱流行状况展开调查并形成有关报告。在早期的疫情调查报告中，医学研究者开始提请政府注意各国彼此不同的检疫要求，以及由此而引发的不必要混乱。这为后来各国政府就“大流行病”期间的防疫标准等问题召开国际会议奠定了基础。19 世纪下半叶，公共卫生领域国际合作开始兴起。1851 年，法国组织召开第一次国际卫生会议，旨在推动国际检疫条例标准化，防止霍乱、鼠疫和黄热病的传播。1851—1938年，共召开14次国际卫生会议。其中，1851年、1892年和1926年召开的国际卫生会议都通过了相关国际条约。

1851年《国际卫生公约》草案。1851年，为防止霍乱、鼠疫等疫情传播，同时尽可能不妨碍贸易往来和民众自由流动，12个欧洲国家在巴黎召开了第一届国际卫生会议，旨在各国就疫情协商最佳防控举措，并讨论采用统一的卫生法规管理国际交通。不过，与会各国最终未能就实施共同准则达成实质性一致，仅形成了《国际卫生公约》草案以及关于鼠疫、黄热病和霍乱的相关国际法规草案，同时与会国也仅是初步同意了这些草案文件，即便文件内容不做修改，后续也仍需政府履行国内批准程序方能对各国产生国际法约束力。虽然第一次国际卫生会议未能达到预期目的，但这次会议对后续创立各种国际卫生组织、达成诸多国际卫生条约都具有划时代的先驱意义。

1892年首个生效的《国际卫生公约》。在1851年第一届国际卫生会议之后的40年间，又召开了五次国际卫生会议，但议题都主要集中在霍乱的起因和传播方式上，并始终未能就防止霍乱跨国界传播的检疫规定达成一致。在1881年召开的第五次世界卫生会议上，美国首次参会并提出一项动议，即要求每艘离开本国港口前往美国的船只都需要携带经过认证的健康证明，但这项动议未获通过。直到1892年在意大利威尼斯举行的第七届国际卫生会议上，各国41年来终于首次一致通过关于国际交通卫生控制的公约（于1892年1月30日签署），旨在为通过苏伊士运河的船只制定统一的检疫规范（仅针对霍乱），故该公约的适用范围和规制对象仍十分有限。

1926年《国际卫生公约》。1926年5月10日—6月21日，50多个国家在法国巴黎举行第十三届国际卫生会议，并通过了《国际卫生公约》。该公约规定了口岸卫生检疫要求，为检疫和流行病控制等事项制定了统一规范以限制疾病的国际传播，由此改变了全球对“大流行病”的防疫管控方式。1926年《国际卫生公约》之所以引人注目，有两个原因：一是更加依赖流行病的情势通报，而非单纯进行隔离；二是将全球防疫正式划分为网格化区域，实行分区管控。因此，该公约是真正意义上的全球性健康卫生防疫条约。有学者还将该公约视为一战期间“大流行病”和国际关系之间相互作用的呈现载体，认为“卫生影响范围是由政治影响范围所决定，但并不完全依赖于政治影响范围”。

1933年《国际航空卫生公约》。1933年并未召开国际卫生会议，但各国代表当年4月12日在海牙签署了第一版《国际航空卫生公约》，同年8月1日生效。该公约旨在保护公众免于感染通过航空器输入的疾病，保护飞行机组人员免于感染飞行导致的疾病。公约规定了防止鼠疫、霍乱、黄热病、斑疹伤寒和天花蔓延的具体措施，约10个国家正式批准该公约。该公约后于1944

年12月15日在华盛顿修订，1945年1月15日生效，成为公共卫生史上国际合作的里程碑。

除通过各项国际卫生公约，国际卫生会议更重要的意义是为各国政府和医疗人员提供了交流平台，可以对“大流行病”进行广泛研讨。最终，国际卫生会议开创的防疫合作精神促成了1948年世界卫生组织这一联合国机构的诞生。

国际公共卫生办公室。在1903年第十一届国际卫生会议上，各国同意筹划创建常设的国际卫生机构。1907年12月9日，国际公共卫生办公室正式成立，它是第一个与卫生有关的国际组织。国际公共卫生办公室的总部设在巴黎，负责管理国际卫生公约，并收集和传播有关“大流行病”的信息，其工作重点为欧洲和中东地区。1919年国际联盟成立，国际公共卫生办公室本应被纳入国际联盟，但作为其成员国的美国因未加入国际联盟而拒绝批准国际公共卫生办公室并入国际联盟。这导致两个大型国际组织经常合作并共享信息，但仍各自运作。二战后，国际公共卫生办公室并入世界卫生组织。

泛美卫生局。1901年10月，第二届美洲国家国际会议在墨西哥举行，会议建议召开美洲各国卫生机构代表会议，并制定“卫生协定和条例”以达到“将霍乱、黄热病、鼠疫暴发的检疫要求降到最低限度”的目的。鉴于同时期的国际卫生大会议程主要被欧洲国家掌控，所以困扰美洲的黄热病在那里根本不受关注。1902 年 12 月 2 日，在华盛顿召开第一届美洲共和国国际卫生会议，决定成立“国际卫生局”。在这次会议上，古巴医生卡洛斯·芬莱博士明确提出“蚊子是传播黄热病的唯一媒介”，但该论断遭到大部分与会者的反对。此时，古巴和巴拿马地峡成功消灭了黄热病。1905 年 10 月，第二届美洲共和国国际卫生会议在华盛顿举行，会议签署了《泛美卫生公约》并增加了防治黄热病的条例。1923 年，“国际卫生局”更名为“泛美卫生局”（也译作“泛美卫生组织”）；1924 年，《泛美卫生法典》在哈瓦那签署。1949 年，泛美卫生局与世界卫生组织签署协定，成为后者六个地区办公室之一的美洲地区办公室。

随着 1940 年巴黎被德国占领，国际公共卫生办公室不能再正常运作，而国际联盟诸多与国际卫生相关的行动也受到限制。鉴此，国际社会亟需建立前述机构的临时替代者，以确保国际卫生公约所规定的各项义务能顺利落实。在此背景下，联合国救济和恢复管理局应运而生。

1943 年 11 月 9 日，44 个国家在美国华盛顿签署了《联合国救济和恢复管理协定》，并由此创建了联合国救济和恢复管理局，其宗旨是“计划、协调、管理或安排管理措施，通过提供食物、燃料、衣服、住所和其他基本必需品、医疗和其他基本服务，救济在联合国控制下的任何地区的战争受害者”。联合国救济和恢复管理局在 1943 年于美国大西洋城举行的第一次会议上还通过了一项决议，建议“各国政府和已获国际社会公认的行政当局展开充分合作，尽早建立区域性和其他紧急协议或安排，以便在军事安全的限度内，通知可能流行的疾病、统一检疫防疫条例及其他预防性措施等”。

此后，联合国救济和恢复管理局与数十个志愿慈善组织密切合作，仅运营四年，就在全球物资严重短缺和运输困难的情势下分发了价值约 40 亿美元的商品、食品、药品、工具和农具等。1945 年，联合国救济和恢复管理局被纳入联合国后，其大多数职能被国际难民组织、世界卫生组织等联合国机构取代。1946 年下半年，联合国救济和恢复管理局的业务工作结束，其最后一名工作人员的任命于 1949 年 3 月 31 日终止。虽然只是昙花一现的替代性国际卫生机构，但联合国救济和恢复管理局的理事会架构与后来的联合国大会非常相似，因此有学者称联合国救济和恢复管理局的设立为两年后联合国的正式建立奠定了基础，也是“20 世纪多边主义的成功典范”。伦敦大学伯贝克学院历史学教授杰西卡·赖尼施认为，联合国救济和恢复管理局的独特之处在于“它成功地将截然不同的合作伙伴和国际救济模式相结合，而其中的每个合作伙伴和救济模式都有属于自己的历史和先例”。

1944 年 5 月，联合国救济和恢复管理局任命了一个检疫问题专家委员会，指示其起草具有紧急性质的国际卫生公约，旨在令公约尽早生效并持续到战后时期。该委员会认为首先应审议需对既有卫生公约进行何种修改，以确保新公约符合战争引起的紧急情况。为完成该项任务，委员会围绕国际公共卫生办公室战前所做的工作以及英国、美国政府提供的有关资料（包括南北美洲当时采取的检疫程序摘要等）展开分析，其最终报告认为应重点修订 1926 年《国际卫生公约》和 1933 年《国际航空卫生公约》。在考虑多方意见后，上述两项公约的修订案交由联合国救济和恢复管理局成员国批准。1945 年 1 月 15 日，该两项公约在经 10 个国家批准后正式生效。这两项国际卫生公约在考量新近发生的全球卫生事件后，进一步明确了国际卫生防疫标准，如待检疫船只的停靠距离从 200 米增加至 400 米；制定了黄热病的疫苗标准；规定对没有有效接种证的人员所应采取的最大限度检疫措施等。概括来看，1944 年两项国际卫生公约的重大贡献之一是使疫苗接种国际证书格式和其他健康表格实现了标准化、规范化。

根据有关安排，1944 年的两项国际卫生公约将在 1946 年 7 月 15 日到期，同时联合国救济和恢复管理局对这两项公约的管理职能也仅持续 18 个月 。然而，随着上述期限的临近，当时尚未出现能取代 1944 年国际卫生公约和联合国救济和恢复管理局的新条约或新机构。于是，在 1945 年创建联合国的旧金山会议上，中国和巴西的参会代表提议创建一个长期运作的国际卫生组织 。1946 年 6 月 19 日—7 月 22 日在美国纽约举行的国际卫生大会上，61 个国家（包括 10 个非联合国成员国）起草并通过了《世界卫生组织组织法》(以下称《组织法》)。这次大会还设立了一个临时委员会，以便在1948年《组织法》生效之前发挥作用。在此背景下，联合国救济和恢复管理局对1944年两项国际卫生公约的管理职能一直持续到世界卫生组织正式创建。而在1946—1947年，联合国救济和恢复管理局则同临时委员会合作并陆续向其交接各项工作职能。1948年，世界卫生组织创建完成并开始运作，它解散了临时委员会，并吸纳了1907年国际公共卫生办公室和1943年联合国救济和恢复管理局这两个前期国际卫生组织的所有职能。

世界卫生组织《基本文件》中所列明的国际条约，构成了世界卫生组织的国际法渊源、权力的法理依据、与其他国际机构的关系以及日常工作运行的指引规范等。其中,《组织法》在1948年4月7日正式生效。该法作为世界卫生组织众多国际条约中的奠基石，其序言所列的各项原则是世界卫生组织行使国际卫生有关职能及其成员国履行国际义务的基本遵循，包括：明确定义了何为健康，即应包括生理、心理和社会层面的完全健康状态；明确了健康是基本人权，且不因种族、宗族、政治信仰、经济或社会环境而有所差异；明确健康对国际和平与安全的重要性，且需依仗国际社会通力合作；明确国家履行国际卫生相关义务是使全人类获益的良善之举；明确儿童健康的重要意义；明确政府在确保民众健康过程中的职责所在等。基于前述所持追求或实现的人类共同价值,《组织法》还明确规定世界卫生组织的宗旨是“求各民族企达卫生之最高可能水准”。

除《组织法》外，在世界卫生组织《基本文件》中还包括诸多实体性国际条约和程序性规范。在实体性国际条约中，有的明确了世界卫生组织行使职能过程中的特权依据，如《专门机构特权和豁免公约》；有的进一步明确世界卫生组织框架下的各类国际法权利和义务，如《准会员和其他地区的权利和义务》；还有的则是为世界卫生组织与其他国际主体交往制定规范，如《与政府间组织的协定》。而程序性规范则多为世界卫生组织的日常运作提供指引，如《世界卫生组织财务条例》《世界卫生组织工作人员条例》《专家咨询团和委员会条例》等。

除《基本文件》外，还有一些国际条约构成世界卫生组织的重要核心文件。例如对全球卫生事务作出综合性规定的《国际卫生条例（2005）》（以下称《条例》），以及对特定领域事项进行规范的《国际母乳代用品销售守则》《共享流感病毒以及获得疫苗和其他利益的大流行性流感防范框架》《世界卫生组织烟草控制框架公约》《消除烟草制品非法贸易议定书》和《世界卫生组织全球卫生人员国际招聘行为守则》等。其中,《条例》最初于 1969 年由世界卫生大会通过 ，是对世界卫生组织所有会员国均具有法律约束力的重要国际条约，旨在帮助会员国预防和应对那些跨境且可能影响世界各地民众的公共卫生风险，同时尽量减低对国际运输和全球贸易所带来的干扰。同时,《条例》是唯一负责授权世界卫生组织作为主要全球健康和卫生领域监测系统的国际法律条约。《条例》最初仅涵盖6种“检疫疾病”,1973年与1981年曾经过两次修订,主要是将所涵盖疾病从6种减少至3种(黄热病、鼠疫和霍乱),并标明“全球已根除天花”。《条例》的最近一次修订是在2005年5月23日的第58届世界卫生大会上,并于2007年6月15日生效。这一版《条例》包含一系列改革,包括:范围不只限于任何特定疾病或传播方式,而是涵盖“对人类构成或可能构成严重危害的任何病症或医疗状况,无论其病因或来源如何”;缔约国发展最低限度的特定核心公共卫生能力的义务;缔约国向世界卫生组织通报根据规定的标准有可能构成国际关注的突发公共卫生事件的义务;授权世界卫生组织考虑非官方的公共卫生事件报告并获得缔约国有关此类事件核实的条款;总干事在考虑突发事件委员会的意见之后确定“国际关注的突发公共卫生事件”和发布相关临时建议的程序;个人和旅行者的人权保护;以及建立《条例》国家归口单位和世界卫生组织联络点供各缔约国与世界卫生组织之间就紧急情况进行沟通。由于《条例》的应用不局限于特定疾病,所以意图是《条例》将在未来数年中,即使面临疾病及决定其出现和传播的各种因素的持续演变,仍能保持其相关性和实用性。《条例》的各项条款还更新和修订了许多技术职能及其他管制职能,包括适用于国际旅行和运输的证书，以及国际港口、机场和陆路口岸的要求等。

《条例》为世界卫生组织及其会员国在如何识别、应对公共卫生事件，以及共享咨询方面明确规定了国际法义务，如要求各会员国就所有能构成国际关注的突发公共卫生事件，向世界卫生组织报告；要求各会员国自行检视本土情况，并加强公共卫生监测和应对系统能力；要求各会员国的指定国际机场、港口和陆路过境点符合《条例》所列明的相关防疫要求等。

世界卫生大会是世界卫生组织的最高决策机构，按照《世界卫生大会议事规则》行使职权。世界卫生组织所有会员国派代表团参加大会，并集中讨论执行委员会准备的一系列特定卫生议程。世界卫生大会的主要职能是决定世界卫生组织的政策、任命总干事、监督财政政策，以及审查和批准规划预算方案等。

大会一般于每年 5 月在日内瓦万国宫举行会议。1948 年，第一届世界卫生大会召开时共有 55 个初始成员国参加，目前成员国共 194 个（除了列支敦士登之外的其他所有联合国成员国，以及库克群岛和纽埃）。世界卫生大会还设有“观察员”，指应邀以该身份出席大会或其任何主要委员会以及执行委员会公开会议的实体，目前包括罗马教廷、巴勒斯坦、全球疫苗免疫联盟、马耳他骑士团、红十字国际委员会、红十字会与红新月会国际联合会、各国议会联盟和全球抗击艾滋病、结核病和疟疾基金。同成员国相比，观察员没有投票权和获取世界卫生组织内部资料的权利。

RESERVE
RESERVE
OBSERVATEURS

< 第 75 届世界卫生大会开幕

在新冠疫情暴发前6个月里，人们经常谈论世界卫生组织“做了什么”或“没做什么”，以及它“能做什么”或“不能做什么”。有专家认为，世界卫生组织在疫情初期的应对表现“暴露了国际卫生条例和世界卫生组织机构能力的严重局限性”，“世界正面临着前所未有的全球健康威胁，而应对措施正凸显出国际组织协调民族主义国家能力的结构性局限”。为此，国际社会亟需一个更为有力且独立的卫生管理机构，以领导世界应对全球卫生危机。其实，在2020年上半年，世界卫生组织秘书处特别积极地为新冠疫情管理提供信息、建议和指导方针，如在2020年前6个月就新冠疫情大流行的不同方面为个人、社区、学校、企业、工业、卫生工作者、卫生设施和政府编制了400多份指导文件。但事实证明，很多国家并没有遵循前述建议和指导。这引发了学界对世界卫生组织及其有关建议法律约束力的思考和探讨，即为了应对未来的“大流行病”，是否应赋予世界卫生组织及其所制定的公共卫生规则以法律约束力，同时具备将这些规则付诸实施所需的能力和手段。

鉴此，未来世界卫生组织及其身后予以“支撑”的国际卫生防疫法律体系或许应着重解决两层法律困境：

一是已经生效的公约存在执行障碍。《组织法》规定，世界卫生大会有权通过“预防疾病国际传播”的条例，且该条例一经卫生大会通过，即对所有世界卫生组织会员国生效，除非有国家在规定时间内表示明确反对。《条例》就是这样具有法律约束力的公约，其1969年版本再经两次修订后，所要求成员国强制报告“大流行病”的种类降至仅黄热病、鼠疫和霍乱三类。所以，为更全面防控其他可能的“大流行病”，2005年版本的《条例》用一种较为开放的方式进行规定，即并不限制具体应报告的“大流行病”类型，而是称“以与公共卫生风险相称并限于公共卫生风险的方式预防、防范、控制疾病的国际传播并提供公共卫生应对措施”，同时又限定了应对措施“应避免对国际交通和贸易造成不必要干扰”。而这种限定一方面在实操层面给成员国的防疫应对措施设置了无形阻碍，另一方面也可能成为某些成员国消极防疫的借口。这就导致《条例》虽有法律约束力，但因实践中认定“一国防疫措施是否会‘对国际交通和贸易造成不必要干扰’”并没有明确的客观标准，使其执行效果大打折扣。此外，又鉴于国际法缺乏强制力的特性，即使某国消极防疫，也无法有力追究其国际法律责任。

二是如何达成更多广泛性国际卫生公约。《组织法》第19条规定，世界卫生大会有权就世界卫生组织职权范围内的任何事项通过公约或协定。由此产生的国际卫生公约，不仅可以在更广泛意义上审查世界卫生组织的运作效率，而且成员国间可以就“全球关注的卫生问题展开有约束力的国际条约”的谈判磋商，这个过程本身就是世界卫生组织未来在领导国际防疫领域发挥作用的最有希望的途径。不过迄今为止，根据《组织法》第 19 条制定的唯一文书是《世界卫生组织烟草控制框架公约》。2003 年 5 月，在经过 3 年谈判和 6 年工作后，世界卫生大会一致通过，目前已有 177 个国家签署。这是世界卫生组织第一次、也是迄今为止唯一一次在实质性领域通过一项国际条约，对全球健康威胁作出法律回应。

《世界卫生组织烟草控制框架公约》使 177 个缔约国能够逐步调整其国内立法以解决吸烟问题。该条约虽未规定明确标准，但鼓励各缔约国立法机构以法律或条例实施更严格控烟措施。该公约自 2005 年生效以来迅速为保护全人类免受烟草危害作出了重大贡献，无疑是世界卫生组织在其整个历史上最伟大的成就之一。而令人欣喜的是，2021 年 12 月 1 日世界卫生大会同意启动一个全球进程，即根据《组织法》第 19 条起草和谈判一项公约、协定或其他国际文书，以加强“大流行病”预防、防范和应对。为尽快推进，世界卫生大会还召开了一次特别会议，这是自 1948 年世界卫生组织成立以来的第二次特别会议，并通过了题为“全球团结合作”的唯一决定，同时设立一个政府间谈判机构负责具体的起草和谈判事宜。2022 年 2—6 月，会员国参与了政府间谈判机构第一阶段工作，以商定会员国的工作方式，并确定如何以包容方式与各利益攸关方妥善交往。同年 7 月，会员国开始政府间谈判机构第二阶段工作，并形成一个工作草案（文件

A/INB/2/3），成为“大流行病”文书的概念性草案。政府间谈判机构将向2023年第76届世界卫生大会提交进度报告，并将向2024年第77届世界卫生大会提交工作成果供审议。

应当说，新冠疫情给全球卫生领域合作提供了反思的历史性机遇，国际社会最终团结一致制定应对“大流行病”的国际条约，不仅是各国政府承诺解决其公民的健康需求、改善人民健康状况并加强整个社区的社会经济地位，更是为了确保和促进各国在影响社区、国家和全球人民健康和福祉的多个领域开展进一步国际合作。虽道阻且长，但未来可期。细菌和病毒永远不会从地球上消失，而全人类同其顽强抗争的国际法努力也将坚持不懈！

参考文献

1 王铁崖:《国际法引论》，北京大学出版社 1998 年版。

2 邵沙平主编:《国际法》，中国人民大学出版社 2015 年版。

3 梁西:《梁著国际组织法》，武汉大学出版社 2011 年版。

4 邵沙平:《国际法院新近案例研究(1990—2003)》，商务印书馆 2006 年版。

5 杨泽伟:《国际法史论》，高等教育出版社 2011 年版。

6 朱文奇:《国际人道法》，中国人民大学出版社 2007 年版。

7 古祖雪:《国际法：作为法律的存在和发展》，厦门大学出版社 2018 年版。

8 张屹:《国际反恐合作法律机制研究》，武汉大学出版社 2019 年版。

9 黄瑶:《联合国全面反恐公约研究：基于国际法的视角》，法律出版社 2010 年版。

10 马德才:《国际法中的引渡原则研究》，中国政法大学出版社 2014 年版。

11 [美] 路易斯・亨金著，张乃根等译：《国际法：政治与价值》，中国政法大学出版社 2005 年版。

12 [英] 伊恩・布朗利著，曾令良等译：《国际公法原理》，法律出版社 2007 年版。

13 [美] 罗伯特・基欧汉著，苏长和等译:《霸权之后：世界政治经济中的合作与纷争》(增订版)，上海人民出版社 2011 年版。

14 Isabel V. Hull, "A Scrap of Paper: Breaking and Making International Law during the Great War", Cornell University Press, 2014.

7

第七章

国际法与国家博弈

国际法是缔约各国为了维护本国利益而在持续对话中建立完善的条约规范，是各方利益博弈与平衡的体现。贯穿国际法实践的“灵魂”是，各方在争取自身利益最大化的同时，也为达成共识而接受最低限度的必要妥协。国际法的发展和完善对国家行为和国际秩序产生了重大影响。各国不仅在捍卫主权与维护和平等重大问题上日益借重国际法，约束各方行为、解决国际争端；也在应对“大流行病”等全球共同挑战时，更加重视依据国际法开展国际合作。

国土的界限

国土是国家和民族的物理依托，对于一国之重要性不言而喻。除了国家的名称、国旗、国歌等，一国之民对于祖国最直观的感受大概便是国土。从国际法角度来看，国土是构成国家的基本要素；各国国际法理论和实务工作者都承认，领土是一国存在和行使主权的客观基础。“现代国际法之父”奥本海认为，一个流浪的民族不构成一个国家。国际法院法官杰赛普也指出，国家的必要属性是国家应拥有领土，因为人们不能料想国家是一个“无依托的灵魂”。中国国际法学术泰斗王铁崖指出，国际法中的国家，应具备定居的人民、确定的领土、政府、主权四个要素。

一、领土的取得与争端的解决

在专制社会中，领土往往被视为君主或国家的财产，也即所谓“溥天之下，莫非王土；率土之滨，莫非王臣”。后来随着社会发展进步，这种观念逐渐被摒弃。国际法形成后，领土虽仍称为国家的领土财产，但已不再与私有财产混为一谈。

国际法概念中的领土，是指隶属于国家主权的地球表面的特定部分，包括国家主权管辖下的一切陆地、水域及其底土和上空，由领陆、领水、领空和底土四部分组成。尊重国家主权和领土完整是现代国际法基本原则。国际法承认每一个国家在其领土上排他性的最高权威，领土完整不受侵犯是一国主权不被侵犯的最重要方面，也是国家安全的最重要基础。“山河破碎风飘絮”的国家，是没有安全和尊严可言的。

国际法需要回答的第一个问题是：如何取得领土才是合法的？在国际法中，领土的取得方式经历了历史变迁。传统国际法以罗马法中私有财产权的相关规定为基础，建立起领土取得的制度，包括先占、时效、添附（例如河口泥沙自然堆积形成的新土地）、

> 86号界碑

割让和征服等，其在证明一些历史性权利时仍具有意义，但随着时代发展，很多具体制度已不再适用。如，由于现在几乎不可能再发现无主地，“先占先得”这一方式似乎已缺乏现实意义。与此同时，现代国际法又发展出全民公投、民族自决等领土取得和变更的新方式，在二战后帮助被迫接受西方殖民统治的广大亚非拉民族实现了解放。

鉴于领土对国家安全和发展的重要性，领土争端成为人类社会最古老、最传统的冲突之一。自部落时代开始，对土地和人口的争夺就持续发生，诸侯纷争、城邦混战，割地求和、杀伐占领，都是历史长卷中难以磨灭的记忆，甚至可以说人类世界的战争史就是一部领土争夺史。为了更广袤的土地、更丰富的资源、更优厚的收益，大到一座岛屿或城市的归属，小到一块界碑的标定，都可能引发国家之间的激烈对抗。正如英国学者菲利普·阿洛特所说，牺牲无数生命、似乎永无休止的国际冲突和国内冲突，集中表现为领土之争。甚至在传统国际法产生后，对于领土争端的解决仍十分混乱和暴力。后来，国际社会对和平的向往继续推动国际法的发展，也促生了更多解决领土争端的方法。

19 世纪中叶，国际社会开始出现和平解决领土争端的趋势，例如南美洲各国采取占领地固有原则，保护过去占有者的权利，在很大程度上避免和解决了疆界争端。而疆界条约也逐渐演变为和平解决此类争端的最简单方式，提交仲裁成为重要途径。一战后，不少和约都设立了国际边界委员会，以解决诸多边界问题。二战后，《联合国宪章》作为联合国建立的基础条约，也将领土有关内容纳入维护世界和平的基本原则之内。如第33条第1款规定："任何争端之当事国，于争端之继续存在足以危及国际和平与安全之维持时，应尽先以谈判、调查、调停、和解、公断、司法解决、区域机关或区域办法之利用，或各该国自行选择之其他和平方法，求得解决。"

1945年，国际法院根据《联合国宪章》成立，成为联合国六大主要机构之一和最主要的司法机关，可对主权国家间一致同意提交的争端进行裁决。其裁决也具有强制执行力，若一方不履行，另一方可提请联合国安理会采取强制行动，这也大大提升了国际法在处理国家间争端中的作用。

随着人类文明的发展和对和平的向往，法律途径逐渐成为国家解决领土争端、维护国家主权和安全的重要工具。与政治解决办法相比，法律渠道程序和规则确定性更高，且具有一定的约束力。因此，以国际法院为代表的国际法律机构日益凸显其重要性。现代国家更多地运用法律手段争取领土权利，一些相持很久的领土争端最终通过国际法解决，这也是现代文明的一种表现。

二、领土争端中的国际法博弈

各国运用国际法进行领土争夺和博弈的案例不在少数，国际法院受理案件中有很大一部分是领土争端或边界争端案。领土争端往往涉及历史遗留问题，年代久远，所涉文件、事实等千头万绪，涉及海洋法问题时则尤为复杂，可能涵盖领海基线的划定，岛屿、礁石、低潮高地的认定等繁杂问题。领土主权神圣不可侵犯，但解决领土争端往往需要判定谁有更具备说服力的权利主张。因此，各国要通过国际法进行博弈，不完全基于自身权利的“完美无瑕”，很多时候更涉及程序性问题、行使权利的及时性等，需要对国际法了然于胸。

国际法实践中，围绕领土争端的处理形成了诸多富有参考价值的经典案例。尽管这些通过法律手段解决的国际领土争端往往只涉及小块领土，但相关案例确立了国际法的原则，充分体现了和平的价值、理性的光辉和规则的力量，警示、提醒各国积极主张并行使领土权利，产生了广泛而深远的国际影响力。例如“帕尔马斯岛案”运用的时际法原则，明确了一国必须通过“持续的有效管理”才能确立对一块领土的主权。帕尔马斯岛是一个可以居住的小岛，位于菲律宾棉兰老岛与印尼纳努萨岛之间。菲律宾和印尼曾分别是西班牙、荷兰的殖民地。1898 年 12 月美西战争结束后，西班牙将菲律宾连同帕尔马斯岛割让给美国。1899 年美国将此条约内容通知荷兰时，荷兰对割让没有表示反对。1906 年美国驻棉兰老岛司令视察帕尔马斯岛时发现岛上居然飘扬着荷兰国旗，说明荷兰对该岛实施着管理。美荷在进行外交接触后于

1925 年 1 月签订仲裁协议，将该岛主权归属问题提交常设仲裁法院解决。主审法官休伯尔认为，特定权利的创设应根据权利产生时的国际法，但如果其他国家依据后续国际法提出的权利主张更有合法性和说服力，那么原始创设的权利也可能不再有效。据此推断，尽管根据 16 世纪的国际法可以认为西班牙通过“发现”取得了对帕尔马斯岛的主权，但没有证据表明西班牙按照国际习惯法对其实行了连续、和平的有效统治。相反，荷兰自 17 世纪开始对该岛实施了有效的管理。因此，不能认为西班牙的原始权利仍然有效，西班牙也无权把该岛割让给美国。该案确立了“领土主权 = 发现 + 有效统治”的“休柏尔公式”，也强调了国际法上“新法优于旧法”的原则。

柬埔寨和泰国之间持续多年的“柏威夏寺之争”是相对弱小的一方借助国际法争取权利、维护国家安全的又一经典案例，运用了“默许的承认”和“禁反言”等原则。柏威夏寺位于两国交界的扁担山脉东段，是高棉帝国时期最具代表性的大型石宫建筑物之一，置身其上可俯瞰整个柬埔寨平原，层峦叠嶂、气势恢宏，具有极高的历史文化和艺术价值，往来游客络绎不绝。柬泰两国围绕这一神庙的纷争由来已久。1796 年泰国趁乱占领了柏威夏寺周围地区，1806 年柬埔寨金边王朝的君主夺回了该地区。1904—1908 年，法国作为当时柬埔寨的保护国与当时的泰国政府（暹罗）就领土边界问题进行了多次谈判，双方于 1904 年签订条约，规定边界线沿扁担山的分水岭划出，并设立法暹边界勘查混合委员会负责具体划定，根据实际分水岭，柏威夏寺应在泰国境内。法暹边界勘查混合委员会当时未留存会议记录，而泰国政府（暹罗）由于缺乏相应知识和技术，便请求法方人员绘制地图，从而为后续争端埋下了伏笔。

1907 年，法方绘制完成地图，将柏威夏寺划入柬埔寨一侧。1908 年，法方向泰国政府（暹罗）通报了相关情况，并在巴黎出版地图后呈送泰方，泰方并未提出异议。此后，泰国政府（暹罗）于 1934—1935 年勘探发现，地图和实际分水岭有差异，柏威夏寺地区的归属存在错误，但其后仍继续使用该地图。1949—1952 年，泰方派兵进驻柏威夏寺，对法方的多次抗议不予回应。1953 年，柬埔寨独立后试图在柏威夏寺建立权力机构，并与泰方就归属问题进行多次交涉，均以失败告终，遂于 1959 年向国际法院提起诉讼。柬方要求依据地图宣示主权，而泰方则认为地图没有约束力，其标明的分界线也不是真正的分水岭，应当严格按照条约中约定的分水岭来划分。

国际法院审理后认定，此案争端事由是柏威夏寺地区的主权归属。首先，柬埔寨本不享有主权。《维也纳条约法公约》第 62 条指出，若某条约确定边界问题，则不得援引“情况发生根本改变”为终止或退出条约之理由。在国际法院司法实践中，也肯定了边界神圣不可侵犯、领土事项应继承的习惯国际法。因此，柬埔寨后来虽独立，但其应继承法国与泰国政府（暹罗）签订的边界条约。在地图和条约存在矛盾时，涉及不同文件的效力高低问题，一般来说，两国签订的边界条约具有最高法律效力，地图和条约不符时，应当以条约规定为准。此外，地图的制作也存在“效力瑕疵”，因为法暹边界勘查混合委员会在绘制出该地图的前几个月就已停止履职。因此，国际法院认为，地图从未得到法暹边界勘查混合委员会的正式认可，在开始时并不具备约束力，也即说明柬埔寨开始并不具有对柏威夏寺的权利。

其次，泰方行为导致柬方行使主权具有合法性。国际法院指出，地图交给泰国政府（暹罗）后，泰国当局在多年内未提出反对，必须被认为已经予以默认。在1934—1935年发现地图与实际分水岭有差异后，泰国政府（暹罗）仍继续使用并出版将柏威夏寺标在柬埔寨一侧的地图。1937年，与法国缔结一条约时，暹罗皇家勘测部还绘制了显示柏威夏寺在柬埔寨一侧的地图，从而构成对此边界的再次确认。在此后双方的多个谈判、交流场合，泰国均有机会提出异议，但都未提出，应当推断其已接受这一地图，法国和柬埔寨也一直对其接受确信无疑，因此应认同地图所标边界，而无需审议是否与真正的分水岭一致，柬方应享有柏威夏寺的主权。

这一判决是“默许的承认”和“禁反言”原则在国际司法实践中的生动例证。根据古老的法律规则“若保持沉默者必须且能够发言，则其沉默将被视为同意”，本案中泰方明知一个相反主张、需要进行回应以确认和保留其主权权利且有条件回应时，并未做出任何回应，构成了“默许的承认”。“禁反言”原则起源于中世纪的英国，即禁止当事人提出与先前行为相反的主张，其背后考量主要是维持社会交往中的诚信、稳定、效率和可预期性。后来，作为国际法原则的“禁反言”原则最早出现于1929年的“塞尔维亚贷款案”中，内涵是要求一国须受到其自身行为所引起的期望的约束，而其他国家根据善意原则可以依赖这种期望，同样是为了稳定性和可预期性。此后，“禁反言”原则适用范围不断扩大，在领土争端问题中尤其发挥了重要作用。例如，在1933年东格陵兰岛案、1969年北海大陆架案、1994年利比亚和乍得领土争端案、2002年喀麦隆和尼日利亚陆地与海洋边界案、2008年新加坡与马来西亚白礁岛主权争端案等多个领土争端案件中，“禁反言”原则均得到了应用。而在本案中，泰方不得再提出与其承认地图之行为相反的主张，因为没有及时和明确主张权利，更是因为对相关国际法的不甚了解，泰方在主权的法律博弈中败下阵来。

1962年国际法院作出判决后，泰国表示作为联合国会员国会遵守该判决，从柏威夏寺撤出武装力量。但由于判决并未明确撤出的界限，泰方在本国一份决议中划定了分界线，将柏威夏寺和周围的高地区隔开，以此作为撤出的界限。泰方认为，1962年的判决只判定柏威夏寺及其所在的那一块土地归柬埔寨主权所有，并非按照地图划界，未涉及柏威夏高地的主权归属判定。2008年，柬埔寨向联合国教科文组织申请将柏威夏寺列为世界文化遗产并获批，激化了两国争端，泰国强烈不满，双方在古寺边兵戎相见，对古寺也造成一定程度的破坏，经历了几十年相对和平的古寺再度掀起波澜。为此，柬埔寨请求国际法院采取临时保护措施，并对1962年的判决作进一步解释。领土争端往往是寸土必争，因为这不仅涉及国土面积，更牵扯一国之主权和尊严，柬泰两国再次拿起了法律武器。

“维持国际和平及安全”是联合国的宗旨，《联合国宪章》第2条第4款规定“各会员国在其国际关系上不得使用威胁或武力，或以与联合国宗旨不符之任何其他方法，侵害任何会员国或国家之领土完整或政治独立”。基于此，国际法院在2011年7月18日指示的“临时措施”中要求，在柏威夏寺周围及两国边界附近设立“临时非军事区”，且立即撤走两国的军事人员。

对于柏威夏高地的归属，国际法院认为，当时争端事由便是柏威夏寺所在地区的领土主权，判决执行部分的第一段明确认定柏威夏寺位于柬埔寨拥有主权的领土内，第二段指出“泰方有义务撤出驻扎在柏威夏寺或其附近柬埔寨领土之上的泰国军队、警察、其他守卫或看守人员”，第三段指出泰方有义务归还从“寺庙或寺庙区域”移走的物品。上述三段内容应在逻辑上一脉相承，第二、三段所指寺庙附近区域也属于第一段所称柬埔寨领土之内。那么如何界定这一区域便成为两国争议的焦点。柬埔寨认为，泰方须归还的区域不仅应包括柏威夏高地，还应包括峡谷西侧的特腊塔山，泰国则认为该区域仅应包括寺庙坐落的位置，柏威夏高地应排除在外。两国争执最终在国际法院的解释中得到进一步明晰。

国际法院认为，既然当年判决要求泰国武装力量撤离，那么主权所涵盖位置至少应至当年泰方驻军之地。于是，国际法院找到当年目睹泰国驻军的证人，证明当时其驻扎位置在寺庙东北方向的一个木舍里，那么“柏威夏寺附近的柬埔寨领土”所指至少应延伸至此，而非泰方所说仅包括寺庙所在地。同时，寺庙所在高地的地形特征明显，在东、南、西和西北方向均有明确地理界限，对其“附近区域”的自然理解应是柏威夏寺延伸至整个柏威夏高地，向北则不超过地图划定的界限。而特腊塔山与柏威夏高地的地形明显不同，在地图中也是分离的，不应被包含在古寺“附近地区”，当年判决也从未涉及特腊塔的主权归属问题。

国际法院同时强调，一旦领土争端得到解决，争议地区的主权得到确定，基于《联合国宪章》的原则，各方就应当善意履行尊重他国领土完整的义务，并有义务通过和平手段解决一切争端，泰方应从该地撤军。此外，柏威夏寺是该地区民众重要的宗教和文化场所，并已被列入世界遗产名录。根据《保护世界文化和自然遗产公约》（柬泰两国均为该公约的缔约国）第 6 条规定，柬埔寨和泰国均有责任共同保护该世界遗产地，不得故意采取任何可能直接或间接损害该世界遗产的措施，充分体现出法律对于人类共有文化的保护和尊重。国际法院前法官坎萨多·特林达德评论称，国际法院的判决除了具有典型的“领土主义视角”，还考虑到“人的因素”，即当地人民的生活权利及人身不受侵害的权利，人类的文化和精神遗产也需得到国际法院相关保护，将领土、人民和人类价值观结合，体现出“国际法人道化发展”的趋势。

从一系列案件可以看出，国际法是和平解决领土争端的重要方式，也是维护人类共同利益的重要途径。在此过程中，各国对于国际法的研究和运用尤为重要，尤其是长期实践中形成的很多国际条约、国际习惯、一般法律原则等具有指导意义的、相对确定的规范。若因怠于行使权利而丧失领土主权，对一国来说着实可惜，若运用法律武器成功捍卫主权，对一国来说实为幸事。法律层面的博弈没有硝烟，但却不亚于刀刀见血的近身肉搏。只要有国家存在，围绕领土之争的国际法博弈仍将在未来不断上演。

战争中的法律硝烟

战争自古以来是国家、民族、群体利益斗争、土地争夺、价值观对立等种种矛盾的产物，人类历史从未摆脱过战争，它长久地存在于人类社会中，直到今天。根据国际法，战争是发生在两个或两个以上主权政治实体即国家之间的武装冲突，它是一种暴力状态，代表着外交关系已经中断。因此，国际法中的战争可以说是解决最高政府组织单位之间分歧的一种手段，和国内冲突之间存在根本区别。同一个国家的不同地区或派系之间的战争被称为内战，叛乱则在国际法上没有资格被称为“战争”。国内冲突通常有着和平解决机制，而国际背景下的战争常常决定着国家的生死存亡。

一、战争法

为调整交战各方之间、交战各方与中立国之间、其他非交战国之间的关系，规范交战行为，以及保护平民、伤病员等，经国际协调讨论，形成了一套规则和制度，即战争法。战争法被视为国际公法的一部分，可以分为两大类：一类为战时法，是关于战争中可接受行为的法律；一类为诉诸战争权，关于使用武力的可接受理由的法律。战争法的内容包括战争的开始与结束，交战相关方之间的关系，对作战手段和方法的限制，对战争罪犯的惩治，以及对平民、伤病员和战俘的保护等。这里介绍几个具有重要影响力的战争法条约。

（一）守护战争受难者的《日内瓦公约》

1864 年 8 月 22 日，瑞士政府在日内瓦召开国际会议，会上欧洲 12 国共同签署了首部《日内瓦公约》，主要关注对战争受难者的保护，标志着国际人道法的诞生。该公约主要为保护战争中的非战斗人员包括伤者、病者等，其后经 1899 年、1906 年、1949 年几次增补修订，扩大了对战俘、平民等的保护，发展为日内瓦四公约。1949 年 8 月 12 日，中国、苏联、美国、英国、法国等 61 个国家签署了日内瓦四公约，并于 1950 年 10 月 21 日生效。1977 年，在红十字国际委员会推动下，各国政府通过了《日内瓦公约第一附加议定书》和《日内瓦公约第二附加议定书》，写入了国际性武装冲突和非国际性武装冲突中平民免受敌对行动影响的条款。2005 年，《日内瓦公约》关于新增特殊标志的附加议定书，即《日内瓦公约第三附加议定书》通过。截至 2022 年 7 月 7 日，日内瓦四公约共获 196 个国家签署。议定书也赢得广泛认可，其中规则被视为习惯法。

1864 年《日内瓦第一公约》全称为《改善战地武装部队伤者病者境遇之日内瓦公约》，共 64 条，旨在保护冲突各方的战地武装部队的伤者、病者、医护人员及随军牧师等获得人道待遇与照顾，禁止危害其生命或对其人身施加暴行，不得对其加以谋杀或消灭。

1899 年《日内瓦第二公约》全称为《改善海上武装部队伤者病者及遇船难者境遇之日内瓦公约》，共 63 条，旨在保护冲突各方的海上武装部队的伤者、病者、遇船难者、医务人员及随军牧师。

1906年《日内瓦第三公约》全称为《关于战俘待遇之日内瓦公约》，共143条，旨在保护战俘，禁止拘留国严重危害其健康或致其死亡，规定战俘享受人身尊重权利，对其提供生活及医疗照顾，不得因种族、国籍、宗教信仰、政治意见等标准区别对待。

1949年《日内瓦第四公约》全称为《关于战时保护平民之日内瓦公约》，共159条，旨在保护平民，要求保护涉及冲突的各国全部人民，不得因种族、国籍、宗教或政治意见而有所歧视，并尽可能减轻战争对其所致的痛苦，要求在国家领土或占领地内设立医院、安全地带与处所，保护伤者、病者、老者、15岁以下儿童、孕妇及7岁以下儿童的母亲，免受战争影响。

（二）战争行为守则——《海牙公约》

19世纪末期，各国政府开始发展国际人道法的另一个分支，即规制作战方法，主要体现就是《海牙公约》。该公约是1899年和1907年两次海牙和平会议上通过的公约和声明文件的总称，包括各类宣言和公约共20个。

根据公约主要内容可划分为避战、宣战和免战、交战三类：第一类是和平解决国际争端的规范，包括1899年海牙第一公约（《和平解决国际争端公约》）和1907年海牙第一公约（《和平解决国际争端公约》）和第二公约（《限制使用武力索偿契约债务公约》），各缔约国承担了“和平解决国际争端”“尽力避免诉诸武力”的一般性义务，并确定了斡旋、调停、国际调查委员会和国际仲裁等争端解决方式，对“诉诸战争权”的限制作出重要贡献；第二类是关于交战国宣战和中立国免战的规范，包括 1907 年海牙第三公约（《关于战争开始的公约》）、第五公约（《中立国和人民在陆战中的权利和义务公约》）、第六公约（《关于战争开始时敌国商船地位公约》）、第十三公约（《关于中立国在海战中的权利和义务公约》）等，确立了宣战制度，规定不宣而战是违法的，规定了战争开始时对敌国商船的保护规则，以及中立国及其人民在陆战和海战中的权利与义务；第三类是战争法规，上述两类以外的条约都属于此类，这类条约是《海牙公约》的主体部分，从陆战、海战、空战等不同类型作战方式限制了作战手段和方法。其中最重要的是 1907 年海牙第四公约及其附件（《陆战法规和惯例公约》与《陆战法规和惯例章程》），包含了战争法规的基本原则和具体规范，其中有一条著名的“马尔顿条款”，即在该公约没有包括的情况下，平民和战斗员仍受那些“来源于文明国家间制定的惯例、人道主义法规和公众良知的要求”的国际法原则的保护和管辖。该条款可狭义理解为“战争相关的条约规则通过后，国际习惯法仍然适用”，它将对作战人员和非作战人员的保护置于国际法的一般原则上，可用来填补战争法的“真空”，对于战争法规的效力具有重要意义。

（三）《防止及惩治灭绝种族罪公约》

该公约在 1948 年 12 月 9 日被采用为联合国大会第 260 号决

议内容，并在1951年1月12日正式生效。该公约共19条，第一次在英文中使用“种族灭绝”一词作为法律用语，旨在防止及惩治发生于平时或战时的危害种族行为。“危害种族”指蓄意全部或局部消灭某一民族、人种、种族或宗教团体。

这些公约体现了人类文明进步和对国际和平的不懈追求。然而实践中，国际法准则受到西方“新干涉主义”的严重践踏。

二、案例分析：北约轰炸南联盟

1996年，南斯拉夫联盟共和国（简称“南联盟”）科索沃地区的阿尔巴尼亚族人建立“科索沃解放军”，并于1998年初与南联盟政府军爆发武装冲突。1999年1月，西方国家谴责“南联盟发动针对科索沃阿尔巴尼亚人的屠杀”，北约随即介入科索沃战争。1999年3月23日，北约秘书长哈维尔·索拉纳宣布，由于“最后外交努力”失败，北约决定对南联盟发动代号为“盟军行动”的大规模空袭。北约19个成员国中有13国（美国、英国、法国、德国、意大利、加拿大、荷兰、挪威、比利时、土耳其、葡萄牙、西班牙、丹麦）直接参战，其余6国负责后勤工作。这是北约首次未经联合国安理会批准而使用武力，介入他国内战，且动武对象是并未对北约成员国构成威胁的主权国家，性质十分恶劣。

同年5月7日，北约还发射了5枚联合直接攻击炸弹击中中国驻南斯拉夫大使馆，造成了3名中国记者身亡，数名外交人员受伤，该事件在中国引起巨大反响，导致了中美外交关系紧张。

战争持续了78天，到1999年6月10日结束。最终结果是南联盟军队从科索沃撤离，联合国建立科索沃临时行政当局特派团，并结束了始于20世纪90年代的南斯拉夫内战。战争期间，北约向990个目标发射2300枚导弹、投掷了14000枚包括贫铀弹（共计15吨）和集束炸弹在内的炸弹，导致超过2000名平民（包括近百名儿童）丧生、数千人受伤，近百万人沦为难民，直接经济损失达2000多亿美元，而且对当地环境造成了无可挽回的影响，致使南联盟人民承担着癌症侵袭的风险。

处于战争期间的1999年4月29日，南联盟分别将比利时、加拿大、法国、德国、意大利、荷兰、葡萄牙、西班牙、英国、美国10国起诉至国际法院，指控北约违反了多项国际法义务，例如“禁止对他国使用武力、不干预他国内政、不侵犯他国主权、不使用禁用武器、不蓄意制造旨在毁灭一个民族团体的生活条件”等。南联盟援引《国际法院规约》和《防止及惩治灭绝种族罪公约》等国际法规范，请求国际法院对前述案件行使“强制性管辖权”（不必经过被告国的同意而直接管辖），并颁布“临时措施”要求“有关被告国立即停止针对南联盟使用武力的行为，并且不再进行武力威胁或使用武力”。

对于南联盟的起诉，国际法院首先指出自己对当事国之间的

< 新西兰华人举行示威抗议活动

法律争端并不自动拥有管辖权，因为《国际法院规约》的一项根本原则是“对于没有同意接受其管辖权的当事国之间的争端，国际法院不能作出裁决”。国际法院能否行使“强制性管辖权”也要看具体情况。为此，国际法院首先需要判定对该案有无管辖权。

1999 年 6 月 2 日，国际法院宣布，对于南联盟诉美国和西班牙的案件，它明显缺乏管辖权，不能指示任何“临时措施”；再者，受理这样一宗“无法判断是非曲直的案件”无益于严格司法。为此，国际法院决定驳回南联盟关于指示“临时措施”的请求。对于南联盟诉美国，国际法院指出，虽然两国都是《防止及惩治灭绝种族罪公约》的缔约国，但是美国在批准该公约时做出了一项保留声明，那就是涉及美国的争端在提交国际法院管辖之前，必须征得美国对每一起案件的具体同意，而本案中，由于没有美国的同意，国际法院不能对本案行使管辖权。对于南联盟诉西班牙，国际法院指出，虽然两国都是《防止及惩治灭绝种族罪公约》的缔约国，且西班牙没有做出类似美国的保留声明，但是其在 1968 年交存公约时对有关条款做出保留，所以无法仅根据“争端一方的请求”而实施管辖。此外，对于《国际法院规约》有关“强制管辖”的规定，西班牙曾提出保留条件，不承认国际法院对“接受法院强制管辖权后不足 12 个月就将争端起诉至法院”的管辖权。南联盟于 1999 年 4 月 25 日接受国际法院管辖权，4 月 29 日将争端提交至国际法院，很显然西班牙可以拒绝国际法院的管辖权。

1999 年 6 月 2 日，国际法院宣布，对于南联盟诉比利时、加拿大、法国、德国、意大利、荷兰、葡萄牙、英国 8 国案件，驳回南联盟提出的“颁布临时指示措施”请求。各案件的判决结果相同，推理过程相似，此处以对南联盟诉加拿大的判决为例。关于南联盟援引《国际法院规约》要求国际法院行使“强制性管辖权”的请求，国际法院认为，根据南联盟 1999 年 4 月 25 日签署的承认强制性管辖权的声明，它承认的条件是“在本声明签署之后出现或有可能出现的争端”，而北约的空袭是从 1999 年 3 月 24 日开始的，并一直延续到同年 4 月 25 日之后，这说明南联盟和加拿大在 1999 年 4 月 25 日之前就产生了法律争端，所以国际法院不能行使“强制性管辖权”。而对于违反《防止及惩治灭绝种族罪公约》即可“经争端一方请求提交国际法院审理”的问题，要首先确定该公约是否适用于南联盟和加拿大的争端。南联盟认为加拿大使用对环境安全和人体健康有长期危害的武器对其全境进行集中轰炸，是有意消灭当地的民族团体，严重违反了该公约，加拿大则反驳称它没有灭绝种族的意图，而且使用武力或实施侵略不等于灭绝种族。国际法院基本赞同了加拿大的观点，判定南加两国的争端不属于《防止及惩治灭绝种族罪公约》范畴，也就无法引用该公约实施管辖。后又叠加其他理由，2004 年 12 月 15 日，国际法院最终认定它对南联盟所提出的前述请求不具管辖权。

北约国家沆瀣一气，在没有联合国安理会批准的情况下，悍然对南联盟全境发动为期 78 天的狂轰滥炸，给当地带来了巨大的悲剧和人道主义灾难。而南联盟起诉北约十国的案例，从 1999 年 4 月到 2004 年 12 月，耗时 5 年多，最终以南联盟彻底失败告终。整个判决推理过程，国际法院甚至都不曾判定孰是孰非，而是直接认定其对该案件没有管辖权。南联盟承受了“求告无门”的屈辱。事实上，在 1999 年 6 月 10 日，也就是国际法院将南联盟拒之门外仅一个多星期之后，有冤难伸的南联盟就被迫放弃抵抗，接受了北约的城下之盟并撤出科索沃。国际法准则受到西方“新干涉主义”的严重践踏，占据国际话语权的一方才可获得国际法院的支持，可谓“法院大门朝西开，有理无（强）权莫进来”。

国际人权领域的持久斗争

“这里的民众失去了一切，虽然他们一无所有，但是他们获得了自由。”这是美国著名影星安吉丽娜·朱莉的言论。2017年7月，担任联合国难民署高级专员特使的她踏上了伊拉克第二大城市摩苏尔，面对硝烟浸染后的遍地疮痍，她给出了独特的“安慰”，将“自由”置于人权的首要位置。究竟何为人权？人权何时与国际法有了联系？国际法领域的人权斗争如何影响了国家安全？对于这些问题，不同的国家有不同的答案。

一、人权的普遍性与特殊性

人权，按其字面意思，可理解为“人享有或应该享有的基本权利”。人权和人权观是不断发展的，其内涵和外延随时代、阶级、国情、宗教信仰的变化而变化。联合国将人权定义为“所有人与生俱有的权利，它不分种族、性别、性倾向、国籍、族裔、语言、宗教或任何其他身份地位”。《世界人权宣言》第一条规定：人人生而自由，在尊严和权利上一律平等。可以说，人权的普遍性已被全球认同，世界大多数国家都认为应该保障所有人的基本人权。但不同国家、不同文化对人权的内涵、国际保护、超意识形态性等具体内容莫衷一是。例如，人权同时具有个人性与集体性。西方文明更强调选举权、财产权等个人权利的伸张，而东方文明则更重视生存权、发展权等集体权利的保障。此外，面对“人权是否应该与政治紧密联系”“是否应该按照意识形态给人权划界”等问题，不同的国家有不同的答案和实践。

“人权”概念的发展经历了数百年的历程。17—18世纪，为反对中世纪神权和封建特权，欧洲资产阶级政治家首先明确提出了“人权”概念，核心为“人生而自由平等”。启蒙思想家洛克、孟德斯鸠、卢梭等人分别从自身角度阐发了“天赋人权”。1789年，法国大革命如火如荼，群情激昂，革命群众制定了《人权宣言》，将“人的自然而不可动摇的权利”竖起旗帜，高扬在法国上空。但遗憾的是，不论是“自由”，还是“平等”，都只在名义上，只有少数人享有。从法国启蒙运动，到美国争取独立，再到二战爆发，普通民众为自由平等而做的抗争没有一天停止。英国、法国、美国等国家完成资产阶级革命或独立后，便开始加速资本扩张，开启全球殖民的道路。从此，亚洲、南美洲、非洲等被殖民国家的人民开始被动地踏上争取人权之路，并深刻认识了生存权、发展权在人权中的分量。

两次世界大战期间，全人类共同积累的财富与文明被极大折损，人们在战火硝烟中渴望平安与健康，保护少数者的问题被国际法学界所重视，但总体来说，人权保护仅限于个别领域和些许国家，并未引起国际普遍重视。

两次世界大战后，人类开始深刻反思战争的历史教训，反思成果之一便是1945年6月签署的《联合国宪章》。其第一条就将“人权”庄严写进了联合国的宗旨。联合国之宗旨为，一是维持国际和平及安全，并为此目的采取有效集体办法、以防止且消除对于和平之威胁，制止侵略行为或其他和平之破坏；并以和平方法且依正义及国际法之原则，调整或解决足以破坏和平之国际争端或情势。二是发展国际间以尊重人民平等权利及自决原则为根据之友好关系，并采取其他适当办法，以增强普遍和平。三是促成国际合作，以解决国际间属于经济、社会、文化及人类福利性质之国际问题，且不分种族、性别、语言、或宗教，增进并激励对于全体人类之人权及基本自由之尊重。四是构成一协调各国行动之中心，以达成上述共同目的。虽然《联合国宪章》本身并未规定人权的具体含义，但人权开始正式进入国际视野。

二、人权领域的国际公约

目前，关于人权的国际法和国际公约发展较为成熟，已有40余件效力较大的国际人权文件，其中，代表性强的有以下几件。

《联合国宪章》。《联合国宪章》是联合国的基本大法，它不仅确立了当代国际关系的基本准则，还将人权写进了联合国的目的和宗旨，为二战后联合国在人权领域有所建树奠定了重要的法律基础。

《世界人权宣言》。1948 年 12 月 10 日，联合国大会通过决议，颁布了具有历史意义的《世界人权宣言》。该宣言对人权的具体内容和保护方式作出了进一步规定，要求联合国的会员国“不分国家或领土的政治地位，主要在各级学校和其他教育机构加以传播、展示、阅读和阐述”。虽然其本身并无法律性质，但作为人权问题的首份国际文件，《世界人权宣言》为国际人权领域的实践奠定了基础，对后来世界人民争取、维护、改善和发展自己的人权产生了深远影响。

《防止及惩治灭绝种族罪公约》。1948 年 12 月 9 日，在联合国主持下，第一个关于人权问题的国际公约诞生。《防止及惩治灭绝种族罪公约》于 1951 年 1 月 12 日生效，中国于 1983 年加入该公约，但对该公约第 9 条（规定缔约国间关于公约的解释、适用或实施的争端，经争端一方请求，应提交国际法院）予以保留。该公约将灭绝种族行为定义为国际法罪行之一，缔约国有义务采取立法、司法和行政措施，防止并制止灭绝行为，并对有相关行为者给予应有惩罚。其还规定，只要实行了灭绝种族行为，就不能被当做政治犯对待，可在国际上对其引渡。这条内容对后来的国际人权保护，以及一些国家滥用条款损害他国主权的行为产生了重要影响。

《联合国消除一切形式种族歧视国际公约》。1963 年 11 月 20 日，联合国大会决议通过了《联合国消除一切形式种族歧视宣言》。此后，联合国大会于 1965 年通过了《联合国消除一切形式种族歧视国际公约》。该公约将“种族歧视”认定为“基于种族、肤色、世系或民族或人种的任何区别、排斥、限制或优惠，其目的或效果为取消或损害政治、经济、社会或公共生活任何其他方面人权及基本自由在平等地位上的承认、享受或行使”，为消除系统性种族歧视奠定了国际法基础。

《消除对妇女一切形式歧视公约》。1979 年 12 月 18 日，联合国大会通过有关议案，该公约应运而生。其为保护妇女权利提供了一个综合标准，要求在政治、经济、社会、文化、家庭等领域给予妇女平等的权利，为消除对妇女的歧视提供了法律依据。

三、美国对苏联的“人权外交”

靠战争横财而腰包渐鼓的美国，在二战后一跃成为超级大国，不仅放弃了延续几百年的孤立主义，而且开始胸怀“大格局”，扛着“天赋使命”的旗帜，带领资本主义阵营，高喊着“平等”“自由”“民族自决”等口号，誓要将“美式人权”播撒到社会主义阵营的每个角落。

20 世纪五六十年代，美苏两国冷战正酣。除了军事对峙、经济封锁，美国还发动强大宣传机器，将人权与意识形态挂钩，对苏联发动舆论攻击。1959 年 7 月 17 日，美国参众两院联合通过决议，宣布每年 7 月的第 3 周为“受奴役国家周”，要求美国总统发表讲话，以帮助“受奴役国家”的人民“争人权、求解放”。同日，美国总统艾森豪威尔发表声明，将苏联称为“剥夺民族独立和个人自由的国家”，邀请美国民众“以适当方式庆祝‘受奴役国家周’”。自此，历任美国总统皆“萧规曹随”，在“受奴役国家周”发布相关声明，在人权问题上对苏联指手划脚，并以此作为缓和东西方关系的重要条件。

20 世纪 70 年代对美国来说并不“吉祥”，原因在于冷战局势出现了“苏攻美守”的局面：“共产党人在东南亚和南部非洲到处掌权夺势”，美国的境遇颇不乐观。眼看苏联军事和经济实力日盛，西方国家开始在其他地方动脑筋，加大研究如何将苏联的人权问题与多边外交捆绑。终于，它们找到了突破口：以欧洲安全问题为理由，以承认苏联在二战后所拓展的边界为诱饵，以缓和东西方关系为幌子，通过具有法律效力的国际协议，给苏联“背上道义的十字架”。1975 年 8 月，美国、苏联、加拿大和一些欧洲国家在芬兰首都赫尔辛基签署了《赫尔辛基协定》，协定的核心内容除了“主权平等”“以和平方式解决国际争端”外，还包括“承认并尊重人权”“尊重民族平等和民族自决”等人权保护条款。自此，“铁幕”两侧的人权观念开始加速趋同，人权问题的话语权被牢牢掌握在西方国家手中，人权保护的重点开始从个人自由走向全球监管。看似承认苏联超级大国地位的协定，成了美国分化瓦解苏联的武器和催化剂。

20 世纪 80 年代前后，卡特政府和里根政府继续打“人权牌”并将其“发扬光大”。卡特公开打出“人权外交”的旗号，利用人权问题对苏联全面出击，称“基本人权是美国外交政策的灵魂”，亲自给苏联持不同政见者萨哈罗夫写信，支持后者在人权问题上的立场。里根则更进一步，将“人权外交”与对苏颠覆渗透活动相结合。例如，美国中央情报局为尼加拉瓜、阿富汗等国的反共叛乱分子提供资金和技术支持，帮助他们攻击本国的亲苏政府；为帮助匈牙利实现“民主自由”，里根还宣布 1981 年 10 月 23 日为“匈牙利自由战士日”。终于，波兰、捷克斯洛伐克、匈牙利等国的“民主浪潮”逐渐翻腾，“美式人权”成为了撬动苏联国家安全的“金钥匙”，使苏联在阵阵浪潮中轰然倒塌。

四、“种族灭绝”中的“人权陷阱”

苏联解体使美国和一些西方国家十分振奋：原来不需要厉兵秣马，只要把看不顺眼的国家往“侵犯人权”的坑里推，就能使其“灰头土脸”甚至自我消亡。就这样，站在人权的道义制高点、手握国际舆论话语权和国际机构主导权的美国，开始利用“人权陷阱”四面出击，第一个受害者便是塞尔维亚。

在东欧剧变的影响下，曾经的“社会主义灯塔”——南斯拉夫联邦也开始分崩离析。波黑是南斯拉夫联邦的六个共和国之一，国内有三个主要民族：穆斯林族、克罗地亚族和塞尔维亚族。各奔前程之际，三个民族对于波黑究竟去向何处产生了严重分歧：信奉伊斯兰教的穆斯林族想彻底独立，脱离南斯拉夫联邦建立统一的中央集权国家；信奉天主教的克罗地亚族也想“自立门户”，但他们受西方思想影响更深，更希望建立松散的邦联制国家；信奉东正教的塞尔维亚族则坚决反对独立，不希望国家分裂。最终，在西方势力的渗透与干涉下，1991 年，斯洛文尼亚、克罗地亚和马其顿宣布独立；1992 年 3 月，波黑正式宣布独立。1 个月后的 4 月，欧共体和美国相继宣布承认波黑独立，南联邦就此分裂。

眼看分歧无法调和，波黑三族于 1992 年 4 月动起了手。起初，穆斯林族和克罗地亚族共同对战塞尔维亚族，不久穆克两族关系破裂，也开始相互激战。背后“各有神仙”的三族互不相让，战况十分惨烈，三族皆付出了惨重代价。最终，1995 年 11 月，南联盟（1992 年 4 月由塞尔维亚和黑山两共和国组成）、克罗地亚和波黑三方领导人在美国俄亥俄州的代顿市签署了《代顿和平协议》，历时三年半、死伤数百万人的波黑战争宣告结束。

硝烟虽已消散，但纷争并未终止：后来被西方持续炒作“种族屠杀”的“斯雷布雷尼察事件”，始终是波黑三族，尤其是塞尔维亚人“过不去的坎”。1995 年 7 月，距离波黑内战结束还有 4 个月，“当地活跃的亲西方军事人员，在斯雷布雷尼察地区对数百波黑穆斯林战俘组织了枪决”。内战结束后，本该是这些军事人员上庭受审，美欧国家却把所有脏水都泼到了塞尔维亚一方，将米洛舍维奇（前南斯拉夫塞尔维亚共和国总统）和卡拉季奇（波黑塞族共和国总统）等人送上了国际法院的前南斯拉夫问题国际刑事法庭，指控他们“犯下了种族灭绝罪”。米洛舍维奇于2002年被引渡到荷兰海牙前南斯拉夫问题国际法庭受审，还未等到判决结果，便于2006年在海牙监狱中蹊跷去世。卡拉季奇于1995年被国际法庭通缉、2008年被捕受审后，于2016年被海牙联合国特别法庭以种族灭绝罪等罪名，判处40年监禁。

其实，早在1993年波黑内战远未结束时，美国就已在联合国设下法庭，并利用强大的舆论影响力给卡拉季奇等人扣上了“战犯”的帽子。最终，由西方势力主导的前南斯拉夫问题国际法庭，援引各类“人权条款”，以“种族灭绝”等为由，给塞方人员定下重罪。

真相终会被揭开。进入21世纪后，人们发现西方媒体大肆宣传的“种族屠杀万人坑”只有不到2000具尸体，且并非全部死于“屠杀”；海牙国际法庭一些判决的背后，有许多美国情报人员的影子。2015年2月3日，狱中去世近十年的米洛舍维奇被还以清白：海牙国际法院援引《防止及惩治灭绝种族罪公约》，裁定米洛舍维奇在波黑战争中未对克罗地亚犯下种族屠杀罪行。

参考文献

1 [英]劳特派特修订，王铁崖、陈体强译:《奥本海国际法》(上卷 第二分册)，商务印书馆 1981 年版。

2 [美]汉斯·凯尔森著，王铁崖译:《国际法原理》，华夏出版社 1989 年版。

3 [英]伊恩·布朗利著，曾令良等译:《国际公法原理》，法律出版社 2002 年版。

4 [英]蒂莫西·希利尔著，曲波译:《国际公法原理》(第二版)，中国人民大学出版社 2006 年版。

5 王佳编著:《国际公法原理与案例研习》，中国法制出版社 2017 年版。

6 高翔:《国际法视角下的柏威夏寺领土争端及其对我国的启示》，《东南亚研究》2009 年第 4 期。

7 曲波:《禁反言在国际法中的适用——以领土争端案为例》，《法学杂志》2014 年第 8 期。

8 P. Cuasay, "Borders on the Fantastic: Mimesis, Violence, and Landscape at the Temple of Preah Vihear", Modern Asian Studies, October 1998.

9 Case Concerning the Temple of Preah Vihear (Cambodia v. Thailand), Merits，Judgment of 15 June 1962, I.C.J Reports of Judgments, Advisory Opinions and Orders 1962.

10 Request for Interpretation of the Judgment of 15 June 1962 in the Case Concerning the Temple of Preah Vihear (Cambodia v. Thailand), Judgment of 11 November 2013, I.C.J Reports of Judgments, Advisory Opinions and Orders 2013.

8

第八章

运用法治思维维护国家安全

法治兴则国家兴，世界主要国家均将法治视作维护国家安全的治国重器。党的十八大以来，以习近平同志为核心的党中央高度重视国家安全工作，从战略全局高度对国家安全法治化建设作出重要部署，推动我国国家安全法治化事业发生历史性变革、取得历史性成就。新时代，中华民族伟大复兴战略全局与世界百年未有之大变局交织碰撞，国家安全的内涵、外延比历史上任何时候都要丰富，时空领域比历史上任何时候都要宽广，内外因素也比历史上任何时候都要复杂。维护国家安全，必须要发挥好法治固根本、稳预期、利长远的重要作用，运用法治思维和法治方式完善国家安全体系、增强国家安全能力，确保国家安全坚如磐石、人民生活安居乐业。

国家安全法治取得历史性成就

法治是现代文明的结晶，是一国走向现代化的必由之路。回顾中国现代化的漫漫长路，可以从中勾勒出中国法治化的曲折发展历程。1840 年鸦片战争后，西方列强以坚船利炮撬开了清帝国紧锁的国门，古代中华法系随着飘摇欲坠的封建制度渐趋凋零。在这一过程中，无数仁人志士奋起高呼“变法图强”，试图将西式民主法治模式移植到中国，但最终水土不服，抱憾而终。新文化运动高举“德先生”“赛先生”大旗，在封建礼教的高墙上劈开一道裂缝，民主、法治、科学的种子开始在中华大地散播。但由于连绵的战争、动荡的社会环境，法治的种子还难以落地发芽。直到 1949 年中华人民共和国成立，中国法治化建设才在真正意义上开启。1954 年新中国首部宪法的落地、1956 年党的八大的胜利召开，为社会主义法制建设指明了发展方向。改革开放后，法治建设拨乱反正、重新起航，国家安全工作规范化、法治化建设也在这一时期开端。1993 年，《中华人民共和国国家安全法》颁布，1997 年，党的十五大正式提出依法治国基本方略，国家安全法律制度体系建设步伐加快。此后 10 年间，《中华人民共和国兵役法》《中华人民共和国保守国家秘密法》《反分裂国家法》等重要法律陆续修订、出台，中国特色社会主义国家安全法律制度建设得到了进一步发展。

理论的创新带来实践的飞跃。新时代国家安全法治的飞跃式发展，离不开国家安全理论的重大创新。党的十八大以来，中国特色社会主义进入新时代。习近平总书记高度重视国家安全工作，成立中央国家安全委员会作为国家安全工作的决策议事协调机构，建立起集中统一、高效权威的国家安全领导体制。面对新时代我国国家安全面临的新形势新挑战，2014 年 4 月 15 日，习近平总书记在中央国家安全委员会第一次会议上创造性地提出总体国家安全观，强调“必须坚持总体国家安全观，以人民安全为宗旨，以政治安全为根本，以经济安全为基础，以军事、文化、社会安全为保障，以促进国际安全为依托，走出一条中国特色国家安全道路”。[1] 总体国家安全观不仅为新时代国家安全工作提供了根本遵循和行动指南，也为国家安全法治化进程指明发展方向。同年，党的十八届四中全会通过《中共中央关于全面推进依法治国若干重大问题的决定》，明确指出要“贯彻落实总体国家安全观，加快国家安全法治化建设，抓紧出台反恐怖等一批急需

1 《中央国家安全委员会第一次会议召开 习近平发表重要讲话》，中国政府网，http://www.gov.cn/xinwen/2014-04/15/content_2659641.htm。

法律，推进公共安全法治化，构建国家安全法律制度体系”。[1]

党的二十大报告首次以专章形式对新时代国家安全工作的方向和重点进行阐述，明确提出要推进国家安全体系和能力现代化，坚定不移贯彻总体国家安全观，把维护国家安全贯穿党和国家工作各方面全过程。同时，党的二十大还围绕在法治轨道上全面建设社会主义现代化国家的新形势、新任务，对新时代法治建设作出了许多新的部署，明确了全面依法治国的工作布局，即“坚持依法治国、依法执政、依法行政共同推进，坚持法治国家、法治政府、法治社会一体建设，全面推进科学立法、严格执法、公正司法、全民守法”。至此，国家安全法治化建设的方向更为明确、规划更加清晰，跟随着全面推进中国式现代化的时代潮流，迈上高水平发展的快车道。

“法治”二字，离不开良法与善治。良法是善治的前提，中国特色国家安全法律制度体系的建立完善是国家安全法治化的前提和保障。2014 年 11 月，全国人大常委会表决通过《中华人民共和国反间谍法》，取代 1993 年《中华人民共和国国家安全法》。2015 年 7 月 1 日，新的《中华人民共和国国家安全法》出台，立足总体国家安全观，明确了国家安全是指“国家政权、主权、

---

1 《中共中央关于全面推进依法治国若干重大问题的决定》，中国政府网，http://www.gov.cn/xinwen/2014-10/28/content_2771714_2.htm。

统一和领土完整、人民福祉、经济社会可持续发展和国家其他重大利益相对处于没有危险和不受内外威胁的状态，以及保障持续安全状态的能力”，规定了维护国家安全的任务、职责以及国家安全制度，全面覆盖政治、国防、经济、金融、能源、粮食、科技、生态、核、外层空间等传统安全与非传统安全领域。[1] 新的《中华人民共和国国家安全法》跳出了旧法的立法局限，是一部名副其实的国家安全“基本法”。此后，《中华人民共和国国家情报法》《中华人民共和国出口管制法》《中华人民共和国反恐怖主义法》《中华人民共和国境外非政府组织境内活动管理法》《中华人民共和国生物安全法》《中华人民共和国网络安全法》《中华人民共和国数据安全法》《中华人民共和国反外国制裁法》《中华人民共和国香港特别行政区维护国家安全法》等多部法律如雨后春笋般破土而出。2023 年 4 月 26 日，第十四届全国人大常委会第二次会议审议通过新修订的《中华人民共和国反间谍法》（以下称新《反间谍法》）。同年 7 月 1 日，新《反间谍法》正式施行。新《反间谍法》是党的二十大后国家安全领域的首部专门立法，也是新一届全国人大常委会审议通过的第一部法律，对深化反间谍斗争、筑牢国家安全法治屏障具有里程碑意义。2014 年的《中

1 《中华人民共和国国家安全法》，中国政府网，http://www.gov.cn/zhengce/2015-07/01/content_2893902.htm。

华人民共和国反间谍法》源于1993年《中华人民共和国国家安全法》，主体内容已施行30年，面对新形势下反间谍斗争需要，存在间谍行为界定不清晰、防范制度不健全、执法赋权不完善等一系列问题。新《反间谍法》的出台，为新形势下防范打击各种间谍活动、维护国家安全提供了有力法律武器，为以新安全格局保障新发展格局、以高水平安全保障高质量发展筑牢了法治基石。

法律的生命在于实施，良法需要通过善治获得生命力。除完善立法外，运用法治思维维护国家安全还意味着灵活应用法律“工具箱”，拿起法律武器守护国家安全铜墙铁壁，防范化解重大安全风险。《中华人民共和国香港特别行政区维护国家安全法》的颁布实施便是对我国运用法治思维维护国家安全的生动诠释。2020年6月30日，全国人大常委会根据全国人大的授权决定，一致通过《中华人民共和国香港特别行政区维护国家安全法》，自同年7月1日起正式实施，终结了香港特区维护国家安全“不设防”的状态。

自《中华人民共和国香港特别行政区维护国家安全法》实施以来，我国维护国家安全的制度机制不断完善，香港特区选举制度在“爱国者治港”根本原则下实现了历史性的重构，法治得到彰显，国家安全得到有力保障，政治生态根本性好转，社会秩序迅速恢复，营商环境不断改善，居民的权利自由得到更好保障，香港局势实现了由乱到治并走向由治及兴的重大转折。香港的世界竞争力排名上升，在全球经济体中位居前列，便是高水平安全

LIPPO
BANK OF A
保衛香港
支持訂立

< 2020年6月30日，香港市民在政府大楼外举旗庆祝中华人民共和国香港特别行政区维护国家安全法实施

护航，高质量发展的最佳实证。

此外，随着《不可靠实体清单规定》《阻断外国法律与措施不当域外适用办法》和《中华人民共和国反外国制裁法》等法律规定陆续出台，在面对部分国家的“长臂管辖”、不正当制裁时，我国的法律“工具箱”不断充实，底气更加硬实。2022 年 2 月，中国外交部发言人宣布，根据《中华人民共和国反外国制裁法》有关规定，中国政府决定对长期参与美国向中国台湾地区出售武器的美国军工企业雷神技术公司和洛克希德·马丁公司的侵权行为实施反制。这是我国首次依据国内法律主动对外国企业开展反制措施，依据是《中华人民共和国反外国制裁法》第十五条：“对于外国国家、组织或者个人实施、协助、支持危害我国主权、安全、发展利益的行为，需要采取必要反制措施的，参照本法有关规定执行。”[1]

国家安全一切为了人民、一切依靠人民，法治亦然。人民是联结良法与善治的纽带，良法的最终价值追求是保护人民权益、维护人的尊严与价值，善治则意味着人人遵守良法，维护法律的权威。运用法治思维维护国家安全，不仅在于国家层面、政府层面完善国家安全法律制度体系、有效实施及运用国家安全相关法

1　《中华人民共和国反外国制裁法》，中国人大网，http://www.npc.gov.cn/npc/c30834/202106/d4a714d5813c4ad2ac54a5f0f78a5270.shtml。

律制度，还在于提升全社会的国家安全法治意识，充分激活社会、公民的广泛参与。自《中华人民共和国国家安全法》把每年4月15日定为“全民国家安全教育日”以来，我国有效加强国家安全新闻宣传和舆论引导，开展多种形式的宣传教育活动，全民国家安全观念和依法维护国家安全意识显著提高。近年来，在受到国家安全机关表彰奖励的人员中，既有公职人员、军人、科研工作者，也有高校学生、企业职工、个体户、社区居民、沿海渔民、农民等。2021年，江苏渔民王锁打捞到一些长相奇特、科技感浓厚的装置后，第一时间将这些不明来源的“硬核海产品”上交给当地渔政部门和国家安全部门。经鉴定，这是某大国研发的新型海洋无人潜航器，能够测量中国周边的水文数据和环境参数。诸如此类的事例还有很多。正是你我身边平平凡凡的普通人，筑起了维护国家安全的钢铁长城。2022年6月6日，国家安全部发布《公民举报危害国家安全行为奖励办法》，规定公民举报危害国家安全行为可获得精神奖励或物质奖励，动员全社会力量共同维护国家安全。

新形势呼唤新作为

新时代以来，在总体国家安全观理论指导下，中国特色国家安全法治化建设取得了一系列历史性成就。历史的车轮滚滚向前，当下，我们已经踏上全面建设社会主义现代化国家、向第二个百年奋斗目标进军的新“赶考之路”。与此同时，世界进入动荡变革期，我国面临的外部风险挑战更为风高浪急。“治国无其法则乱，守法而不变则衰。”党的二十大报告强调，推进国家安全体系和能力现代化，坚决维护国家安全和社会稳定。我国国家安全法治化建设又一次站在新起点、新方位上，需以新实践回应新形势、新变化、新挑战。

2019 年，习近平总书记在第二十三届圣彼得堡国际经济论坛全会上以三个“前所未有”形容“百年未有之大变局”，即“新兴市场国家和发展中国家的崛起速度之快前所未有，新一轮科技革命和产业变革带来的新陈代谢和激烈竞争前所未有，全球治理体系与国际形势变化的不适应、不对称前所未有”。[1] 根本上看，百年变局的驱动力在于国际力量格局的深刻调整，主要表现为以中国为代表的新兴国家实力显著增强、以美国为首的传统西方强国力量收缩。国际格局的调整变化，不仅主导着百年变局的走向与轨迹，也塑造着我国面临的主要外部风险挑战。

百年来，西方国家一直享受着自身主导的国际规则、秩序所

---

1 《习近平在第二十三届圣彼得堡国际经济论坛全会上的致辞》，新华网，http://www.xinhuanet.com/world/2019-06/08/c_1124596100.htm。

带来的红利。为维持优势权力地位、维护既定国际秩序，美国为首的西方国家打着维护“基于规则的国际秩序”的口号，将中国异化为“修正主义挑战者”，挑起所谓“大国竞争”，给我国的发展与复兴设置障碍。经贸上，加征高额关税，大打贸易战；重整全球供应链，推广“友岸外包”，企图将中国排除在外。科技上，加速“脱钩”，强化技术出口管制、投资审查等，制裁打压中国高科技产业，联合盟友在半导体等核心技术领域实施封锁。政治上，在印太地区打造“小圈子”反华同盟，以价值观、基建投资等为吸引拉拢发展中国家，挤压我国国际战略空间。意识形态上，塑造推广“民主对抗专制”二元叙事，操弄人权问题污名化中国，抹黑我国国际形象。在太空、网络空间等新疆域以及人工智能、大数据等新领域，国际标准、规则博弈日趋激烈。如在网络空间领域，美国推崇“自由开放的网络空间”，强调“多利益攸关方”参与治理，对我国提倡的“网络主权”理念大加鞭挞，将之污名化为“数字威权主义”。可以说，当前我国维护国家安全与发展的主要外部挑战仍来源于大国权力竞争。

百年变局之下，非传统安全风险及其与传统安全风险交织共振产生的难以预料的后果，使我国面临的风险挑战更趋复杂。习近平总书记指出：“世界面临的不稳定不确定因素正在增加，全球经济低迷，单边主义、保护主义抬头，网络安全、重大传染性疾病、气候变化等非传统安全威胁持续蔓延，国际秩序和全球治理体系受到冲击。”[1] 2020年伊始，一场突如其来的新冠疫情给全球发展按下了暂停键——所有国家无一幸免，人民生命健康受到严重威胁，经济生产生活被迫停滞，社会治理体系陷入混乱。许多发展中国家经济遭受严重冲击，由此爆发严重的社会抗议、骚乱，严重威胁国家政权安全。可见，非传统安全风险亦能冲击一国的传统安全。2022年初，俄乌冲突爆发，地缘政治安全危机引发连锁非传统安全危机，如难民危机、全球金融市场动荡、粮食能源危机等，给我国维护金融、粮食、能源等领域安全带来冲击。全球化时代，不仅国与国之间联系密切、难以分割，经济、政治、气候变化、生态、资源、网络等各问题领域之间亦相互影响、交织缠绕。这意味着任何一个小风险，无论事关传统安全还是非传统安全，都有可能引发更大范围的全球性风暴。

从中国自身来看，我国进入新发展阶段，对外开放水平不断提升，实现发展和安全面临的内部挑战同样更趋复杂严峻。习近平总书记指出，“中国与世界的关系在发生深刻变化，我国同国际社会的互联互动也已变得空前紧密，我国对世界的依靠、对国际事务的参与在不断加深，世界对我国的依靠、对我国的影响也

---

1 《习近平在第十七届中国－东盟博览会和中国－东盟商务与投资峰会开幕式上的致辞（全文）》，新华网，http://www.xinhuanet.com/politics/2020-11/27/c_1126792459.htm。

在不断加深”。[1] 国内国际两个大局相互交织、激烈碰撞，我国国家安全的内涵比任何时候都丰富，时空领域比任何时候都宽广，内外因素比任何时候都复杂，所面临的风险、不确定难预料的因素也比任何时候都繁多。

法治是国家治理和防范化解风险的重要方式。面对新形势，我们更应充分发挥法治固根本、稳预期、利长远的重要作用，立足总体国家安全观，不断探索健全国家安全法治体系的新实践。

一是要统筹发展和安全。国家安全是民族复兴的根基，社会稳定是国家强盛的前提。当前，大国博弈、地缘政治冲突重回国际政治舞台，各问题领域“泛安全化”倾向明显。对一国而言，贸易、尖端技术、资源能源等已不再只是单纯的决定国家发展的因素，也事关国家生存与安全。我国仍处于并将长期处于社会主义初级阶段的基本国情没有变，我国是世界最大发展中国家的国际地位没有变，发展仍是解决我国一切问题的关键，也是彰显社会主义制度优越性、彰显中国式现代化道路生命力的关键所在。党的二十大报告强调“以新安全格局保障新发展格局”，表明构建新发展格局必须牢牢守住安全发展这条底线，打造与之相适应的新安全格局，把安全同发展一起谋划、一起部署，实现高质量

---

1 《习近平出席中央外事工作会议并发表重要讲话》，新华网，http://www.xinhuanet.com//politics/2014-11/29/c_1113457723.htm。

发展和高水平安全的良性互动。

二是要统筹传统安全和非传统安全风险。党的二十大报告指出，要增强维护国家安全能力，“坚定维护国家政权安全、制度安全、意识形态安全，加强重点领域安全能力建设，确保粮食、能源资源、重要产业链供应链安全，加强海外安全保障能力建设，维护我国公民、法人在海外合法权益”。在传统安全领域，政治安全仍是重中之重，要坚定捍卫国家主权、安全、发展利益，完善海洋权益相关法律，坚持依法治港治澳，坚持和完善“一国两制”制度体系，落实中央全面管治权。在非传统安全领域，目前我国在太空、深海、极地、电磁、海外利益、海外军事行动等非传统安全领域仍存在立法空白，需及时把这些领域纳入国家安全法律制度体系建设中进行超前统筹考虑，通过立法领跑塑造有利的国家安全态势。针对已经出台相关法律的生物安全、数据安全等领域，则需梳理现行法律体系，做好配套法律制度的制定、修订工作，确保法律得到有效实施。

三是要统筹推进国内法治和涉外法治。当前大国竞争、较量的形态已经发生改变，不再是赤裸裸的刀剑相见，而是转为更加含蓄的制度之战。大国或是利用现有规则、制度相争，或是围绕新标准、新规则、新制度的制定相争。对此，要不断健全国内法治，防止境内外敌对势力利用我国国家安全法律的漏洞和制度短板进行渗透、破坏，实现有效的国内安全治理；还要加快涉外法治工作战略布局，围绕反制裁、反干涉、反制“长臂管辖”等斗争需要，创设反制模式和措施设计，协调推进国内与国际安全治理。同时，面对太空、深海、极地、网络空间等新疆域、新领域，可在自身成功实践经验之上，凝练出中国理念、倡议和方案，在国际标准、规则及制度创设过程中更好地发出“中国声音”。

四是要统筹自身安全和共同安全。人类是不可分割的安全共同体，一国的安全不能建立在他国不安全的基础之上，而要在共同安全的基础上才能真正实现。中国要推动国际关系民主化、法治化，坚定维护以联合国为核心的国际体系和以国际法为基础的国际秩序，践行真正的多边主义，坚决反对霸权主义、强权政治，推动构建均衡、有效、可持续的安全架构；要以人类命运共同体、全球安全倡议、全球发展倡议、全球文明倡议等理念、倡议为指导，积极参与国际规则制定，将自身优秀的理念和实践转化为具体的规则、制度，增强我国在国际法律事务中的话语权和影响力。

铸造新时代国家安全法治体系

历经十年发展，我国国家安全法治体系取得显著成就，面貌焕然一新。但同时也要看到，进入新时代，身处“两个一百年”

历史交汇期，国家安全法治化建设再次面临新形势、新任务。党的二十大报告强调，必须更好发挥法治固根本、稳预期、利长远的保障作用，在法治轨道上全面建设社会主义现代化国家。在新历史征程上，面对维护国家安全的新形势、新任务、新挑战，必须用好法治这一治国理政的基本方式，以总体国家安全观为指导，铸造新时代国家安全法治的铜墙铁壁。

一要遵循国家安全法治之“纲”，坚持党的领导。党的领导是中国特色社会主义最本质的特征，是社会主义法治最根本的保证。党的领导是我国社会主义法治之魂，是我国法治同西方资本主义国家法治最大的区别。党的二十大报告强调，要坚持党中央对国家安全工作的集中统一领导，完善高效权威的国家安全领导体制。党的领导是新时代国家安全工作的根本政治原则，是做好国家安全工作的根本保证。在全面推进国家安全法治化进程中坚持党的领导，意味着理念上要坚持以总体国家安全观为指导，制度上要完善集中统一、高效权威的国家安全领导体制。理念上，总体国家安全观被明确写入《中华人民共和国国家安全法》中，关涉政治、军事、国土、经济、科技、网络、粮食、生态、海外利益、太空等各领域安全的“大安全理念”也在国家安全法中得到充分体现，指导着后续国家安全立法向新问题、新领域延伸。制度上，党的十八届三中全会决定成立中央国家安全委员会，为新时代维护国家安全提供坚强领导保证。党中央陆续出台《党委

（党组）国家安全责任制规定》《中国共产党领导国家安全工作条例》等党内法规，系统回答了国家安全工作“谁来领导”“领导什么”“怎么领导”等重大问题，从制度上强化了党对国家安全工作的绝对领导。

二要立好国家安全法治之“规”，完善国家安全法律体系。自总体国家安全观提出以来，我国紧跟国内外形势变化，陆续出台《中华人民共和国网络安全法》《中华人民共和国核安全法》《中华人民共和国生物安全法》《中华人民共和国反外国制裁法》《中华人民共和国数据安全法》《中华人民共和国个人信息保护法》等，国家安全法律体系不断完善。但总的来说，相较于其他领域，国家安全领域的法治化建设起步较晚，制度化、法律化程度有待提高。鉴于国家安全形势的不断发展变化以及立法进程本身可能存在的滞后性，面对网络、生物、生态、能源、粮食、海外利益保护等非传统领域暴露出的新安全风险以及深海、极地、太空、电磁空间等新兴安全领域，我国国家安全立法仍存在大量空白和漏洞急需填补。尤其是太空、数据、网络空间等新兴领域，已成为各大国竞相立法、划定规定和标准的博弈重地。我国要变以往“被动回应式”立法为“主动谋划式”，通过立法领跑塑造有利的国家安全态势。此外，有必要通过立法修订、出台配套实施细则等方式完善相关法律，提升立法的精细化、科学性、可操作性。

三要紧扣国家安全法治之“重”，加快推进涉外法治工作。中国与世界的关系已经发生深刻变化。中国对世界的影响，从未像今天这样全面、深刻，世界对中国的关注，也从未像今天这样广泛、深切。习近平总书记强调，“中国走向世界，以负责任大国参与国际事务，必须善于运用法治”。[1] 尽管近年来我国涉外法治工作取得了长足进展，但总体水平与我国国际经济政治地位还不相匹配，涉外法治工作中还存在一些短板弱项，涉外法律法规体系还不够健全，涉外执法司法的水平还有待提高。

对此，要加快形成系统完备的涉外法律法规体系。加快推进涉外领域立法，围绕反制裁、反干涉、反制“长臂管辖”等，有针对性地补短板、强弱项，充实应对挑战、防范风险的法律“工具箱”。既要推进国内法的域外适用，保障和服务我国企业及公民更好地“走出去”，又要促进国际法的国内适用，做好条约批准工作，建立有约束力的国际协议履约执行机制。面对部分国家的“法治”霸权主义行径，要增强斗争意识，化“被动回应”为“主动出击”，在《中华人民共和国反外国制裁法》基础上制定相关实施条例和细则，使相关具有反制功能的法律更具实操性，同时可吸收欧盟、俄罗斯等阻断法案及相关法律实践的经验，开发反制工具、建立阻断机制。要加快涉外法治工作战略布局。加强

1 习近平：《加强党对全面依法治国的领导》，《求是》2019 年第 4 期。

外交、安全、商务、司法等机关部门的协调配合，综合运用政治、经济、外交、法治等多种手段应对国际摩擦纠纷。提升涉外执法司法效能，完善涉外执法程序，深化涉外司法体制改革和机制创新，健全涉外民商事纠纷、涉外刑事案件审判制度。大力发展涉外法律服务业，培养一批高质量的涉外法律人才，积极向国际经济贸易组织、国际仲裁机构等国际机构输送人才；培育国际一流的仲裁机构、律师事务所，探索推动我国仲裁机构与“一带一路”共建国的仲裁机构合作建立联合仲裁机制。

捍卫以联合国为核心的国际秩序，提升国际法塑造能力，推进全球治理体系变革。一方面，要坚定维护以联合国为核心的国际体系，坚定维护以国际法为基础的国际秩序。当前，部分国家对以联合国为核心的国际秩序，采取“合则用，不合则弃”的实用主义态度，严重损害国际法和国际秩序的权威性。中国作为负责任的大国，应当带头做国际法治的倡导者和维护者，保护并推进国际关系的民主化、法治化进程。另一方面，要积极参与国际规则制定，将中国倡议、中国方案、中国实践转化为国际法话语，引领全球治理改革。以全球发展倡议、全球安全倡议、共建“一带一路”倡议等中国倡议和方案为依托，推广我国在生态环境、网络空间、数字经济等领域的优秀国内治理实践，提升国内法治对全球治理的影响力，引领国际法发展方向。同时，积极参与太空、深海、极地、网络等新疆域的“建章立制”，以人类命运共同体理念为指导，明确中国的态度和主张。

四要夯实国家安全法治之“基”，加强全民国家安全宣传教育。习近平总书记指出，“全面依法治国最广泛、最深厚的基础是人民”。国家安全最广泛、最深厚的基础也在于人民。党的二十大报告指出，要完善社会治理体系，健全共建共治共享的社会治理制度，建设人人有责、人人尽责、人人享有的社会治理共同体。近年来，在总体国家安全观指导下，我国加快建设国家安全宣传教育体系，并以法律形式确定每年 4 月 15 日为“全民国家安全教育日”，出台《关于加强大中小学国家安全教育的实施意见》，将国家安全教育纳入国民教育体系。未来，健全国家安全宣传教育体系，一方面要充分发挥国家机关、媒体、企业、社会组织等各主体的合力，以丰富多彩、形式多样的宣传及活动增加全民国家安全教育日的社会影响力，将维护国家安全纳入到公民普法教育进程中；另一方面要建立起全覆盖、立体化的国家安全教育体系，明确各机关、人民团体、企业事业组织和其他社会组织定期开展国家安全教育的责任，科学设计大中小学国家安全法治教育内容与要求，加快国家安全学学科建设，培养一支精通国家安全理论、擅长国家安全法治教育的人才队伍。

参 考 文 献

1 中共中央宣传部、中央全面依法治国委员会办公室编:《习近平法治思想学习纲要》，人民出版社、学习出版社 2021 年版。

2 中共中央宣传部、中央国家安全委员会办公室编:《总体国家安全观学习纲要》，人民出版社、学习出版社 2022 年版。

3 习近平:《习近平谈治国理政》第四卷，外文出版社 2022 年版。

4 习近平:《高举中国特色社会主义伟大旗帜 为全面建设社会主义现代化国家而团结奋斗——在中国共产党第二十次全国代表大会上的报告》。

图书在版编目（CIP）数据

法治与国家安全 / 总体国家安全观研究中心，中国现代国际关系研究院著 . -- 北京 : 时事出版社 , 2025. 4. -- (总体国家安全观系列丛书). -- ISBN 978-7-5195-0569-1

Ⅰ . D920.0；D631

中国国家版本馆 CIP 数据核字第 2025JM1957 号

出版发行：时事出版社
地　　址：北京市海淀区彰化路 138 号西荣阁 B 座 G2 层
邮　　编：100097
发行热线：（010）88869831　88869832
传　　真：（010）88869875
电子邮箱：shishichubanshe@sina.com
印　　刷：北京良义印刷科技有限公司

开本：787×1092　1/16　印张：25.75　字数：254 千字
2025 年 4 月第 1 版　2025 年 4 月第 1 次印刷
定价：88.00 元